中国特色的企业发展理论

Enterprise Development Theory with Chinese Characteristics

马晓强◎等著

西北大学『双一流』建设项目资助
Sponsored by First-class Universities and Academic Programs of Northwest University
国家社科基金项目『西部多元化生态补偿的协调机制及实现路径研究』（19BJL044）资助

发展的政治经济学与新中国70年

任保平　何爱平　师　博／主编

中国经济出版社
CHINA ECONOMIC PUBLISHING HOUSE
北京

图书在版编目（CIP）数据

中国特色的企业发展理论 / 马晓强等著. -- 北京：中国经济出版社，2019. 10

ISBN 978 - 7 - 5136 - 5803 - 4

Ⅰ. ①中… Ⅱ. ①马… Ⅲ. ①企业发展 - 研究 - 中国 ②企业家 - 企业精神 - 研究 - 中国 Ⅳ. ①F279. 23

中国版本图书馆 CIP 数据核字（2019）第 173449 号

责任编辑　贺　静
责任印制　巢新强
封面设计　华子设计

出版发行　中国经济出版社
印 刷 者　北京力信诚印刷有限公司
经 销 者　各地新华书店
开　　本　710mm × 1000mm　1/16
印　　张　15. 75
字　　数　226 千字
版　　次　2019 年 10 月第 1 版
印　　次　2019 年 10 月第 1 次
定　　价　89. 00 元
广告经营许可证　京西工商广字第 8179 号

中国经济出版社 **网址** www. economyph. com **社址** 北京市东城区安定门外大街 58 号 **邮编** 100011
本版图书如存在印装质量问题，请与本社销售中心联系调换（联系电话：010 - 57512564）

总 序

发展经济学是第二次世界大战以后产生的研究发展中国家经济发展的经济学科，20 世纪 40 年代后期在西方国家逐步形成，主要探讨贫困落后的发展中国家如何实现现代化和工业化、摆脱贫困、走向富裕等问题。但是西方发展经济学以西方经济学的理论与方法为指导，并没有为中国经济发展提供有效的理论指导。进入新时代，中国面临的重大发展问题是现代化发展问题，经济发展的主要任务是现代化强国建设。西方发展经济学不可能指导中国经济的现代化发展，中国经济发展的实践亟须构建具有新时代特征和中国特色的中国发展经济学。新时代中国特色社会主义政治经济学的创新要以马克思主义经济发展理论为指导，以新时代中国经济发展的经验、事实和材料为基础，把发展经济学与政治经济学相结合，构建发展的政治经济学理论体系，探讨新时代中国现代化发展的特殊规律。

一、中国特色发展的政治经济学的理论定位

随着中国特色社会主义进入新时代，中国发展经济学的研究对象不再是如何解决贫穷落后的问题，而是应该研究中国独特的现代化发展道路，探索新时代中国现代化发展的特殊规律。概言之，主要包括两方面的内容：一是我国如何由落后国家变为一个经济大国，研究如何由计划经济转型为社会主义市场经济大国的道路。改革开放 40 年来中国经济快速发展，实现了由计划经济体制向社会主义市场经济体制

的转型、由封闭经济体系向开放经济的转型，成功进入了中等收入国家行列，这一阶段的发展道路为世界其他发展中国家提供了新的范本，需要在理论上加以系统总结和研究，进而形成系统化的中国特色发展的政治经济学的理论学说。二是进入新时代，我国如何从一个经济大国变为现代化经济强国。就经济总量而言，目前我国已经成为世界第二大经济体，但还不是经济强国，作为发展中大国的国际地位没有变，仍然面临现代化发展问题。传统增长方式亟待转型，“中等收入陷阱”必须尽快跨越，社会矛盾不断加剧，发展的不平衡、不协调、不充分、不可持续问题更加突出，亟须建立新时代中国特色发展的政治经济学，为解决这些问题提供理论指导，从而使中国从经济大国转向现代化的经济强国。新时代中国特色发展的政治经济学以中国现代化强国发展道路为研究对象，回答的是“什么是新时代的现代化发展”“在新时代如何实现现代化发展”“新阶段的现代化发展为了什么”这三个根本问题。既要解释中国从低收入国家发展成为中等收入国家所走过的发展道路，又要研究进入中等收入国家发展阶段后走向现代化的发展道路。易言之，既要对中国过去的发展道路进行理论总结，又要对中国新时代的现代化强国建设的道路进行研究。

习近平总书记在主持中共中央政治局第二十八次集体学习时强调，要立足我国国情和发展实践，揭示新特点、新规律，提炼和总结我国经济发展实践的规律性成果，把实践经验上升为系统化的经济学说。这不仅是对中国特色社会主义政治经济学的要求，而且是中国特色发展的政治经济学构建要坚持的基本原则。因此，中国特色社会主义政治经济学为中国特色发展的政治经济学提供了基本理论和方法，中国特色发展的政治经济学要坚持以人民为中心的发展思想，把增进人民福祉、促进人的全面发展作为出发点和落脚点，体现中国特色社会主义共同富裕的本质特征。同时也“要按照立足中国、借鉴国外、挖掘历史、把握当代、关怀人类、面向未来的思路，着力构建中国特色哲学社会科学，在指导思想、学科体系、学术体系、话语体系等方面充分体现中国特色、中国风格、中国气派[①]”。新时代中国特色发展的政治经济学要在中国特色社会主义政治经济学所揭示的内在的本质的经济必然性的基础上，研究新时代中国特色的现代化强国建设的道路，总结我国现代化发展的规律，指导新时代现代化强国建设。

中国特色发展的政治经济学的核心是促进生产力的发展，继续坚持解放、发展和保护生产力。其基本立场在于实现以人民为核心的经济发展，坚持人民主体地位，一切为了人民、一切相信人民、一切依靠人民是新时代中国特色发展的政治经济学始终要坚持的核心立场。

二、中国特色发展的政治经济学的实践定位

新时代中国特色发展的政治经济学的实践定位应该是立足于新时代中国发展的实际、中国经济改革的实践和中国新时代现代化发展的实际，研究中国现代化发展的重大理论问题、重大实践问题，总结概括中国经济以及世界经济现代化发展的重大历史经验教训，提炼升华，探索其中的经济规律，进而上升为系统化的经济学说，这样才能促进中国特色发展的政治经济学的理论创新，才能从学理上阐释中国道路的成功，才能指引新时代中国现代化发展的道路。

从这一实践定位出发，中国特色发展的政治经济学创新的内容应大致包括：一是中国由传统农业国转变为工业国的发展道路。中国的农业工业化与其他国家不一样，改革开放之前通过国家工业化，奠定了工业化的基础。改革开放以后，发挥市场机制的作用，利用民间资本的力量，通过乡镇企业促进了农村工业化，加速了中国工业化的进程。二是中国特色的城乡一体化发展道路。作为发展中国家，中国具有发展中国家二元经济结构的典型特征，因而城乡问题是中国现代化

① 习近平．在哲学社会科学工作座谈会上的讲话［EB/OL］．新华网，2016-05-18.

发展的核心问题之一。“党的十八大提出的‘走中国特色社会主义农业现代化道路，建立以工促农、以城带乡、工农互促的新型工农、城乡关系，形成城乡经济社会发展的新格局’是中国特色社会主义城乡一体化的伟大社会实践。”① 三是中国特色的社会主义市场经济道路。改革开放以来，我国成功地实现了从高度集中的计划经济体制向市场经济体制的转型，建立了社会主义市场经济体制的基本框架，走出了一条中国特色的社会主义市场经济发展道路。中国特色社会主义经济体制把市场经济的一般理论与中国的社会主义制度相结合，既具有市场经济的一般特征，又是与社会主义基本制度相结合的市场经济，是在积极有效的国家宏观调控下，市场对资源配置起基础性作用，能够实现效率与公平均衡发展的经济体制。中国特色社会主义市场经济道路的形成，是采用双轨过渡，从局部到总体，体制内改革与体制外推进相结合，改革、发展与稳定相协调，经济的市场化与政治的多元化相分离等方式建立起来的，因此，中国特色发展的政治经济学必须研究中国特色社会主义市场经济道路，总结其发展规律。四是中国特色的扶贫道路。作为最大的发展中国家，新中国成立以来，特别是改革开放以来，我国消除的贫困人数在世界范围内是最多的，据统计，改革开放以来我国的贫困发生率已由1978年的30.7%下降至2015年的5.7%②。中国的反贫困为人类做出了卓越的贡献，中国特色发展的政治经济学的理论创新必须总结这一经验。

三、中国特色发展的政治经济学的理论基础

马克思主义经济发展理论和中国特色社会主义政治经济学是新时代中国特色发展的政治经济学创新的理论基础。新时代中国特色发展

① 彭国昌．分离与融合：中国特色社会主义城乡一体化发展趋势与路径选择［J］．湖南社会科学，2014（1）．

② 孙久文，唐泽地．中国特色的扶贫战略与政策［J］．西北师范大学学报，2017（2）．

的政治经济学是在马克思主义经济发展理论和中国特色社会主义政治经济学所揭示的内在的、本质的经济必然性的基础上进行理论创新，研究中国特色社会主义现代化发展的道路。

（1）马克思主义经济发展理论是中国特色发展的政治经济学的理论基础。马克思主义经典作家在研究资本主义经济的过程中，也研究了经济发展的一般规律，形成了系统的马克思主义经济发展理论。这一理论核心包括：①经济发展的终极目标是人的全面发展。马克思主义经济发展理论认为经济发展的目标是人的全面发展，物质资料的生产是人全面发展的基础。马克思人的全面发展理论体现在马克思和恩格斯1845—1846年合作完成的《德意志意识形态》一书中，马克思认为人的全面发展是指人的智力和体力的统一，精神劳动、物质劳动和享受的统一，生存和发展的统一，并使人的潜能和天资、兴趣和才能得到空前未有的充分发展，使人的身心、精神（道德）、才能、个性全面而丰富地发展。人的全面发展是在社会发展中不断得到实现的，马克思把这一点总结为“社会发展的普遍规律”，同时，人的全面发展又推动了社会的全面进步[①]。②经济发展的动力在于生产力的发展。马克思主义经济发展理论认为生产力是经济发展的动力和最终决定因素。要素生产力和协作生产力是马克思生产理论体系的两个维度。马克思在其生产力理论中，首先论述了要素生产力对经济发展的作用，他在《资本论》第一卷中论述资本主义劳动过程时，就分析了生产要素对生产过程的影响，指出：“在劳动过程中，人的活动借助于劳动资料使劳动对象发生预定的变化。”[②] 经济发展中的生产要素包括劳动者、生产资料、劳动对象三个部分，其中人是经济发展的主体，也是经济发展的最活跃的要素。生产资料、劳动对象是经济发展的物质要素，是人的劳动借以进行的社会关系的指示器。同时，科学技术

---

① 戴跃侬．人的全面发展理论与马克思主义中国化［J］．马克思主义与现实，2007（5）．

② ［德］马克思．资本论：第一卷［M］．北京：人民出版社，2004：205．

也是生产力，科学技术决定着生产力要素中劳动者的素质，也决定着生产工具和劳动资料的水平。马克思在《资本论》的分工与协作中，还分析了协作生产力对经济发展的作用，协作生产力实际上通过劳动者与生产资料相结合的社会形式对经济发展产生影响。马克思分别研究了简单协作、工场手工业和机器大工业三种协作形式对经济发展的作用。③经济发展的持续性在于按比例协调发展。马克思主义经济发展理论中强调的按比例协调发展包括两个方面：一是国民经济各部门和各个生产环节按比例发展；二是人与自然协调发展。在再生产理论中他把社会生产划分为两大部类，认为两大部类之间相互影响、互为条件、相互制约，两大部类之间只有按比例协调发展，社会再生产才能顺利进行。同时，资本循环依次要经过三个阶段、变换三种职能形式，它们在时间上前后相继，在空间上同时并存，只有这样，资本循环才能顺利进行，这表明国民经济的各个环节必须保持协调关系。同时，马克思主义经济发展理论还论述了人与自然的协调关系，认为人与自然之间存在物质变换关系，在这个物质变换关系中，人与自然之间必须保持协调关系，在经济发展中既要遵循经济规律，又要遵循自然规律。④经济发展的效果取决于经济发展方式。马克思认为生产方式包括外延的扩大再生产和内涵的扩大再生产，前者是指生产场所的扩大，后者则是指生产资料效率的提高，同时，在地租理论中论述了粗放经营和集约化耕作两种方式。这实际上是分析了经济发展的两种方式：一是要素投入驱动型的发展；二是要素使用效率提高型的发展。如果经济发展主要靠要素投入来推动，就是粗放型经济发展方式；如果经济发展主要依靠要素效率的提高，则是集约型经济发展方式。马克思认为提高劳动生产率的途径是变革劳动过程的技术条件和社会条件，从而改变经济发展方式。

（2）中国特色社会主义政治经济学是中国特色发展的政治经济学的理论基础。中国特色社会主义政治经济学与中国特色发展的政治经济学之间既有联系，又有区别。中国特色社会主义政治经济学是对中国经济改革发展的实践经验进行系统总结而形成的系统化学说，是研究和揭示中国经济发展和运行规律的科学，是最高层次的经济理论。中国特色社会主义政治经济学在方向性、基础性、战略性层面研究中国生产力、生产关系以及生产方式的发展规律和趋势，为新时代中国特色发展的政治经济学的创新提供理论指导。例如，新时代理论，解放、发展和保护生产力理论，创新驱动理论，共同富裕理论，社会主义市场经济理论，新常态理论，供给侧结构性改革理论，五大发展理念理论等，这些都是新时代中国特色发展的政治经济学创新要坚持的基本原则。而新时代中国特色发展的政治经济学是中国特色政治经济学的重要组成部分，新时代中国特色发展的政治经济学的创新可以深化中国特色社会主义政治经济学中经济发展理论的研究。新时代中国特色发展的政治经济学要依据中国特色社会主义政治经济学，研究"什么是现代化发展""现代化发展为了什么""为谁实现现代化发展"等问题。进入新时代，中国经济发展面临一系列的新问题，需要从理论上加以阐释，包括中国特色的市场经济道路、中国的现代化道路、中国特色的工业化道路、中国特色的市场经济道路、中国特色的城镇化道路、中国特色的"三农"现代化道路等，对这些问题的研究既要以中国特色社会主义政治经济学为指导，其研究成果又可以丰富和发展中国特色社会主义政治经济学。

四、中国特色发展的政治经济学的新境界

习近平总书记在全国哲学社会科学工作座谈会上的讲话中指出，构建中国特色哲学社会科学体系应该从我国改革发展的实践中挖掘新材料、发现新问题、提出新观点、构建新理论。同时，应该从学理上"系统总结改革开放以来中国社会主义现代化建设的丰富实践经验，回应我国进入中等收入发展阶段面临的重大发展问题挑战"①。因此，

① 洪银兴．以创新的经济发展理论阐释中国经济发展［J］．中国社会科学，2016（11）．

中国特色发展的政治经济学必须开拓新的境界。

（1）发展观的新境界。五大发展理念是中国特色发展的政治经济学的发展观，开拓了中国特色发展的政治经济学中发展观的新境界，是发展观的一次重大创新。具体表现在：①创新发展体现了发展动力理论的新境界，创新是引领发展的第一动力，发展动力决定了经济发展的速度、效能以及可持续性。②协调发展的理念开拓了发展结构理论的新境界。我国进入中等收入阶段后，经济发展中的不平衡问题更加突出，需要转向协调发展，以增强新时代发展的整体性，使新时代的产业结构、供求结构、区域空间结构以及相应的发展战略趋向均衡。③绿色发展理念开拓了新时代经济发展财富理论的新境界，传统发展经济学的财富仅是指物质财富，绿色发展理念依据人—自然—社会复合生态系统的整体性观点形成新的财富论，进一步强调了自然资源的重要性。④开放发展的理念开拓了经济全球化理论的新境界，开放发展强调从融入全球化到主导全球化的转变，使我国由经济全球化的从属地位转变为主导地位。⑤共享发展的理念开拓了发展目的理论的新境界，体现了人的全面发展思想，要在新时代实现改革和发展成果全民共享。由此可见，五大发展理念开拓了中国特色发展的政治经济学中发展观的新境界，是发展观的一次重大创新。

（2）发展目标的新境界。党的十九大报告中指出，我国经济已经由高速发展阶段向高质量发展阶段转变，新时代中国特色发展的政治经济学要开拓发展目标的新境界，研究高质量发展。高质量发展要求以提高全要素生产率为目标，通过质量变革、效率变革、动力变革打造中国经济发展的升级版。质量变革是高质量发展的前提和基础，是高质量发展的环境保障。质量变革是指实现产品质量、生产质量和生活质量的提升，其关键是提升生产质量，增加有效供给，减少无效供给，提高供给体系的质量。效率变革主要包括生产效率、市场效率和协调效率三个方面。其中，生产效率强调要素配置效率、企业运行效率和生产组织效率；市场效率关注市场准入效率、市场匹配效率和市场交易效率；协同效率是经济与社会、经济与生态之间的协同运行效率。动力变革是指经济发展动力的调整，包括创新发展动力和结构发展动力。创新发展是高质量发展的第一驱动力，是提升生产能力、提高市场效率、增强企业竞争、实现协调发展的第一支撑力。结构发展动力是高质量发展的战略支撑，须通过产业结构、动力结构和要素结构的全面优化实现高质量的经济发展。

（3）经济发展任务的新境界。新中国成立之后，中国经济发展的目标是实现国家的繁荣富强，也就是实现国家富裕。进入新时代以后，国家富裕的任务已经基本完成，无论是经济发展、经济改革，还是现代化都应当考虑“富民”，即能不能给人民带来利益，能否使人民群众分享经济发展的成果，这既是新时代中国特色发展的政治经济学的任务，又是新时代中国特色发展的政治经济学经济发展任务的新境界。中国特色发展的政治经济学以“富民”为目标，不仅涉及加快经济发展问题，还涉及经济发展成果如何分配，才能使人民群众得到最大收益、最大的社会福利问题①。即一方面要实现经济又好又快发展，“快”是指速度，“好”是指质量，“好”放在前面，是发展观的新境界，也就是经济发展由数量型、速度型转向高质量发展型；另一方面，让人民富裕，不但要扩大中等收入者的比重，还要在收入普遍提高的基础上缩小收入差距，让居民生活质量普遍得到提高。

（4）经济发展模式的新境界。进入新时代意味着我们必须摒弃过去数量型的经济发展模式，探索质量型的发展路径，以提高经济发展质量为核心，把质量当成基础性和关键性的变量，通过转方式、调结构、创新发展，将中国经济引入高质量发展的轨道。实现从高速增长向高质量发展阶段的转型，必须进行发展模式的创新，开拓经济发展

① 洪银兴．以人为本的发展观及其理论和实践意义［J］．经济理论与经济管理，2007（5）．

模式的新境界。新时代背景下的经济发展与过去发展模式最大的区别就是要建立在质量效益的基础上，强调经济结构在诸多领域的全面升级，同时，经济发展方式逐步由粗放型向集约型转变，提高经济发展质量，实现高质量发展。新时代中国经济发展要从单纯的速度提升变为速度与质量效益的同步提升，不能仅以 GDP 为标准，更重要的是要着力解决发展的不平衡和不充分问题，提高居民生活质量，满足人民对美好生活的需求，让居民共同享受经济增长的成果，减少贫富差距和城乡差距。

（5）经济发展动力的新境界。处于低收入发展阶段时，经济发展的主要任务是摆脱贫困和实现快速经济增长，因此经济发展的目标是以规模扩张和要素驱动为动力追求经济发展的规模和数量。进入中等收入国家行列并成为世界第二大经济体以后，我国经济发展的目标由摆脱贫困转向基本实现现代化，由建设经济大国转向建设经济强国，为此，必须实现经济发展动力的转换，从要素驱动彻底转向创新驱动。因此，新时代中国特色发展的政治经济学需要强调经济发展动力的创新，不断强化创新引领新时代发展的动力作用。科技创新是全面创新的引领，应大力推动科技创新成为产业创新的动力，在提升自身在全球价值链上地位的基础上，实现知识创新与技术创新、科技创新与产业创新、产业创新与产品创新的深层次对接。

（6）经济发展动能的新境界。经济发展不同阶段的动能是不同的，当前中国经济正处于新旧动能转换的关键时期，培育经济发展的新动能是适应和引领中国经济新常态的必然要求。培育和发展经济新动能就是要给经济增长注入新的活力、新的动力、新的能量。新动能不仅是经济发展的新引擎，而且是改造提升传统动能、促进质量效益型经济发展的动力。新动能的形成需要供需双侧协调发力。供给方面，通过创新驱动、结构调整、制度变革等手段培育供给侧新动力；需求方面，通过消费、投资、出口需求协同拉动重振需求侧动力。由于新时代经济矛盾1的主要方面集中在供给侧，应将供给侧动力作为新时代现代化发展新动能的核心。概言之，中国特色发展的政治经济学要适应世界新产业革命的趋势，以科技创新为核心，以产业创新为抓手，以制度创新为保障，坚定走创新型经济发展的道路，以创新为抓手实现新动能的培育。

（7）发展战略的新境界。经过新中国70年，特别是40多年的改革开放，中国经济发展进入了新时代，我们面对的已经不再是单纯的发展问题，而是发展起来以后的现代化问题，相应地，中国特色发展的政治经济学必须进行发展战略的创新，开拓发展战略的新境界。具体而言，在战略思路上，新时代中国特色发展的政治经济学要以促进经济增长转向高质量发展为目标，以知识、技术、信息和人力资本等为先进生产要素，以创新为第一驱动力，构建现代化经济体系，实现以新型工业化为核心的新时代经济现代化，以追求效率、秩序、民主为核心的新时代政治现代化，以城市化和城镇化为特征的新时代社会结构现代化，以人的素质提高和生活方式变革为主体的新时代人的现代化。在战略目标上，新时代中国特色发展的政治经济学要由高速增长目标转向高质量发展目标，要由过去的制度创新转向以建设创新国家和现代化强国为内容的综合创新。战略措施上，新时代中国特色发展的政治经济学要由单一市场化路径转向市场化、工业化、城市化和生态化的协调同步发展，以“强起来”为目标构建新时代对外开放新格局，全面提高对外开放水平。

（8）发展型式的新境界。美国发展经济学家钱纳里提出了“发展型式”的概念，他认为“发展型式”就是经济发展过程中在重要领域的系统变化。中国过去的发展型式围绕解决贫穷落后问题而形成，这种发展型式以速度为目标，以要素投入为动力，以规模扩张为方式实现经济发展。进入新时代，我国社会的主要矛盾已经转化为人民日益增长的美好生活需要和不平衡不充分的发展之间的矛盾，中国经济面临的不再是发展问题，而是发展起来以后的现代化问题，此时就要依据变化了的问题和主要矛盾，开拓发展型式的新境界。要以发展质量为目标，以创新为驱动力，以效率提升为主要方式，以满足人民对美好生活的需要为终极目的，以现代化为主线进行发展型式的变革。

五、中国特色发展的政治经济学的理论体系创新

“中国是世界上最大的发展中国家，现在也是经济发展最快、最成功的国家，面临的发展问题最多、困难最大，实践经验和可供研究的资料最丰富，是最能够出发展经济学理论的地方，也是发展经济学研究条件最好、最有利的地方。”① 新中国成立以来特别是改革开放以来我国取得了巨大的发展成绩，有许多成功的经验需要总结，并从学理上上升为系统化的经济学说。因此，新时代中国特色发展的政治经济学创新的任务具有二重性：一是总结研究改革开放以来的新问题、新材料，形成系统化的学说以指导新时代的中国经济发展；二是形成系统化的学说，为世界发展经济学贡献中国方案和中国智慧。依据发展经济学的一般范式，中国特色发展的政治经济学理论体系的创新应该包括以下几个层次。

（1）中国特色发展的政治经济学的“中国特色”。这主要包括两个方面：一是新时代中国经济发展的特殊性。从新时代中国经济发展初始条件和主要矛盾的变化出发，从发展目标、发展模式、发展主题、发展道路等方面研究新时代中国经济发展的特殊性。二是在新时代中国经济发展特殊性分析的基础上，研究新时代中国特色发展的政治经济学的“中国特色”。

（2）中国特色的发展条件。经济发展的条件决定了经济发展的方式和模式，以及经济发展的道路。这一层次主要研究四个方面的问题：

---

① 简新华．创建中国特色发展经济学［J］．生产力研究，2008（18）．

一是中国发展条件与发达国家的比较；二是中国发展条件与其他发展中国家初始条件的比较；三是在比较的基础上研究中国经济发展的特殊禀赋条件、制度条件、市场条件、技术条件、基础设施条件、经济基础条件、文化条件等方面的中国特色；四是中国经济发展面临的特殊问题，从人口、资源、环境、就业、“三农”、贫穷、地区、城乡、工农差别等方面研究中国新常态经济发展面临的特殊问题。

(3) 中国特色的发展道路。在中国特色发展初始条件研究的基础上，研究中国特色的发展道路，包括：中国特色的市场化道路、中国特色的改革发展道路、中国特色的工业化道路、中国特色的城市化（城镇化）道路、中国特色的信息化道路、中国特色的“三农”现代化道路、中国特色的开放发展道路，并进一步研究中国经济发展在上述“六化”中的特殊规律。

(4) 中国特色的发展过程。这一层次主要研究如何实现新时代现代化发展的问题，依据五大发展理念和新时代主要矛盾的变化，研究五大发展理念的理论贡献，以及在实践上如何推进五大发展。重点研究如何在新时代中国经济发展中落实创新、协调、绿色、开放和共享发展，从而推动中国经济实现高质量发展。

(5) 中国特色的发展模式。这一部分主要研究新中国成立以来以及改革开放以来我国所选择的不同于西方但又适合本国国情的经济发展模式。具体而言，一是中国发展模式的演变，包括计划经济时期的经济发展模式、改革开放以来的发展模式和新常态下的经济发展模式。二是中国发展模式的同质性与异质性，比较研究中国较其他国家发展模式的特殊性。三是中国发展模式的转型，依据世界经济发展的趋势，以及中国进入中等收入国家的现实状况，研究新常态下中国经济发展模式的转型。

(6) 中国特色的发展战略。经济发展战略是指在一定时期内，国家关于国民经济发展的带有全局性、长远性、根本性的总体构想，及其为此实施的总体规划和方针政策。这一层次主要研究：一是中国经济发展战略的历史演变。主要包括：计划经济时期的赶超战略、改革开放时期的追赶战略、新时代的质量效益战略。二是发展战略的中国特色。从具体国情和发展阶段性特征出发，研究中国发展战略在选择、实施等方面的中国特色。三是新时代中国经济发展战略的转型，如何从长期的追赶战略转向质量效益战略。

（7）中国经济发展的前景。这一层次主要研究：一是中国经济发展对人类的贡献。总结大国发展的经验，总结中国发展模式、道路、体制等方面对世界的贡献。二是中国特色发展的政治经济学对世界发展经济学的贡献。总结概括中国经济发展的实践经验及可在发展中国家推广的理论。三是中国经济发展前景的估计。在对世界上各种关于中国经济发展前景分析的观点进行评价的基础上，估计新时代中国经济发展的未来前景。

六、“发展的政治经济学与新中国70年”丛书简介

“发展的政治经济学与新中国70年”丛书是教育部人文社会科学重点研究基地——西北大学中国西部经济发展研究中心和西北大学经济管理学院理论经济学科共同完成的一套系列丛书，也是我们在理论经济学建设方面的新成果。

西北大学理论经济学科过去以政治经济学的教学与研究见长，后来何炼成教授又提出了中国发展经济学的构想，政治经济学与中国发展经济学成为西北大学理论经济学科的主要研究领域。近年来，我们在研究理论经济学，特别是习近平总书记提出的中国特色社会主义发展政治经济学的过程中，逐渐形成了一个新的思想认识，即中国的问题是发展问题，而发展问题需要运用政治经济学的理论与方法来研究。在这种思想认识的基础上，我们把政治经济学与发展经济学相结合，提出了建立“发展的政治经济学”理论体系的思想认识。

在这一认识的指导下，我们首先开始写文章逐步阐释这一思想。2012 年我和我的学生钞小静在 2012 年第 11 期《经济学家》上发表了《从数量型增长向质量型增长转变的政治经济学分析》，逐渐通过经济增长问题来研究发展的政治经济学。在 2013 年第 5 期《经济学家》上，何爱平教授发表了《发展的政治经济学：一个理论分析框架》，阐释了发展的政治经济学的基本框架。2015 年我和我的博士生马强文又写了《经济发展方式转变的政治经济学分析》，在云南召开的第一届公共经济学论坛上我讲了这篇文章，阐释了发展的政治经济学的基本思想。在 2015 年第 3 期《黑龙江社会科学》上，我发表了《学好用好政治经济学 把握时代发展规律》的文章，指出“中国改革开放所面临的很多问题都是政治经济学问题，都需要用现代政治经济学予以回答。学好用好政治经济学对把握中国经济发展和改革的规律意义重大”。

2016 年，《西部论坛》杂志主编黄志亮教授专访孟捷、周文和我三人，专访稿发表在《西部论坛》2016 年第 5 期上，在我的专访稿《中国经济学的形成基础与体系构建》中，我提出中国特色社会主义政治经济学理论体系构建要抓住“发展”这个主题，中国经济学首先应研究中国发展的经济学，甚至可以称之为中国发展的政治经济学。

我在 2016 年第 6 期《中国高校社会科学》上发表了《“中国发展的政治经济学”理论体系构建研究》的文章，系统阐释了发展的政治经济学的思想，文中指出“当代中国马克思主义政治经济学的构建应该以中国特色经济发展道路为研究对象，主线是发展经济学与马克思主义政治经济学结合而形成的‘中国发展的政治经济学’。在理论逻辑上，‘中国发展的政治经济学’以马克思主义政治经济学为理论基础，既反映人类经济发展的一般规律，又反映中国经济发展的特殊规律，还能有效解释当代中国经济发展现象、指导中国经济发展实践。在实践逻辑上，‘中国发展的政治经济学’要有效解释中国特色的发展道路，抓住‘经济发展’这个主题，并直面中国经济发展的大问题、大矛盾。在发展经济学和政治经济学的结合中构建的‘中国发展的政治经济学’理论体系，应该研究中国经济发展的初始条件、中国宏观经济发展的政治经济学、中国中观经济发展的政治经济学、中国微观经济发展的政治经济学、中国与世界合作发展的政治经济学等五个层次问题”。我在2018年第3期《天津社会科学》上发表了《创新中国特色社会主义发展经济学 阐释新时代中国高质量的发展》的文章，阐释了发展经济学与政治经济学相结合的问题，同时我多次在全国性的学术研讨会上介绍了我的这篇文章的思路。2018年我们给本科生开设了一门课程“中国特色社会主义政治经济学18讲”，把讲授内容组织大家写成文章，在《西北大学学报》连续发表，我的文章和师博教授的文章都体现了发展的政治经济学的思想，文章发表后先后被人大报刊复印资料和中国社会科学文摘转载。

围绕这些文章的思路，我们经过认真研究，提出了组织这套丛书的研究设想，恰好2019年是新中国成立70周年，所以我们把这套丛书的名称定位于“发展的政治经济学与新中国70年”，一方面，这套书是发展经济学与政治经济学相结合的产物；另一方面，这套书是新中国70年的经验总结和概括。

这套丛书包括：《中国特色发展的政治经济学》《发展的政治经济学：理论框架与分析范式》《中国宏观经济发展的政治经济学》《中国中观经济发展的政治经济学》《中国微观经济发展的政治经济学》《中国与世界合作发展的政治经济学》《中国特色发展道路的政治经济学》《中国特色生态文明建设的政治经济学》《中国特色绿色发展的政治经济学》《中国特色的企业发展理论》。

本套丛书得到了西北大学社科处的高度重视，同时，教育部人文社会科学重点研究基地——西北大学中国西部经济发展研究中心和经济管理学院共同完成了这套丛书。在丛书写作的过程中，我从经济管理学院院长转任到了西北大学研究生院院长的位置，但是我仍然担任教育部人文社会科学重点研究基地——西北大学中国西部经济发展研究中心主任，利用中心平台，在西北大学经济管理学院副院长师博教授的协助下，我们继续完成了这套丛书。本丛书的出版感谢西北大学各级校领导的支持，感谢社科处、学科办和研究生院的支持。感谢我的老师南京大学洪银兴教授等师长的支持，我的思路得到了老师们的支持和鼓励。同时，这套丛书的出版也得到了中国经济出版社霍宏涛副总编辑和贺静副编审的大力支持，在书稿修改、封面设计等方面他们也做了大量的工作。

“发展的政治经济学”是我们的一个新的构想，我们期待着学术界同人的关注和批评，我们将在这个领域中不断开拓，争取多出高质量的研究成果。

西北大学研究生院院长

教育部人文社会科学重点研究基地

——西北大学中国西部经济发展研究中心主任

任保平敬序

2019 年 1 月于缥缃居

前　言

新时代中国特色社会主义政治经济学是马克思主义政治经济学在新时代建设中国特色社会主义伟大实践中的逻辑概括与理论提升，是发展的政治经济学。其有着新时代所赋予的新内涵和新内容，其所指向的实践内容是建设新时代中国特色社会主义，全面建成小康社会，全面实现“两个一百年”目标。新时代中国特色社会主义发展的政治经济学的微观部分就是中国特色社会主义企业发展理论，中国特色社会主义企业发展理论从微观组织视角来丰富和充实中国特色社会主义发展的政治经济学，它是中国特色社会主义发展政治经济学的微观基础。

一、企业发展问题在中国特色社会主义发展的政治经济学体系中占有重要位置

企业发展问题在中国特色社会主义发展的政治经济学体系中占有重要地位，是基于理论和实践的双重维度来考量的。理论上，建设社会主义、建设中国特色社会主义发展的政治经济学体系是科学完整的思想理论体系，而现代化经济体系理论、企业发展理论自然是该思想体系的有机构成部分，而且和其他思想理论又有着相互关联和交叠。实践上，建设新时代中国特色社会主义需要依赖强大的物质基础，需要发展中国特色社会主义市场经济，不断完善中国特色社会主义市场经济体制，建设现代化经济体系，而这一切最终会落脚到企业发展，

发展各种形式、各种规模、在各行各业按照国家法律和政策从事产品生产和服务提供的企业。企业发展是发展中国特色社会主义市场经济的内核。企业发展问题的理论探讨和实践推进是中国特色社会主义发展的政治经济学体系不可或缺的部分，更是实践层面推动中国特色社会主义建设的有机内容。企业发展问题在核心上要解决企业发展目标选择、动力选择和企业家精神弘扬问题。本书就是围绕这一逻辑主线，立足新时代中国特色社会主义政治经济学的新发展来再思考企业发展的。

企业发展问题的社会科学属性本质是为了社会主义建设、为了居民福利增进。这就决定了企业发展必须紧跟时代主题的迁移变化，紧跟社会发展方向。我们认为，任何企业发展都具有物质技术属性和社会关系属性。从物质技术属性层面来说，企业发展无国界，企业发展无止境。而从社会关系属性角度来看待企业发展，则呈现出一系列特质，这一系列特质的根本在其价值支持系统，什么样的价值支持系统，就会呈现出什么样的企业发展模式或者企业发展目标系统和路径系统。这正是本书从企业家精神的视角来探究企业发展问题，立足新时代中国特色社会主义建设的根本使命和根本目标。

二、中国特色社会主义发展的政治经济学中的企业发展问题所具有的新特征

社会主要矛盾蕴含着根本问题，根本问题蕴含着中心任务，中心任务蕴含着历史使命。

1. 立足新时代的企业发展问题

企业发展在任何时代都具有其不可替代的地位和作用，这是从其在社会经济发展中的基本功能和根本角色角度讲的。企业发展需要调集和配置多种社会资源，产出经济社会发展所需要的生产资料和生活资料，提供社会经济系统赖以运行的生产服务和生活服务，吸纳社会

就业，运用社会劳动力，为劳动者及其家庭提供收入来源。为政府提供税和费的收缴源。同时，企业发展既是一个社会技术研发和成果推广应用的平台和载体，又是技术进步和技术创新的结果。企业发展必须从所处的环境中获取所需要的各类要素，同时将其产出投向特定市场。新时代企业发展问题既有企业发展一般特性和要求，又有新时代所赋予的新使命，所面临的新问题需要从理论上进行系统研究，从实践上积极给予回应。

2. 坚持和巩固党的领导的企业发展问题

中国特色发展的政治经济学的企业发展理论的重要侧重是探讨全面加强党的建设背景下的企业发展问题。党的十九大报告明确指出："中国特色社会主义最本质的特征是中国共产党领导，中国特色社会主义制度的最大优势是中国共产党领导，党是最高政治领导力量，提出新时代党的建设总要求，突出政治建设在党的建设中的重要地位。"这种地位和作用不仅在国有企业，在民营企业和其他形式企业组织中亦是如此。

3. 新时代企业发展必须是坚持新发展理念的企业发展

中国共产党第十八届中央委员会第五次全体会议强调，实现"十三五"时期发展目标，破解发展难题，厚植发展优势，必须牢固树立并切实贯彻创新、协调、绿色、开放、共享的发展理念。新发展理念对于中国经济社会发展具有空前深刻和极为重要的引领作用。不管对微观组织，还是中观的区域均有极为重要的意义。这不仅涉及企业发展的理念指导，更是贯穿企业现实的资源组织过程、生产加工过程，也体现为企业组织和个人的绩效行为等。

4. 为解决不平衡不充分基本矛盾的企业发展问题

我国社会主要矛盾的变化是关系全局的历史性变化。这一主要矛盾的变化具有根本性和全局性的决定作用，从而也确立了其他各个领域的发展方向和根本目标。明确新时代我国社会主要矛盾是人民日益增长的美好生活需要和不平衡不充分的发展之间的矛盾，必须坚持以人民为中心的发展思想，不断促进人的全面发展、全体人民共同富裕；具体到企业发展领域，为企业发展的价值立场、具体方向、产品选择、服务定位提出了明确清晰的新指向。企业发展的根本意义和价值就在于解决不平衡不充分的问题和矛盾，这种不平衡和不充分体现在多个层次和多个领域，这就要求无论是国有企业还是民营企业，无论是中资企业还是外资企业，都要瞄准主要矛盾变化这一基本国情去进行生产经营活动，比如养老产业、大健康产业、移动互联产业的新产品和新业务应该受到进一步重视。

5. 为实现动能转换的企业发展问题

经济发展动能转换不只是宏观层面的提法或者战略，更多具有实际意义则在于从企业层面实现发展动能转换，主要从投资驱动、数量扩张为基本动能向创新驱动、结构优化带动、素质提升拉动方面转变，微观企业组织须自觉践行、积极推动供给侧结构性改革，自觉在企业的业务转型、创新驱动、履行社会责任方面认真探讨。

6. 弘扬优秀企业家精神的企业发展问题

企业家精神相对于企业家素质或者企业家才能而言，特征不同，形成来源不同，产生的效果也不同。企业家精神更内在和更基础，甚至是根本性的。企业家才能是外显的，呈现为运行层次“术”的特质。企业家精神更多是内涵内嵌、深层次、道的层面，它对于企业发展的根本方向、企业价值系统塑造具有决定性作用。尤其在“当前中国处于近代以来最好的发展时期，世界处于百年未有之大变局，两者同步交织、相互激荡”的背景下，弘扬优秀企业家精神对于增强建设中国特色社会主义的自觉性和坚定性有着无可替代的作用。

目　录

第一篇　企业发展理论篇 …………………………………………… 1
第一章　企业与企业兴起的历史考察 ……………………………… 3
第一节　古代企业的起源 ……………………………………… 3
第二节　近代企业的雏形 ……………………………………… 13
第三节　现代企业的兴起 ……………………………………… 28
第二章　企业发展理论流派 ………………………………………… 55
第一节　企业成长理论 ………………………………………… 55
第二节　资源基础理论 ………………………………………… 57
第三节　企业核心能力理论 …………………………………… 59
第四节　企业生命周期理论 …………………………………… 63
第三章　企业发展的经济学阐释 …………………………………… 67
第一节　基于契约理论的企业发展 …………………………… 68
第二节　基于成本理论的企业生命周期理论 ………………… 71
第三节　基于规模经济的企业一体化成长理论 ……………… 74
第四章　企业发展的管理学阐释 …………………………………… 78
第一节　行为科学学派 ………………………………………… 80
第二节　决策理论学派 ………………………………………… 86
第三节　经验主义学派 ………………………………………… 90

第二篇　企业家精神篇 ………………………………………………… 93
第五章　企业家精神的内涵与特质 ………………………………… 95
第一节　企业家精神的内涵 …………………………………… 96

第二节　企业家精神的特质 …… 101
第三节　企业家精神与企业成长 …… 103
第四节　企业家精神研究的相关文献 …… 105
第六章　企业家精神的要素本质 …… 110
第一节　创新精神 …… 111
第二节　机会识别 …… 113
第三节　冒险精神 …… 115
第七章　企业家精神的外延与形成 …… 120
第一节　个体层次的企业家精神 …… 121
第二节　组织层次的企业家精神 …… 124
第三节　社会层次的企业家精神 …… 128

第三篇　企业发展与企业家精神篇 …… 133
第八章　企业发展与企业家精神关系的理论与实践 …… 135
第一节　企业家精神与企业发展 …… 137
第二节　企业家精神与企业核心竞争力 …… 146
第九章　民营企业发展与企业家精神 …… 150
第一节　民营企业及其发展 …… 150
第二节　民营企业发展与企业家精神 …… 162
第三节　民营企业家精神的实践例证 …… 168
第十章　国有企业发展与企业家精神 …… 182
第一节　国有企业及其发展 …… 182
第二节　国有企业发展过程中的企业家精神 …… 194
第三节　国有企业发展与企业家精神关系的案例 …… 199

参考文献 …… 213
索　引 …… 219
后　记 …… 223

第一篇

企业发展理论篇

企业发展是一种现象和实践，从理论逻辑层面予以描述和阐释进而形成了理论。研究中国特色的企业发展理论，离不开一般意义上企业发展理论的追溯，进而也需要把企业发展的实践和历程进行勾勒描画，一方面在逻辑上有一个前继后承的关系，另一方面便于在更为广阔的视野里理解企业发展理论和企业家精神。

第一章　企业与企业兴起的历史考察

在移动互联、人工智能技术充斥着人们耳目的今天，公司、企业等代表着市场与经济的词汇遍布于我们的生活，它们像空气一样无处不在，却实实在在地影响着我们个人、家庭、组织、国家乃至人类的发展与命运。这些我们今天看起来和听起来无比正常的词汇，到底是什么赋予了它们令人无比着迷的魔力，让它能够穿越时空的隧道，来到我们的世界？企业，它到底是什么？它是如何兴起的？又是如何在不断变化和发展中走到今天的？

第一节　古代企业的起源

亚当·斯密说过，“交易可能是人的本性之一，它的历史可能和语言一样古老”[①]。早在3000多年前的中国，商朝的第七任君主王亥被认为是中国商业发展的始祖。据传，王亥驯服了牛而发明了牛车，带来了社会生产力的进步，人们的劳动产品产生了富余，于是，最早的商品交易便出现了。公元前11世纪左右，周武王灭商建立周朝，商国遗民失去了土地，为

① ［英］亚当·斯密．国富论［M］．谢宗林，李华夏，译．北京：中央编译出版社，2010：10.

了生活，便东奔西走做买卖以维持生计，随着时间的推移，这部分人形成了以做买卖为生的固定职业，因此，“商人”也成为买卖人的代名词。“商人”一词，经几千年流传至今，已经成为一种职业，存在于人们的日常生活之中。

西周时期，商业已经成为不可缺少的社会经济组成部分，但在“工商食官”的等级制度下，商业由国家垄断，商人服务于官府，由官府统一管理。春秋战国时期，天下群雄并起，周礼分崩离析，官府对商业的垄断地位被打破，出现了许多著名的大商人，如功成身退后隐居于宋国、被世人称为陶朱公的范蠡；郑国的玄高；孔子的弟子子贡；魏国的白圭、吕不韦等。春秋战国时期各国造型迥异的钱币也在一定程度上反映了当时商业的繁荣。

一、中国古代工商业模式的形成（秦汉时期）

秦始皇统一六国后，为了改变全国货币混乱的现象，统一了度量衡，并以秦国货币为基础，制定了统一的圆形方孔铜币，谓之秦半两。统一货币和度量衡对中国古代商业的发展具有十分深远的意义，后世历代皆以圆形方孔铜币为统一货币。但在整个封建王朝的历史中，土地和农业是封建王朝的根基和命脉，因此，中国历代封建王朝施行的均是“重农抑商”政策，商业也一直由官府统治。

秦汉时期是中国工商业模式的形成时期，汉承秦制，在经历了秦朝末年的农民起义和汉楚争霸后，汉朝在建立初期实施轻徭薄赋、休养生息的政策，促进了西汉初期商业的发展。这一时期，涌现出了一批民间富豪。例如，四川卓氏：冶铁；四川程郑：冶铁、河南南阳孔氏：冶铁、长途运输业；山东曹邴氏：冶铁、金融业；山东刁闲：盐业；河南任氏：粮食业；陕西邓通（官商）：铸钱业；江苏吴王刘濞（官商）：铸钱、冶铁、盐业；雍乐：零售业；雍伯：胭脂水粉、化妆品业。大批民间富豪的出现，表明了汉初商业的繁荣，通过观察不难发现，能源性产业是财富聚集之地，专业化经营是成功之道，自由市场经济是民间富豪出现的制度层原因。但西汉初期大批民间富豪的出现，也对政府权威造成了挑战，于是，重农抑商之风再次兴起，汉景帝时期，晁错曾指出："今法律贱商人，商人已富贵矣；尊农夫，农夫已贫贱矣……因其富厚，交通王侯，力过吏势，以利相倾。"这说明西汉初期民间商业的发展已经影响到了政府的权力生成和权力执行。因此，汉武帝时期，政府将盐、茶、铜、铁收归国有，并规定私人不能贩卖盐、铁。这一定律为后世历代所遵循。重农抑商也成为封建王朝的基本经济策略。因此，两汉时期的商业发展主要有以家庭为主的手工业作坊和以官府为主的官办作坊两种类型。但西汉时期对中国商业发展产生深远影响的举措在于开辟了陆上丝绸之路和海上丝绸之路。从此，中国的瓷器、丝绸在政府的运作和主导下能够远销万里，走向世界。通过秦汉时期的一系列措施，我国在封建时期确立了重农抑商、重农贬商的基本商业经济制度。著名的《盐铁论》更是将国营经济的主要地位进一步确立，从此，民营经济在封建时代再也没有成为主流，西汉初期繁荣的民营经济景象也一去不复返。经过思考可以发现，封建时代国家商品经济发展的基本路径是：中央集权—资源垄断—国家主义—权贵资本主义。而这一路径对民营资本的打击无疑是致命的，因此，中国古代的企业史注定是一部不断被打断的历史。

二、中国古代企业的实践（唐—宋—元时期）

公元618年，唐朝建立。在唐朝之前，是短暂但又十分重要的隋朝。隋朝为中国封建时期的后世王朝留下了两份宝贵的历史遗产：一个是大运河的开凿，推动了中国经济重心的不断南移；另一个是科举制度的创立，为封建王朝形成完整的中央集权制度添上了最后一页。随着科举制的创立，中央集权制度的最后一项大工程圆满完成，但也意味着商业在封建时期的中国将长期处于停滞状态。

初唐时期，天下初定，中央政府采取了一种具有规律性的普遍做法：重农抑商，与民休养生息。对商人的政治歧视在这一时期也有所表现，唐高祖李渊曾明确指出："工商杂类不预士伍。"唐太宗李世民更是对商人的衣着等都进行了严格规定，此时的商人社会地位普遍低下。虽然唐代在政治上对商人有明确的规定和贬低，但商业环境却是较为宽松的，这也造就了当时民营经济在商业运作方面的进步。从公元618年至公元742年（唐玄宗天宝年间），120多年来对工商业相对宽松的政策，成就了商业繁荣的盛唐气象。

公元671年，穆斯林商人穿过马六甲海峡第一次到达广州，此后，广州很快成为穆斯林商人的集聚中心。而在内陆，宽松的民间商业环境以及完善的市坊制度，形成了一种有计划的商品经济，促进了服务业的大发展，也出现了职业化的贸易商人。从此，古老中国诞生了1000多年的工商业第一次从漫无组织的自由职业转变为具有较严密组织的行业，这对我国古代企业而言，不能不说是一次重大变革。

唐代中央政府在都城长安设置东、西两市为官市，禁止草市。市下设行，长安东市的二百二十个行，每行其主持人称为"行头"，这标志着第一次出现了行业协会。同时，还出现了"牙人"，即官方指定的职业经纪人。宽松的商业环境，造就了一批具有相当经济实力的民间富豪，如胡商邹凤炽，从事商业地产及贸易。其曾云："山树虽尽，臣绢未竭。"王元宝，商贸流通，玄宗曾云："吾闻至富可敌贵，朕天下之贵，元宝天下之富，故见耳。"定州何明远，纺织业，绫机五百张，"袭胡为业"；郭万金，商贸；裴明远，商业地产、废品收购业、养蜂业。唐代商业的特点在于以贸易型、城市商人为主流，同时，第一次出现了从事国际贸易的大商人，但依旧没有大型盐商、铁商。宽松的商业环境促进了商人阶层的崛起，《开元天宝遗事》记载："长安富民王元宝、杨崇义、郭万金等国中巨豪也，各以延纳四方多士，竞于供送。朝中名僚往往出于门下，每科场文士集于数家，时人目之为豪友。"商人阶层的崛起是唐政府所不能容忍的，加之安史之乱的冲击，唐王朝不得不寻求变法，以图中兴。

晚唐时期，著名的经济改革家刘晏发起了一场旨在中兴、挽救经济的变法运动，而变法的核心在于盐业专营，将统购统销的政策改为"民产—官购—商销"，官商经济开始横行，封建时代的中国也第一次出现了特许型商人。刘晏变法的本质与汉武帝时期的桑弘羊变法相同，均是国营化政策，而国营化政策对短期内的社会稳定具有出奇的良好作用，但从长期来看，操作不当，将愈演愈烈，最终远离初衷。

宋代作家庄季裕在《鸡肋篇》中写道："欲得官，杀人放火受招安；欲得富，赶着行在卖酒醋。"这一略显通俗的话语却在一定程度上真实地反映了宋代的政治和经济特点。单就政治建树而言，宋朝是中国封建历史中最无政治建树的王朝，而与政治的积弱形成鲜明对比的是宋朝在经济、文化领域却达到了中国封建王朝的最巅峰。这种具有明显两极分化的现象其实在宋朝建立之初就已经注定。

公元960年，后周大将赵匡胤在部将的拥立下以"陈桥兵变"的方式结束了后周王朝，建立宋朝，定都汴梁（今河南开封），是为宋太祖。有感于五代十国以来藩镇割据对大一统王朝造成的巨大危害，宋太祖赵匡胤以"杯酒释兵权"的高超政治智慧剥夺了部将的军事权力，将军事权收归中央集权政府所有，同时采取强干弱枝的政治统治方式，意在弱化地方对中央集权政府的威胁。而正是此举造成了宋代200多年的积贫积弱。

政治方面的毫无建树并没有影响宋代经济的发展，宋代是中国封建时代商业经济发展的最巅峰。据有关资料记载，北宋时期的中国人均生产总值为2280美元，同时期的西欧人均生产总值为427美元。这种政治与经济强烈反差的现象，是宋代中央政府对商品经济政策的开放性和一贯支持所造成的，也是中国自秦至宋1000多年的商业经济结果演变的必然。

宋代具有当时全球领先的工商经济，在经济政策方面，宋代通过减税、开放草市等措施，允许民间自由贸易，汴梁城内出现了夜市，商品经济十分繁荣。中国古代的四大发明有三项均发明于宋代，宋代的煤、铁产量甚至超过了五百年后"工业革命"前夕的英国。同时，宋代建立了前所未有的相当完备的工商业体系，在商人中出现了坐贾、客商、牙侩等；大规模联号组织已经出现；支撑商业发展的金融业及其他辅助机构也不断出现，如塌房、廊房、柜房、兑房、钱铺、金银铺、寄附铺、交引铺等；商业经营中的簿记、商用数字、珠算等在这一时期也相继出现；唐代出现的行会在宋代也达到了最高峰。完备的工商业体系以及商业经营工具的齐备，使得宋代的企业制度也产生了根本性的变化。

在企业性质方面，宋代诞生了中国历史上最早的股份制合伙公司，比后来人们熟知的欧洲的东印度公司早了500年。有趣的是，中西方的股份制公司均产生于远洋贸易，长途运输和商业经营似乎更能证明资本的力量，并且更能考验人与人之间的信任。中国人现在所熟悉和习以为常的“合伙、合股”等资本合作形式的源头也来自宋代的“合本、连财合本、斗纽”的惯行。在企业交易方面，宋代产生了定金制度，“世间交易，未有不前期借钱以为定者”。在企业产品销售方面，宋代产生了包销垄断制度，即“立券”制度。在企业经营方面，宋代出现了职业经理人“干人”。但宋代民间几乎没有出现过像先秦时期的吕不韦、范蠡等十分出名的大商人。青州麻氏，地主；北宋康喜、南宋吴傅，盐商；新安筑氏，商贸。

宋代繁荣的商业经济的最终受益者是官府及权贵。官府经济、权贵经济是分夺商业利润的主流。宋代官府经营着盐、茶、酒、醋、矾和对外贸易所得的香料、象牙等，官府在老百姓的生活必需品、基础资源领域、暴利行业进行了垄断，并严格规定民间商人和百姓不得私贩盐、碱、茶、酒、醋、矾等生活必需品，违者达到量刑标准即处死。同时，宋代是中国封建历史上唯一一个鼓励官员经商的朝代，由此而形成了以官员经商为代表的权贵经济。宋代官商在从事经济活动时通常官款私用、官物私用、官车私用、官人私用、贱买贵卖、逃税垄断。宋代有名的官商有宰相赵普（普广营邸店以规利，太祖知其事，每优容之）、大将石守信（累任节镇，专务聚敛，积财巨万，尝械以运粮）、大将张俊（年入田租六十四万斛，园池声伎甲天下），大将刘光世更是将八千士兵用于自己的贩运事业。宋代权贵经济的另一特点在于特许授权经营。宋代有“买扑”一职，类似于现如今的中标后独家出售，有史记载：“闹处出榜，召人承买，限两月日，并令实封投状，置历拘管，限满据所投状开验，著价最高者方得承买。”还有“钞引”一职，宋代规定商人交4贯800文即可买得1钞，凭钞可至盐池领盐200斤到市场贩卖。“钞票”一词也来源于此。

总体来看，虽然宋代的商业经济极度繁荣，但繁荣的背后，其本质却依旧是官商经济。宋神宗时期，王安石曾力主变法，试图改变积贫积弱的局面，但最终以失败告终，王安石试图从体制内实行自上而下的改革，但体制内创新的失败也预示着在将来唯有以暴力革命才能冲破牢笼。宋代官商经济已经出现了“标本化”的特征，而此后几百年的官商经济，不过是宋代官商经济模式的一次次极端和恶化。

元代是中国古代历史上疆域最为辽阔的朝代之一，元朝如同秦、隋的短命王朝一样，对中国中央集权制度的发展产生了重要影响。元代将隋唐以来建立的三省六部制中的中书省下沿至地方为行中书省，从而形成了对我国影响深远的行省制度。人们常说，重要的决定往往是在一瞬间作出的，与中国两千多年的封建王朝历史相比，秦、隋、元不过是浪花中的一朵，但正是这一朵，对整个封建王朝制度的建立和完善产生了重要作用，这种看似不经意的历史玩笑背后，其实是文明积淀和历史进步的必然结果，只是它们凑巧赶上罢了。

元代辽阔的疆域为全球化贸易提供了可能。短暂的大一统，让元朝在北方重开丝绸之路、南方泉州成为与西方亚历山大港并列的世界第一大港，建立了对后世影响深远的银本位制度，发行了世界上的第一张纸币元宝钞。但由北方游牧民族建立的元朝对汉民族进行了毁灭性的打击，在元代，汉族富商基本绝迹，出现了“斡脱商人集团（斡脱者、转运管钱，散本求利之名也)”。该集团的商人主要是色目人①，控制了课税扑买、斡脱经营、市舶交易等领域。有名的商人有蒲寿庚（白番），控制泉州贸易；奥都拉合蛮，买断中原商税；刘忽笃马，买断全国赋税徭役；涉猎发丁，买断全国水利。

元代的垄断经营受地域和当时中央政治体制的影响，且短暂的王朝在商业领域也并没有做出突破性的贡献，也并未打破已经建立的官商经济

① 元代对来自中西亚各民族的统称，广义上除了蒙古人、汉人、南人以外的西北民族都称为色目人，也是后来回族人的祖先。色目人在元代社会阶层中的地位在蒙古人之下、汉人和南人之上。

模式。

三、中国古代企业的固化（明清时期）

中国封建王朝的中央集权制度在明清时期达到了巅峰。公元1368年，朱元璋建立明朝，定都南京，是为明太祖。在推翻了元朝的统治后，这位由乞丐成长为一代枭雄并最终问鼎天下的皇帝，终于建立起了属于自己的大明帝国。为了能够尽可能地实现中央集权，明太祖设置了锦衣卫，用于专门监视臣子。和历代开国皇帝一样，明太祖在经济领域依旧实行重农抑商的政策。明成祖朱棣在靖难之役后登上皇位，进一步设置东厂，对官员进行监视和制衡。明宪宗朱见深于成化年间又设置西厂用于强化皇权，此后西厂几经周折，终在明武宗朱厚照驾崩后裁撤。

政治上的高压和集权造成了当时社会经济的异常。明太祖朱元璋崇尚男耕女织的社会基本形态，最为推崇《道德经》中的“老死而不相往来”。朱元璋曾两次将江南富豪“连根拔起”，通过人口迁移的方式，将江南富豪先后迁至安徽凤阳和江苏南京。朱元璋的基本治国方略是“稳定压倒一切”，但在具体操作方式上却走向了极端。在朱元璋看来，政治上的永续状态和国家的与世隔绝是最理想的状态，而经济向来不是他所关心的。在这种治国理念之下，朱元璋在明朝北方边境重新修筑长城，在南方沿海实施海禁。这种畸形的国家生存方式，导致了明朝工商业的扁平化和乡村化。明洪武二十六年，棉花纺织成为明朝的第一大手工制造业，当时的棉布纺织以松江①地区最为突出，松江棉布也成为明朝边境互市的主要商品。然而这场轰轰烈烈的“棉花革命”并没有引发中国的工业革命，因为众多的人口为棉花纺织提供了充足的劳动力，在不需要技术进步的前提下大明子民完全可以完成棉纺；充足的内需为棉布提供了广阔的市场，也不需要通过外销来解决销售问题。

明成祖朱棣时期曾有郑和七次下西洋的航海壮举，但这种不计成本、

---

① 松江，古称华亭，位于今上海市西南部，距上海市中心39公里。

以宣扬国威为主的航海行动，其政治意义远大于经济意义。朱棣驾崩后，这种航海奇迹也戛然而止。明成祖之后，历经明仁宗、宣宗两位皇帝当政时期，明帝国出现了堪比西汉“文景之治”的“仁宣之治”，仁宣之治带来了中国封建王朝社会经济的再次繁荣，大明帝国也焕发出了国泰民安的升平景象，但不幸的是，仁宣之治仅存在了11年，随着明宣宗朱瞻基的驾崩而结束，明帝国又逐渐回到了原有的畸形社会形态。此后，明嘉靖年间，受东南沿海倭寇的影响，海路不通，大明帝国再次陷入闭关锁国的孤立状态。

而处于同一时期的欧洲，不仅开展了“文艺复兴”运动，更实现了“地理大发现”，当欧洲资本主义在不断扩张，即将走向工业革命的同时，古老的大明帝国却陷入了前所未有的停滞，这个以农为本、重农抑商的帝国已经陷入了封闭、守旧、落后的历史泥潭。当世界的潮流走向贸易全球化、产业工厂化、人口城市化、政治开明化时，大明王朝却走向了世界潮流的对立面。但引人深思的是，在明朝中后期依旧出现了资本主义萌芽，而这种萌芽却在外力和内力的联合作用下最终没有实现向资本主义的过渡。

明朝在经济领域最值得人们注意的是商帮的出现，而在当时，谁也没有想到这颗如豆的灯火会在几百年后的清末时期划过茫茫的黑夜，成为那个时代民间经济的最后一片星光。明代的商帮主要有晋商和徽商，晋商产生于山西地区，公元1370年，明朝政府实行“开中制”[①]，山西商人缴粮一石三斗，可获一盐引，一盐引可换官盐200斤。这一制度的实行，给予了山西商人合法贩卖官盐的资格，也促使了晋商的产生。公元1492年明政府实行的“折色制”[②] 则促使了徽商的产生。从晋商和徽商的产生可以看出，这种商帮其实是带有特权性质的经营。虽无官商性质，却与官府有着

① 明洪武三年，为减少朝廷对边境防御的补给负担，明政府与山西商人达成协议，山西商人向大同、居庸关等几大边塞输送粮食，山西商人获得合法贩卖“官盐”的资格。“（洪武三年）山西行省，请令商人于大同仓入米一石，太原仓入米一石三斗。给淮盐一小引。商人卖鬻毕，即以原引赴所在缴之。帝从其请，召商输粮而与之盐。谓之‘开中’。”

② 继开中制之后，政府进一步准许盐商用银两换取盐引，不用再将粮食军需运送到边境或前线再获得盐引。这一办法就叫折色制，也叫开中折色制。

牢不可断的联系，这种从源头上就形成的唇亡齿寒型关系，成为清末时期商帮最终衰落的根源。

明代工商业经济仍然是以官商为主，明代最大的商人其实是皇帝，正德皇帝曾开创了“皇店模式”，万历皇帝之子福王开设盐店，皇帝更是派出太监前往全国各地的矿产业直接收税以供其挥霍。官商经济在明代也达到了巅峰状态，从内阁大臣到地方督抚均参与商业经营。明嘉靖年间，出现了一大批官商富豪：严世蕃（严嵩之子）；蜀王、黔公（亲王）；黄忠、黄锦、成公、魏公（太监）；陆炳（都督）；贵州安宣慰（土司）等皆是王侯大臣，嘉靖帝后的历代首辅如严嵩、徐阶、张居正、张四维等均从事商业经营。此外，还有具有官商背景的晋商、徽商等。

清代的集权政治达到了最顶峰，在高度集权统治下，国家进入了力求超级稳定的闭关锁国状态，经济和文化陷入前所未有的停滞状态。清朝初期设立了“皇商八大家”，分别是范永斗、王登库、靳良玉、王大宇、梁嘉宾、田生兰、翟堂、黄云发。范永斗的产业最为广阔，他垄断了当时的军粮，经营1000万人口的盐用，买断经营铜、人参等。与元代的斡脱商人集团不同，清政府在官商领域重用汉人。

清代共形成了三大具有官商背景的商帮。晋商，这个发源于明代的商人群体，在清代实现了它唯一的一次产业创新，从盐业转向了金融业。山西的票号是晋商对清代民间经济最大的贡献，“一纸之符信遥传，万两之白银立集”是对山西票号的生动写照，由山西商人雷履泰创建的“日升昌”票号更是垄断了清代的金融汇兑业务。山西票号控制了清代的国库省库，江浙钱庄控制了清代的县库，一南一北，民间票号控制了清朝的整个金融业。徽商，同样发源于明代安徽地区的商帮，在延续其盐业、粮食产业的同时，也将触手伸向了金融业，开始经营钱庄。广州十三行，公元1757年，清政府在广州设置唯一的通商口岸，广东商人从此崛起并最终形成商帮，十三行是指由清政府指定的专门做对外贸易的十三家牙行，十三行中以潘、卢、伍、叶四大家族获利最多，因此，这四家在广州地区也形成了后来在半殖民地半封建社会的中国所独有的最早的买办阶级。

明清时期受中央集权不断强化的影响，民间商人在经营模式和规模上都很难有创新性的突破，商人更是以从事商业为辱，因此，明清时期的商人在从商心态上与中国封建王朝其他时期的商人相比具有不同的特征。①明清时期商人的普遍认知是“以商致富，以宦贵之”。该时期的商人已经不是职业化的商人，明清时期商人的成功标志就是他们的子孙后代不再是商人。②明清时期商人所赚取的利润不是用于扩张商业规模，而是用于购买土地，是谓“以末聚财，以本守之”。将原始积累的财富大量用于兼并土地，也让土地在这一时期成为“类货币”。③奢侈斗富，斗富成为这一时期民间商人的一大缺点，所谓“富贵无三辈、清官不到头”，恰恰说明了当时社会普遍存在这一现象。

我国古代企业早慧而晚熟，既是一部相对独立的企业发展史，又是一部时时刻刻受政治左右的企业悲哀史。任何时代，经济想独立于政治而发展自身是必然违背社会发展规律的，但完全地用政治手段胁迫经济，政治严重影响经济的发展也是有违规律的。中国古代企业的发展历程是一部官商经济的发展史，商人这一社会阶层在两千年的历史中始终处于被边缘化的状态，工商业对中国封建时代社会进步的贡献也就显得微乎其微。自公元1840年后，西方资本主义强行打开了古老中国的大门，中国被迫融入了现代世界体系，中国企业的前途命运也显得越发迷茫起来。

第二节　近代企业的雏形

“近代”一词，在中西方的历史中有着不同的时间划分标准，从历史学的角度是，西方的近代史始于公元1640年，英国的资产阶级革命被认为是西方近代史的起点，而中国的近代史则始于公元1840年，以第一次鸦片战争作为中国近代史的开端。基于这种不同的时代划分，我们将近代企业的发展历程分为中西方两部分，分别进行研究和叙述。此外，现代全球的企业制度是西方企业制度的不断演化和发展，我国企业的制度建设和企业发展从组织形式、运作方式上基本是西方的舶来品，因此，介绍我国的企业发展历程，不能离开西方企业发展历程的影响，我们在此对西方近代企业的发展历程进行概括和分析是十分必要的。

一、西方近代企业的雏形与发展历程

公元1640年，在欧洲的大不列颠群岛上，一群在资本主义发展过程中获利的资产阶级和新贵族们发起了一场旨在推翻封建王朝、建立资产阶级政权的革命运动，这场革命一直持续到1688年。1689年，《权利法案》的颁布，标志着英国资产阶级革命的胜利，这场被后人称为“光荣革命”的运动，为半个世纪后起源于英国、影响到世界的“第一次工业革命”奠定了坚实的政治基础，从此之后，资本主义进入了发展的“快车道”。

与此同时，在遥远的东方，大明帝国正在做着最后的垂死挣扎，帝国内部的农民起义已经是遍地烽火，而外部北方女真（清）对这个存在了近300年的帝国也是虎视眈眈。1644年，清政权终于推翻了明政权，建立了清朝，这个由少数民族建立起来的大一统王朝将开始它在中国大地上200多年的统治生活，它不会预感到，仅仅在半个多世纪后，一场改变人类命运和生产力发展的革命即将来临，而它，已经落伍了。

公元1733年，当大清帝国的清世宗雍正皇帝下旨编制对佛教具有重要作用的《乾隆大藏经》时，英国机械师约翰·凯发明出了“飞梭”用来提高织布效率。飞梭的发明，预示着一场以改进生产手段、提高生产力为目的的工业革命已经展开，而这场革命展开的背后，是英国从工场手工业向大机器时代的转变。从此，英国的蒸汽代替了人力，各种工厂、制造企业如雨后春笋般出现，随着工业革命成果向全世界的普及，企业，这一特殊的经济产物，也继续着它传奇的历程。但我们所熟知的现代企业，却并非是从工业革命时期开始的。

股份有限责任公司的雏形起源于古罗马时期，古罗马的企业形式主要是个人合伙制，该时期对现代企业发展的贡献在于确立了一系列具有奠基意义的法律规范。罗马法中认为，人是具有财产权并且能够起诉和被起诉的个体。在法律层面，起诉和被起诉看起来并不是人所具有的一种权利，但事实上它们确实是人的权利。所有权归属问题的确定，是自由市场交易的前提。也正是因为罗马法的这一贡献，后世人们认为是罗马人发明了公司。但是，法律层面的所有权和人权规定并不能为当时人们在契约签订中带来真正的自由和平等，随着罗马帝国的崩溃，鼓荡在公司船头的帆板结成了岩石，真正的公司时代的到来，还要在人被进一步解放之后。发端于14 世纪的文艺复兴运动，为人们打破了追求人生而平等的思想上的枷锁，也为人与人、组织与组织之间契约的建立在思想层面奠定了基础，而契约的建立，也意味着对个人财产的保护以及财产权利的归属从法律和道德层面得以确定，市场交易也因此展开。思想的解放、法律的完善、商业组织的变迁似乎都预示着一个如同暴风雨般的时代即将来临，而这一切，都随着 15 世纪末西方的地理大发现成为现实。地理大发现为西方社会的人们带来了一个新世界，这个新世界对西方人们来说意味着什么？可能意味着土地、人口、资源等，但到最后资本主义国家才发现，那意味着一个具有无限广阔前景和无限商业可能的巨大市场。在已经开始走向全球化的经济体中，个人的力量是十分渺小的，要想实现财富的积累、资本的扩张以及人类的融合，就必须依靠合作的力量。

16 世纪末 17 世纪初，在英国和荷兰诞生了股份有限责任公司，有限责任的出现，意味着人与人之间的信任似乎变得不那么重要，而人与人之间的联系和合作却变得更为简单。有限责任、自由转让投资权以及公司的法人地位，是公司最基本的三个特征，也是最重要的三个特征，但这种制度化的规定并非从一开始就被确立，直到 19 世纪中叶，公司才作为一项制度被法律固定下来。在这中间的 200 多年间，资本主义国家的公司，一直是游走于公共和私人、政府与商业组织之间的，既代表着国家利益，又成为国家和私人进行财富掠夺的暴力机器。1600 年，在 17 世纪刚刚拉开序幕的时候，一家名叫东印度公司的公司带着英国皇家授予的 15 年贸易专利特许权和募集到的七万两千元英镑从英国出发了，它的目的地是印度，从此这家公司将开始其在东南亚 200 多年的实际统治，也开启了由一个公司征服一个国家的野蛮历史。几乎在同一时间，海上马车夫荷兰感受到英国东印度公司那种咄咄逼人的气势后，在1602年也成立了荷兰东印度公司，与英国所不同的是，荷兰东印度公司的资金来源于荷兰的市民，这种通过公开发行股票获取资金的行为，让荷兰东印度公司成为世界上的第一家上市公司。在英国和荷兰相继成立带有政府特权的公司后，其他国家也纷纷组建了自己的股份有限责任公司，这些公司，无一例外地成为资本主义国家在资源掠夺中的“排头兵”。直至19世纪，这些特权公司俨然已经成为各殖民地的实际政府，它们拥有雇佣兵、行政权力、税收权力等，已经成为真正意义上的统治者。

就在特权公司为资本主义国家在海外进行疯狂财富掠夺的同时，在资本主义国家内部，股份有限公司也第一次散发出了它令人既爱又怕的魔力。1715年，一位名叫“约翰·劳”的年轻人从荷兰来到法国，他准备凭借自己惊人的数学天赋以及在金融业摸爬滚打的经验在法国大干一场，而这个机会，不会让他等待太久。就在同一年，法国的太阳王路易十四驾崩，他留给继任者的是一个高于法国十年财政收入的巨额债务。摄政王奥尔良公爵急需一位在他看来是天才般的人物来为他解决这一问题，于是，他想起了约翰·劳，而约翰·劳显然没有让奥尔良公爵失望。约翰·劳成立了密西西比公司，并获得了在北美地区的贸易垄断权，但它存在的意义是帮助法国清理高额的债务。在当时，密西西比公司发行的股票不仅可以用货币进行购买，也可以用法国国债进行购买，而该公司给出的股票红利也十分诱人，高于当时的国债利率。这种举动让法国民众趋之若鹜，30多万法国人民相继购买了密西西比公司的股票。约翰·劳被授权组建国家银行，并被任命为法国财政大臣，凭借手中的权力，约翰·劳发行了大量的货币来满足民众的股票需求，在约翰·劳的操控下，法国在3年内实现了经济的持续增长，这给同样深陷负债泥潭的英国带来了希望。英国选中了一家名为“南海公司”的公司，并通过国家特许让南海公司拥有了美洲的贸易权，英国政府如法炮制了国家债券兑换公司股票的把戏，南海公司的股票价值也从125英镑上升至1000英镑。一时间，股份有限公司成为“摇钱树”，英国在1年的时间里就出现了202家股份有限公司。

1720 年，英国议会通过了《泡沫法案》，规定在没有议会法案或国王特许状给予的法律权利的场合禁止以公司名义行事，禁止发行或转让任何种类的股份。① 这个意在保护南海公司垄断利益的法案并没有像它预期的那样为南海公司带来大量的投资者，在法案颁布之后，一大批股份有限公司突然销声匿迹了，随之一同消失的还有投资者们的信心，大量的股民如梦初醒，南海公司的股价不断下跌，成千上万的英国人在面临倾家荡产的同时也开始第一次考虑“股份有限公司是如何赚钱”这一问题。此时，约翰·劳的密西西比公司同样处于危机之中，一场巨大的股灾终于让人们从狂热中渐渐醒来，并恢复了理智。股灾过后，英国政府和法国政府采取了一种有效但未必正确的措施来解决这一问题，禁止成立股份公司。当资本主义国家内部带有特权性质的股份有限公司面临第一次寒冬时，那些在海外殖民地同样拥有特权的公司也正在因为腐败问题而一步步走向衰落。股份有限公司真正的时代，是在工业革命之后。

1776 年，一家名叫博尔顿—瓦特的公司为世人展示了它们的初代产品——蒸汽机，这个可以代替 100 人工作的机器将人类第一次彻底地从劳动中解放出来，并将这场运动加速为一场工业革命。这场革命是由成千上万个采取合伙制的家庭企业推动的，这些活跃在工业革命时期的小公司无一例外地从自利目的出发而推动了生产力的发展，之前的具有国家特权性质的贸易公司并没有出现在这场工业革命当中，取而代之的是以制造业为基础的股份有限公司。生产力的不断发展和进步意味着需要一个更加广阔的市场来消化和吸收这些工业产品，而本国的市场显然不能满足这种需求。他们迫切地希望走出去，走向全球。就在博尔顿—瓦特推出蒸汽机 4 天之后，格拉斯哥大学教授亚当·斯密出版了《国富论》一书，在这部著作中，斯密批判了用国家力量追逐货币财富的重商主义，倡导通过平等契约来发展经济的自由贸易。“他的最著名的观点，就是‘看不见

① 《公司的力量》节目组，主编. 公司的力量[M]. 太原：山西教育出版社，2010.

的手’。他认为在市场经济中个体间的自然交易，将会创造出高效的资源分配模式，并有利于提高市场经济活动中的收入水平。”① 当成千上万的小公司从底层逐渐走向舞台中央时，它们需要的不仅仅是生产力的进步，而是对市场的无限渴望，但国家垄断显然对这种市场需求是一种阻碍，它们需要松绑。

19 世纪中期，英国完成了轰轰烈烈的第一次工业革命，高耸入云的烟囱喷散着缕缕烟雾，庞大的厂房发出隆隆的轰鸣，乡村生活的恬静渐行渐远。作为世界上第一个实现工业化的国家，铁路、电报、蒸汽轮船、冶金、石油，一个个新兴的行业，存在着巨大的机会，也存在着巨大的风险。如何才能更上一层楼呢？“没有工业革命就没有现代公司存在的必要性，当然换一个角度来讲，如果没有现代公司的存在和发展，工业革命的快速进程，也就不容易出现。”②

1862 年，英国颁布了《公司法》，与需要特权才能成立股份有限公司所不同的是，《公司法》将成立公司作为一种权利从法律层面进行了规定。从此，设立公司不再是一部分人的特权，而是只需 7 个人签一份组织章程，登记营业处所，对外自称股份有限公司就可以。这一规定也成为其他国家设立《公司法》的蓝本。

从股份有限公司诞生，到再次在工业革命中登台亮相，200 多年的发展和变迁，股份有限公司终于从特权走向了平等。“特权”是经济发展中无法绕开的一个名词、一种现象，千百年来中西方均是如此。但在市场机制的作用下，“特权”终将被市场竞争所取代。在工业革命中再次成长起来的股份有限公司，已经不再是少数人的特权游戏，而是所有人的一种权利，它不再神秘且高高在上，而是在市场中落地生根。在一场由无数小公司推动人类生产力大进步的运动中，股份有限公司也从底层走向了前台，最终成为带领世界经济的发动机。

①② 《公司的力量》节目组，主编．公司的力量[M]．太原：山西教育出版社，2010.

二、中国近代企业的雏形与发展历程

1840 年，当英国的坚船利炮轰开古老中国的大门时，清王朝还停留在天朝上国的美梦之中，在机器已经取代了人力的大时代中，工业文明和农业文明对垒的结果是显而易见的，清王朝不得不被动地开始睁眼看世界。当延续了 2000 多年的农业文明被工业文明瞬间击败时，这个以农立国的封建国家在浩浩荡荡的工业洪流面前开始变得不自信，惊慌失措，但同时，面临几千年未有之变局，那个时代的人们也在惊慌失措中开始艰难探寻自强、求富之路。

中国近代企业始于洋务运动，这场由官僚阶级发起的意图改变清王朝落后现状、实现中兴的运动，经常被现代人们认为是中国近代工业化的起点，这种看法是有一定根据的，因为在这场运动中，出现了中国近代历史上的第一批新型企业，也为后来 100 多年的中国近代企业发展奠定了基础。

公元 1865 年，就在太平天国刚刚被剿灭的第二年，两江总督曾国藩和他最得意的弟子李鸿章联名上书奏请朝廷在原来为了击败太平天国而设立的几所小型兵工厂和炮局的基础上，加上一位叫容闳的 35 岁的年轻人用 6.8 万两官银从美国买来的新机器成立“江南制造局”，也称“江南制造总局”。清朝廷同意了这二人的奏请，江南制造局于 1865 年成立。江南制造局是洋务运动中最早成立的大型军工企业，由官府出资建立并由官府经营，主要的功能是给当时的湘军、淮军等清朝武装力量提供枪炮弹药。江南制造局的最高管理人员称为总办，曾国藩、李鸿章等均作为总办进行过管理。江南制造局成立后的第二年，即 1866 年，闽浙总督左宗棠在福建创办了福建船政局。这两个作为洋务运动自强时期的代表性企业，均是由官府直接以官银建立，并以海关税银作为经费的官办企业，而洋务运动时期企业遍地开花的阶段还需要随着一个人的出现才能实现。

1872 年，曾国藩走完了他筋疲力尽、曲折坎坷的传奇一生，他没有看到他守护的帝国将最终崩溃，也没有看到洋务运动的最终失败，这也许是上天对他的最后一丝怜悯。同年，李鸿章接替了直隶总督一职，成为继自己老师曾国藩之后又一位权势熏天的人，当然，也是摇摇欲坠的大清帝国的最后一位“裱糊匠”。就在1872年的开春，一位28岁的年轻人拿着自己拟好的一份章程，满脸兴奋地跨进位于天津的直隶总督府大门，他今天要见的人是李鸿章，而手拿章程、逢人便热情打招呼的这位，叫盛宣怀。

盛宣怀，江苏常州人，生于1844年，卒于1916年。盛宣怀出生在官宦世家，祖父曾任浙江知府，父亲盛康在李鸿章手下做过湖北粮道等职。盛宣怀在八股文章方面极不擅长，但却精于为人处世，这一点让李鸿章极为欣赏。在1872年后的40多年中，盛宣怀几乎参与了晚晴所有重要的大型官办公司的创立，被视为“一代商父”。盛宣怀拥有惊人的战略判断力、无比精巧的斡旋才干、坚韧的个性和超级旺盛的体力①。这一次，他为李鸿章带来的是《轮船招商局章程》。李鸿章因看到繁忙的长江航运上行驶的都是英美国家航运公司的船只，便想要办一家中国的航运公司来抗衡，在盛宣怀的建议下，李鸿章决定运用民间资本办一家从事民用业务的航运公司。于是，轮船招商局便因此产生。轮船招商局也成为洋务运动中第一家从事民用业务的现代公司，也是近代中国历史上的第一家股份制公司。在《轮船招商局章程》中，盛宣怀第一次提出了“官督商办”的理念，这一理念贯穿于中国近代史的整个过程，对此后中国的商业形态产生了重要影响。盛宣怀在《轮船招商局章程》中提道：“中国官商久不联络，在官莫顾商情，在商莫愁国计。夫筹国计必先顾商情，倘不能自立，一蹶不可复振。”此外，盛宣怀还特别提到两条：第一是“每年一分生息”，由官府先行提取。这一原则被日后的所有官督商办企业所采用。第二是“一经售定，即行到局注册。但不准让与洋人”②。盛宣怀费尽心思拟定了章程，但费解的是，李鸿章并没有把这项差事交给他，而是交给了另一个人——浙江海运委员朱其昂，盛宣怀只是会办，朱其昂从国库领走20万两银子后，只做官家垄断的漕运业务，仅半年时间，轮船招商局便毫无竞争力，此时

① 吴晓波．跌荡一百年：中国企业：1870—1977[M]．北京：中信出版社，2017：12.

② 吴晓波．跌荡一百年：中国企业：1870—1977[M]．北京：中信出版社，2017：12.

盛宣怀再次向李鸿章请缨，而李鸿章以他年轻和缺乏根基为由再一次拒绝了他，因为有两位南方的买办进入了李鸿章的视野，盛宣怀真正掌权轮船招商局，要在12年以后。

“买办”，在近代中国是一个带有歧视和蔑视性质的词汇，人们认为被称为买办的人是帝国主义和侵略者在中国的奴才和爪牙。而郝延平在《十九世纪中国的买办——东西间桥梁》一书中用大量的事实证明中国买办“就是杰出的熊彼特式的企业家”[①]。李鸿章选中的这两个买办名叫唐廷枢、徐润。两人在进入轮船招商局之前均是洋行的买办，且两人都具有相似的经历，在航运方面拥有无与伦比的丰富经验。李鸿章费尽心思将这两人招进轮船招商局，任命唐廷枢为总办，徐润、盛宣怀为会办。唐、徐二人即联合盛宣怀，采纳盛宣怀所议，大开门庭，广招商股。凭借在洋行浸淫多年的经验和见识，唐、徐二人很快便募集了50万两的民间资本，并仿照洋行的规定：“以一百两为一股，给票一张，认票不认人”，“以收银日为始，按年一分支息，一年一小结，总账公阅，三年一大结，盈余公派。”[②] 封建时期中国的企业只有独资和合伙两种，轮船招商局的这种设立方式，意味着它将是近代中国的第一家股份制企业，其中“总账公阅”的规定，更是对产权制度的一种实践。因此，轮船招商局从这一点上，就注定它对中国企业的发展历程具有十分明显的转折意义，由此来看，唐、徐、盛三人功不可没。这次成功改组之后，轮船招商局立即在长江航运上与洋商们兵戎相见，长期把持长江航运的是美国的旗昌洋行和英国太古洋行，轮船招商局仅用3年时间就将这两家洋行逼迫得同时陷入困境，美国旗昌洋行更是提出要把航运公司以220万两白银的价格转卖给轮船招商局，而当时轮船招商局的资本只有75万两白银、11艘货船，这对轮船招商局而言，无疑是蛇吞象。但在盛宣怀对李鸿章的极力劝说和与洋行的斡旋之下，最终以支付旗昌洋行120万两白银，其余部分按五年还清的做法买下了旗昌洋行

---

① ［美］郝延平．十九世纪中国的买办——东西间桥梁［M］．李荣昌，等，译．上海：上海社会科学出版社，1998.

② 吴晓波．跌荡一百年：中国企业：1870—1977［M］．北京：中信出版社，2017：12.

的航运公司。轮船招商局也因此成为长江航运中最大的航运公司，并一举为日后发展奠定了坚实基础。到1881年，招商局已经是当时清政府规模最大、效益最好的民用企业，李鸿章在《复刘仲良方伯》一信中言道："招商局实为开办洋务来，最得手文字。"①

当轮船招商局在唐、徐、盛三人的经营下渐渐步入正轨时，李鸿章便派唐廷枢北上创办开平矿务局，此时，另一位声名赫赫的买办在唐廷枢和盛宣怀的极力推荐下进入了李鸿章的视野，他叫郑观应。郑观应，广东香山人，在进入轮船招商局前，是太古洋行航运公司的总买办，是轮船招商局的竞争对手，且收入颇高。当时的买办阶层是高收入群体，他们不仅能拿到十分丰厚的薪水，还有额外的佣金收入，还有除了从事买办之外自己的企业。而就是这样一位有着超高收益的大买办，却愿意委身朝廷，选择为国出力。1881年，当郑观应与太古洋行的合同期满之际，李鸿章亲自出马，向朝廷奏请将郑观应"一门好善"的事迹编入广东省志和县志，奏章刚刚呈报朝廷，盛宣怀就立即抄录副本寄给郑观应，郑观应感激涕零。由于招商局当时的经营刚刚起步，郑观应说服自己的理由是"若不早日维持，恐难自立，我国无轮船往来各通商口岸，更为外人所欺辱"。也许正是这个理由，激起了郑观应心中的那份爱国之情，1882年，郑观应正式加入轮船招商局。晚清时期有名的"四大买办"中的三位先后加入轮船招商局，选择为国效力，这在当时具有十分明显的轰动效应，但可惜的是，加入轮船招商局的三大买办最终的下场都难免有些凄惨，而唯一没有加入的席家，恪守买办本分，最终却富贵近百年。

轮船招商局是整个洋务运动中的标志性企业，轮船招商局的初步成功让洋务派仿佛看到了希望，也让当时的国人看到了希望，自轮船招商局后，股份制公司在晚清时期遍地开花，如开平矿务局、湖北长乐铜矿、热河平泉铜矿等，1882—1887年，先后有36家股份制公司在《申报》上刊登过股票买卖价格，洋务企业的股票价格也在一路水涨船高。然而，这种

---

① 吴晓波．跌荡一百年：中国企业：1870—1977[M]．北京：中信出版社，2017：12.

看似生机勃勃的中兴气象却因为一个人而烟消云散，这个人，正是提出建立轮船招商局的盛宣怀。

1884 年，就在郑观应加入轮船招商局两年后，郑观应联合唐廷枢和徐润，三人给李鸿章写了一封联名信，信中提出希望将官款“依期分还，币息陆续缴官，嗣后商务由商任之，盈亏商认，与官无涉，请免派员”。这种举动无疑是要将轮船招商局彻底民营化，且这种想法并非一时兴起。自郑观应加入招商局后便对洋务官僚十分警惕，然而他们的这一举动在李鸿章看来无疑是心有反意。在中堂大人眼里，官督商办已是迫不得已，几千年来商人从未入流，商业乃是末业，若不是帝国行将就木，官府怎会选择与商人合作，而此时这三人竟有摆脱官府之意。此外，此三人自加入招商局后，大开私人企业，与招商局合作，上下其手。于是在轮船招商局中，官商间隙渐生。这种隔阂给了盛宣怀一个机会，自唐、徐二人进入招商局后，盛宣怀便少有机会插手局内事务，整整十年间，李鸿章都将盛宣怀放在别处历练，盛宣怀在这十年中最突出的贡献是对近代中国的矿产资源进行了首次勘探。而此时，他却意外有机会能够进入轮船招商局。盛宣怀利用李鸿章与唐、徐、郑三人之间的间隙，以徐润挪用公款为由，让徐润净身出户；此后更挤走唐廷枢，自己大权独揽。刚刚到任，盛宣怀就宣布“朝廷派大员一人认真督办，用人理财息听调度”，从此，轮船招商局官商不分，虽然盛宣怀此后苦心经营，但轮船招商局却再也没有唐、徐在任时期的辉煌。就在盛宣怀成功夺权之际，在东海彼岸，处于明治维新时期的日本却选择以 1 日元的象征性价格将大批政府企业卖给私人，这些私人中有一位叫岩崎弥太郎的，他将“买”来的企业最终发展为世界级企业，叫三菱株式会社。

盛宣怀的成功夺权，意味着官僚资本主义的再次回归，就在洋务运动刚刚凸显出繁荣气象之际，因政治家与企业家在制度层面和理念层面的冲突，这场轰轰烈烈的运动最终还是走向了“官进民退”的老路，直至 1895 年甲午战败，十年间洋务派在办实业方面再无大的建树，我们常说甲午战败标志着洋务运动的破产，而其实真正的破产在盛宣怀接管轮船招商局后就已经开始，只是这种“官进民退”的作用过程有些漫长罢了。但在这场官僚阶级发起的为了自强求富的洋务运动中，有一个阶层是我们忽略但却不得不提说的，即买办阶层。买办，这个带有灰色色彩的特殊群体，却是让洋务运动初现繁荣的重要力量，轮船招商局正是在唐廷枢、徐润加入后才站稳脚跟，并成为李鸿章的“最得手文字”。不能否认的是，买办阶层因为长期处于洋商中间，他们的眼界、见识、才华、能力、经验等在当时的中国都是突出的优势，并且他们身上似乎还具有最核心的一点，就是爱国。但遗憾的是，这批最接近企业家的人，却在历史的潮流中被冲散了，随之逝去的，还有当时中国人的荣耀与梦想。近代中国的企业，就像大海中的一叶扁舟，终将随着波涛汹涌而起起落落，那个真正属于中国企业的时代，仿佛要在很久之后才能到来。

当中国的沿海地区因官僚阶级发起的洋务运动而成为大清国的一线希望时，在中国的内陆山西，一个存在了几百年的古老商业组织——晋商，却迎来了它的第一次，也是最后一次转型和创新。商帮，这个于明代出现的商业组织，几经周折，到清代终于形成了晋商、徽商、十三行三大商帮。在前文我们提到，十三行对近代中国企业发展的贡献主要表现为催生了买办阶级，晋商和徽商则对清末时期民间金融业进行了创新。

道光三年（1823 年），山西平遥西裕成颜料庄北京分号的经理雷履泰向东家李大成提出了一个大胆的想法：能否把颜料庄关掉，转而从事一项叫作票号的生意①。东家李大成同意了雷履泰的这一想法，随即出资 30 万两白银，雷履泰出资 2 万两白银，成立了“日升昌”票号。为了保证日后业务所涉资金的安全性，雷履泰发明了一套用汉字代替数学数字的密码法，这套密码法在票号存在的近百年时间里没有出现过一次错误和银两冒领事件。日升昌票号成立之后，生意滚滚而至，虽然我国在唐宋时期曾出现过“飞钱”“飞票”等，但那些并没有被广泛应用，客商之间的资金往来依然是依靠镖局武装押运的方式进行，票号的出现让不同地域间大规模

① 吴晓波．山西票号百年祭[J]．理论视野，2014(8)．

的资金流动成为可能。日升昌的成功，让山西商人从中嗅到了商机，有着“侯百万”之称的山西商人侯荫昌当机立断，将自家的蔚泰厚绸缎庄改为票号，并一口气将其他的四家绸缎庄和布庄接连改为票号，称为“蔚”字五联号，与日升昌分庭抗礼。在李、侯两家的示范效应下，山西平遥先后出现了22家票号，他们在全国各商埠设立分号400余个，涉及城镇77个，极远之处，北边到了包头、张家口，西边到了迪化（今呼和浩特）、凉州，南边到了香港，构成一张无远弗及的金融网络，号称“汇通天下”[①]。

晋商在票号设立及员工激励方面进行了制度创新，主要有以下两点：第一，实行股奉制，票号将初始资本按照一定单位划分为股本，并以股本作为分红依据，以股分奉，这种制度类似于股份有限公司。第二，实行顶身股，票号的掌柜、管事、伙计等，按照才能和表现，确定他们在票号中拥有的股份份额，并以此为依据参与年终分红，唯一不同的是，顶身股不得转让。另外，当顶身股权益人去世后，东家会依旧按照权益人生前持有股份在一段时间内继续分红，因此，顶身股也叫故身股。这两项制度创新与现代企业的制度具有很大的相似性，也保证了票号中人才的集聚。

在电视剧《乔家大院》中，当乔致庸想要创办票号实现“汇通天下”时，他的谋士孙茂才曾言“国之公器，岂可授予他人”，但当时的现实却是山西的票号一步步把控了清朝的国库和省库。1851年，太平天国起义后，各地商路断绝，尤其是历来作为朝廷赋税重地的江浙地区受影响最为严重，清朝廷不得不在1862年（同治元年）同意各省督抚选择票号设法汇兑，这一举动为票号获利大开其口，从此，山西票号进入了快速发展时期。在与朝廷形成利益关系后，清朝廷为了满足自身的需求，也赋予了晋商一定的特殊权利，而这种特权，最终也成为山西票号衰落的根源。

清朝廷赋予了山西票号两项特殊权利：第一，山西票号获得了朝廷京饷和协饷的汇兑权。京饷为地方上缴中央的财税，协饷为各省之间的官银往来，并且这些官银放在票号不计利息，这为票号带来了丰厚的利润。第

---

① 吴晓波．山西票号百年祭[J]．理论视野,2014(8)．

二，朝廷设立行业准入资质，1884 年，在晋商的极力游说下，朝廷规定票号的设立需要通过当地道台衙门的批准，获得“部贴”后才可设立，在此之前票号设立并不需要任何政治条件。且获得的“部贴”必须通过同业者联保，这一规定造成晋商对票号的自然垄断。有了官府的参与，山西票号将业务重心从原来的民间业务逐渐转移至官府业务。1900 年庚子国变后，山西票号迎来了最后的“黄金十年”。

物极必反、盛极必衰。极盛势处即衰落处，山西票号在清王朝最后的十年中风头无两，但在这种美好的表象之下，天下大势已经在发生转变，1904 年，清朝廷筹办户部银行，希望山西票号能够出资协办，当票号处在北京一线的经理们将这种想法传递至山西平遥东家时，东家们意外地拒绝了。4 年后，当户部银行改组为大清银行时，再次提出想让票号协办，山西票号东家以不与浙商分利为由再次拒绝了。现代银行制度引入中国后，票号经理们已经感到了危机，于是再次向东家请求联合组建晋省汇业银行，当消息传回山西时，处在山西的东家们严厉地训斥了传回消息的各大经理，并对此后多次寄回的请求束之高阁。

1911 年，中华大地上爆发了辛亥革命，清王朝从此结束，随之结束的还有一代传奇商号——山西票号。1914 年 10 月，天津《大公报》上刊登了一则新闻：“前日北京所传，倒闭之日升昌，其本店耸立其间，门前当悬日升昌金字招牌，闻其主人已宣告破产，由法院捕其来京矣。”票号这个存在了近百年的商业传奇最终还是倒下了，但传奇的落幕并不能遮挡它存续期间所散发出的“智慧的光芒”。票号，这一从晋商商帮中转型而出的企业形态，曾经像流星一样划过近代中国企业黎明前的黑夜，并照亮了那片死气沉沉的夜空。

虽然轮船招商局是洋务运动中第一家从事民用业务的企业，但它的性质却依旧是官督商办，从官督商办到真正的民营企业，还有一段路要走。

1894 年，39 岁的张謇选择离开朝廷，用后来一个比较时髦的词汇叫作“下海”，这位曾经在仕途上状元及第的人，最终也选择实业救国。与盛宣怀的官督商办所不同的是，张謇创建的大生纱厂可以称为“绅督商办”，大生纱厂在创建之初有一半的股本来自两江总督、南洋大臣刘坤一给予的南洋纺织局两万锭纱机，因此，大生纱厂最初也被称之为“官商合办”。但张謇终其一生也没有让大生纱厂成为官府的企业，这一点对近代中国的企业而言无疑是一大进步。

近代中国的企业可以大致分为四类：第一，官办企业，以盛宣怀为代表；第二，买办企业，以唐廷枢、徐润、郑观应等为代表；第三，绅办企业，以张謇等士绅为代表；第四，民办企业，以荣宗敬兄弟为代表。官办企业主要是矿产、铁路等资源型企业，与官府存在紧密联系，具有垄断性质；买办企业主要以洋商为主，涉及范围较广，但大致集中于服务业；绅办企业和民营企业则是轻工业，以纺织业、面粉业等为主要经营范围。

状元办厂，在当时学而优则仕的晚清时期是一大奇闻，张謇创建大生纱厂的过程并不顺利，他唯一具有的优势是他的状元头衔，但大生纱厂最终还是得以创立，这与张謇的个人才干是密不可分的。张謇的另一大贡献在于，他为大生纱厂打造了一条完整的产业链，当大生纱厂进入正轨后，为了降低棉花收购成本，他创办了通海垦牧公司用于种植棉花；为了能够利用轧花下来的棉籽，他创办了广生油厂；为了利用广生油厂的油脂，他创办了大龙皂厂；为了消化剩余劳动力，他创办了复兴面粉厂；为了制造织布机、轧花车，他创办了资生冶厂；为了棉纱运输，他创办了大达内河轮船公司、大生轮船公司；为了解决工厂外来人口住房，他创办了懋生房地产公司。这种完整的大工业布局，不仅在当时的中国绝无仅有，即使百年之后回头来看，我们也不得不佩服张謇的眼光和思路。在张謇的示范效应下，一批士绅之士纷纷投入实业救国的实践当中，两年后，苏州的一位状元公陆润庠也下海创办纱厂，另一位咸丰年间的老状元孙家鼐命令他的两个孙子孙多森、孙多鑫在上海创办了我国第一家机器面粉厂——阜丰面粉厂[①]。这批突然崛起的士绅阶层在实业初现成效后，便积极地投身国家改革的浪潮中，成为日后影响国家走势的重要力量。

---

① 吴晓波．跌荡一百年：中国企业：1870—1977[M]．北京：中信出版社，2017：12.

近代中国企业的历史是一部发展史、一部变革史，也是一部奠基史。虽然它成长得并不那么顺利，但失败从来都是成功最好的老师，正是一次又一次的失败，让中国企业从弱小走向强大，从崎岖小路最终走向康庄大道。在一次又一次的努力尝试中，我们可以看到有无数的人们在为之奋斗，虽然最终还是走回了官商经济的老路，但这些难得的教训，也是支撑中国企业继续前进的不竭动力。

第三节 现代企业的兴起

一、民族工业的黄金时代

1911 年，中国大地上打响了推翻清王朝的枪声，在革命的浪潮中，清王朝终被推翻，这场对中国命运走向具有重大影响的事件被后人称为“辛亥革命”。辛亥革命标志着清王朝统治的结束，随之一同消失的，还有清王朝处心积虑经营的官商经济，从此，近代中国的民营经济正式走上历史舞台。当中国大地上爆发辛亥革命时，世界风云也在发生巨变，第一次世界大战正在进行，欧洲成为此次世界战争的主战场，西方世界的战争为中国带来了宝贵的喘息机会，中国的经济在这一时期也出现了短暂的高速增长，人们将 1911—1927 年的这段岁月称为黄金时代。

清王朝的终结，标志着在中国大地上实行了 2000 多年的封建专制制度的结束，但天下并没有因此太平，外有强敌环伺，内有军阀混战，清王朝在洋务运动中留下的一批官办企业遗产成为各势力派相互争夺的对象，但不能阻挡的大势是这些当时的官办企业在争夺中纷纷走向了民营化，其中标志性的事件是轮船招商局的股份改革。

盛宣怀在 1884 年将轮船招商局再次拉回官办企业的轨道后，官办企业的一切弊端在局内便被凸显得淋漓尽致：第一，体制僵化造成管理极度混乱，局内贪污成风。第二，竞争力下降，业务再次被洋商夺去。第三，朝廷摊派，不断压榨轮船招商局利润。第四，清朝廷和政客将轮船招商局作为免费运输队使用，承担朝廷任务过重。种种原因，导致轮船招商局连年亏损，当这个曾经是李鸿章“最得手文字”的企业病入膏肓时，清朝廷才极不情愿地选择为它松绑，这仿佛也是所有官办企业的通病。1910 年，轮船招商局召开了成立近 40 年的第一次股东年会，会议通过了一项提案，决定“注重商办，所有用人之权即由商主之”。1911 年，在股东们的努力下，清朝廷邮传部颁布了《商办轮船招商局股份有限公司章程》，承认招商局“完全商股，悉按商律股份有限公司办理”。在该章程颁布两个月后，辛亥革命爆发，直到清王朝终结的前夕，招商局才得到了民营化的机会。

辛亥革命爆发后，孙中山先生在南京成立中华民国临时政府，但政权初建，人心不稳，国库更是空虚无比，为筹措军饷，临时政府决定将轮船招商局以 1000 万两白银的价格抵押给日本，这一举动受到了轮船招商局股东的抗议，临时政府与招商局几经交涉，招商局股东在有条件的情况下同意抵押，但英、美两国担心事件促成后让自身在华利益受损，因此从中阻止，最终以招商局借给沪军都督府 50 万两白银了事。虚惊过后，轮船招商局进入了完全的商办时期，直到 1932 年，又被蒋介石以无比血腥的方式再次收归国有。

1911—1926 年，这段黄金时代的来源是国内处于军阀混战时期，政治权力的真空为民族工业发展创造了一个绝对自由的环境，这种绝对的自由让民族工业大放异彩。

1912 年，荣家兄弟的面粉厂开始进入扩张时期，到 1917 年，5 年时间里，荣家兄弟共开出了 10 家面粉厂。1902 年，荣氏兄弟在江苏无锡创办了第一家面粉厂——保兴面粉厂。此后，在大哥荣宗敬的推进和扩张下，荣家兄弟又在上海、武汉等地先后通过创办、承租的方式建立了 9 家面粉企业，至 1917 年，荣氏兄弟共拥有 8 家自建面粉企业、2 家承租面粉企业，一个以面粉为主要产业的商业帝国已经出现。在荣氏兄弟中，大哥荣宗敬是一个极具冒险精神的人，在商业上他是一个大胆的扩张主义者，荣宗敬办厂有两大手段：一是求多；二是求新。而作为弟弟的荣德生却是一个含蓄内敛、圆滑稳重的人，荣宗敬曾多次因为过于冒险而陷荣氏企业于极其危险的境地，都是荣德生进行善后，将家族企业从悬崖边上拉了回来。有意思的是，这种一张一弛的配合，让荣氏家族的企业越走越远。荣德生不仅在商业上取得了长足进步，在教育子女上也十分突出，他的儿子荣毅仁后来成长为新中国卓越的民族工商业者，为新中国的建设发挥了突出作用。

当荣氏家族的产业不断走向成功时，另一个同样出自江南地区的企业也在一路向前，这个企业就是张謇创办的大生纱厂。近代民族工业的快速发展正值第一次世界大战期间，由于欧洲战场正在进行战争，这对民族工业从内部、外部来讲都是绝好的机会。第一，战争大大减少了英、法等国家对中国的棉纱出口，为民族工业在国内替代进口产品提供了条件。第二，战争带来的需求让我国企业的棉纱出口成为可能。1918 年，大生纱厂的两家工厂利润率超过了 100%，1914—1921 年的 7 年时间里，大生纱厂的利润累计超过 1000 万两白银，这是作为民族企业家的张謇一生中最辉煌的时刻。良好的经济环境为企业的立法工作提供了有利条件，1913—1915 年，张謇在担任袁世凯政府的农商部部长期间，政府在张謇的推动下颁布了《合股企业法》，该法律比清政府的《公司律》更加细致和规范。

当张謇和荣氏兄弟的棉纱、面粉业等走向繁荣时，37 岁的湖南人范旭东来到天津塘沽，看着海滩边的盐坨遍地，他在日后的岁月中对他的同伴说："一个化学家，看到那样丰富的资源，如果还没有雄心，未免太没有志气了。"1915 年，范旭东在天津创办了久大精盐公司，在塘沽的一个小渔村开始研制精盐，很快就研制出了纯度在 90% 以上的精盐。为了销售，范旭东亲自设计了一个五角形的商标，起名"海王星"。但久大精盐一上市就受到了各洋商的合力围剿，国内江淮地区的盐商们更是对之恨之入骨，认为久大精盐损害了他们的既得利益。就是在这样艰难的环境中，范旭东凭借自己顽强的毅力和精神，最终让久大精盐打开销路，到 1936 年，久大精盐的销量已经达到 50 万担。在久大精盐进入正轨后，范旭东又联合当时的一批科学家们，将投资目光转向了制碱领域。中国的制碱行业一直受洋商长期把控，碱作为印染业的重要原料却不得不受洋商控制，为了打破这一现状，范旭东联合当时的科学家们展开了艰难的制碱之路，其中就有后来驰名中外的侯德榜，他发明的制碱方法叫“侯氏制碱法”。1918 年，范旭东创办永利制碱公司，由于洋商在制碱设备上严密控制，范旭东他们没有现成的制碱设备可以利用，一切只能从头开始，这一艰难过程，一干就是 8 年，其间其他股东们因为无法忍受漫长的等待而撤资、退股，但范旭东仍在坚持，直到 1926 年，永利制碱公司终于生产出纯净洁白的合格碱，范旭东给纯碱起名为“永利纯碱”，1926 年 8 月，在美国费城万国博览会上，永利纯碱获得金质奖章，专家对其评价“这是中国工业进步的象征”。

1911—1926 年的这段黄金年代，史学家们通常将其称为中国第二次工业化高潮，第一次是洋务运动。洋务运动时期，中国基本完成了近代中国的重工业布局，虽然它最终以失败告终，但它留下的遗产却是十分宝贵的。而黄金年代的工业化是以轻工业为主，可以说，第二次工业化高潮完成了近代中国轻工业的布局。历史总是惊人地相似，在重工业领域，涉及能源、资源等上游产品生产，往往都是由国家、政府主导，由国有企业把控；涉及轻工业的下游产品则更多地是由民营企业发挥作用，百年来一直如此，即使是在新中国成立 30 年后我国实施的改革开放，所走过的历程也依旧如此。此外，黄金时代的轻工业具有一个鲜明的特点，就是所有产业均是“进口替代型”，在民族工业尚未成气候之前，近代中国在轻工业领域严重依赖外商洋商，如当时中国人生活中的“洋碱、洋布、洋火、洋面、洋盐”等，均是舶来品。民族工业的崛起，打破了洋商对中国轻工业产品的垄断，这种“进口替代型”产业的出现，可以认为是在民生领域主动权的一次收回。自古以来最激烈的战争莫过于兵战，而在兵战之外，能够与之一较高下的就是商战。当军事上的战争能够稍缓一步时，商业上的战争就显得尤为激烈，民族工业的崛起正是找到了这一有利的突破口，新中国成立以前，中国在对外战争上一直处于弱势，被欺侮、被奴役、被剥削、被压榨，当民族工业的崛起能够为屈辱的中国人挽回一丝尊严时，这种光芒就显得格外耀眼。在光芒背后，支撑中国人的是民族主义精神，支撑民族企业家们为之奋斗的是爱国、报国之志。在民族工业崭露头角后，国内发起了一次又一次的抵制洋货运动，而且，每当国家在外交上屈辱一次，国内的抵制洋货运动就会爆发一次，且一次比一次更加猛烈，终于，这场熊熊烈火燃烧了20世纪中期前的中国。

二、艰难的抗争岁月

1919年5月4日，中国国内爆发了五四运动，这一历史事件成为近代中国旧民主主义革命和新民主主义革命的分界线，这场运动的起源是中国在第一次世界大战结束后，战胜国在法国巴黎召开的“巴黎和会”上再一次外交失败了。虽然中国代表拒绝在协议书上签字，但这并不意味着作为战胜国的中国取得了外交胜利，而是丢掉了本该属于中国的在山东的一切权益，这些权益，最终归属了日本。五四运动后，这场由学生在北京发起的爱国运动，最终将接力棒传给了工人阶级，工人阶级从此走上近代中国革命的历史舞台，并成为此后中国生存和发展的坚定力量。同年，孙中山先生将一手创建的国民党正式改为中国国民党，两年后，1921年7月1日，中国共产党在嘉兴南湖的红船上宣告成立，从此，这颗星星之火开始了它的漫漫历程，最终点燃了中华大地，成为“燎原之火”。

1924年，国民党一大在广州召开，孙中山先生担任大会主席，并在大会上宣布了“联俄、联共、扶助农工”三大政策，三年后的1924年，国民党在广州黄埔岛成立了“中国国民党陆军军官学校”，这所学校有另一个广为人知的名字——黄埔军校，它的校长是蒋介石。两年后，国民党联合共产党开始第一次北伐战争，北伐战争开始时，孙中山先生已经逝世，这场战争的实际统帅是蒋介石。1927年，初建的国民政府打败了吴佩孚、孙传芳，统一了长江以南的中国。同年，国民党发动了“四·一二”政变，开始大肆逮捕、屠杀共产党人，第一次国共合作失败，蒋介石开始了他的个人统治。1928年，蒋介石进行二次北伐，此次北伐以张学良宣布东北易帜而结束，蒋介石从形式上统一了除外蒙古之外的中国，从此，国民党开始了它在中华大地上21年的真正统治时期。当统一权力开始行使，意味着绝对自由的结束，当独裁权力开始膨胀，则意味着相对自由的终结。随着国民党进入蒋介石时代，民族工业这段短暂的春天也宣告结束，黄金时代很快就要过去，一个蒋家王朝及其利益团体将逐渐占据舞台的中心位置。

1924 年，大生纱厂资不抵债，陷入前所未有的危机中，一代“状元企业家”张謇因此破产，两年后，张謇在无比失望中溘然长逝，这位将大半辈子时光都致力于实业救国的民族企业家，终究还是在一个失望的年代中怀着满腔的不舍离去。在大生纱厂资不抵债的岁月里，张謇为了还清债务，不得不将苦心经营30 多年的企业全部交给债权人接办，一世努力，晚年遭如此劫难，他无比凄凉地说道：“不幸而生中国，不幸而生今之年代。”

大生纱厂的境遇既有无能为力的时代色彩，又有可以改变但最终没能改变的自身原因。第一，张謇的理想主义太过严重，39 岁创办大生纱厂，在此后的岁月里，张謇将更多的精力放在了公益事业上，他致力于南通地区的公益事业，这些公益事业对于大生纱厂而言往往是无偿“献血”服务。这种公益事业最终超出了大生纱厂的承受范围，大生纱厂反被其累。第二，多元化经营的失控，最大的失误在于垦牧事业，垦牧事业投资大、周期长且具有很强的公益性，大生纱厂的大部分资金因此被占用，张謇晚年在自省时总结到“本小事大、急进物广”。第三，大生纱厂管理混乱，张謇最大的光环是状元头衔，晚年的张謇在大生纱厂更是近乎“神”的存在，厂内事务，事无大小，悉以咨之，并最终由张謇决定，但张謇的精力却往往投注于管理事务之外，因此，在管理上十分混乱，最终成为失败的内因。

张謇的失败是1924 年后民族工业开始全面败退的一个缩影，当蒋介石在近代中国的历史舞台崭露头角后，他的国家资本主义思想也随着他一步步地走向权力中心而成为现实，那些发起于绝对自由时期的民族工业对蒋介石来说无疑是与他的思想相背离的。1926 年，北伐战争开始后，由于国民政府国库空虚，蒋介石便以摊派的方式，强行逼迫、勒索民族工业进行捐款，募集军饷，蒋介石和杜月笙甚至还十分不齿地从事贩毒，以此来充实军备。北伐战争结束后，蒋介石在形式上统一了中国，他终于有了推行国家资本主义的时间和空间，从 1928 年开始，“官进民退”再一次出现，国家资本主义的回归预示着民族工业黄金时代的结束，而此次的“官进民退”却更加具有悲剧色彩。

蒋介石在江浙财团的支持下在上海站稳了脚跟，并最终获得了权力，然而当权力到手后，蒋介石反攻倒算的第一批人恰恰就是那些为他提供了资金支持的江浙财团，当然，蒋介石不会亲自上阵，宋子文，义无反顾地成为蒋介石的代理人。

在蒋介石的谋划和宋子文的配合下，他们用了两招就瓦解了与国民政府相抗衡的民营企业家阶层。第一，彻底瓦解了民营企业家的组织体系，对之前的民营企业家们建立的各种商会进行改组，通过夺权的方式，由国民政府建立新的各种商会促使民营企业家们失去在商业领域的领导权和话语权。第二，利用看上去无比诱人的公债政策对当时的企业家集团进行绑架。国民政府为了筹集军费，通过大量发行公债的方式，半强制式地让企业家集团进行购买，但这种公债往往是有借无还，通过国家力量将企业家集团强行绑上自己的“战车”，即使企业家集团不情愿也有苦难言。

虽然这一时期的民营企业家们通过各种方式进行了抗争，想要继续在自由主义下生存，但由于强制力量的存在，实行国家资本主义已经是不可避免的事实。在这一时期，国民政府通过了《建设大纲草案》、“基本工业建设计划”、《实业建设程序案》、“重工业五年计划”等，大型的冶金、燃料、化工、电气及军工企业等全面展开，国营工业进入高速发展时期。与国营工业高速发展形成鲜明对比的是，民营工业却在无情打压下日渐凋零。此时在民营领域只有一个人取得了成果，这个人叫卢作孚，他创办了“民生轮船公司”，并最终将这家轮船公司发展为长江上游地区最大的航运企业。实行国有化策略既有蒋介石的个人思想，又有现实境遇，在当时的中国，日本对中国早已垂涎三尺，中日之间的大战一触即发，而中国在重工业领域却落后太多，为了应对即将到来的战争，国民政府不得不优先发展与国防有关的重工业。

1931 年 9 月 18 日，日本关东军炸毁南满铁路并嫁祸东北军，随即炮轰东北军北大营，九一八事变爆发，东三省沦陷，中国再次处于危急存亡关头，而此时的蒋介石却在调集重兵合力围剿江西地区的共产党。九一八事变后，中国再一次爆发了抵制日货运动，这一次，民族利益高于一切，之前关于自由主义和国家资本主义的争论也有了明确的答案，实行国家资本主义已经成为共识。1932 年，洋务运动仅存的成果之一轮船招商局再次被收归国有。自 1927 年后，国民政府便对私营化的轮船招商局窥伺已久，此时的轮船招商局董事会会长由李鸿章之孙李国杰担任，宋子文等迫于李国杰的身份难以对其强硬下手，李国杰为了维护自身的利益更是请来了同盟会的老会员赵铁桥担任总办，然而维护自身利益的结果却是以赵铁桥被刺杀而告终，1930 年 7 月 24 日，赵铁桥被刺杀于上海轮船招商局总部的大门口，刺杀他的人是“暗杀之王”王亚樵，这种赤裸裸的威胁和示威让私营化的轮船招商局无所适从，三个月后，国民党中常会便作出将招商局收归国营的决议。1932 年，受时局所迫，国民政府加快了轮船招商局国营化的步伐，正式将轮船招商局更名为国营招商局，此次国有化过程中，国民政府仅仅以 212.63 万两白银的价格便夺走了实际资产达 3300 万两白银的轮船招商局。成立于洋务运动中的轮船招商局，在 60 多年的岁月中，它的产权变更就是中国企业演化的缩影。

1933 年，日本从东北进攻山海关并占领了热河省，中国华北地区门户大开，为了共克时艰，民营企业家们主动提出向国民政府认购 2000 万元的“爱国库券”，他们对这批“爱国库券”的唯一要求是认购的钱必须专用于华北防务。当民营企业家们为了民族利益而做出贡献时，民间的抵制日货运动也一浪高过一浪，在民族情绪的感染下，宋子文俨然也成为一个抗日者，他在 1933 年 5 月提出了两个经济政策：第一，大幅提高日本进口商品的税率，将棉库绸的税率提高 800%，毛织品提高 200% 等。第二，建议由英、法、美等国家组建国际协商委员会，对这些国家在华投资提供更多的优惠政策，以增加日本侵华的国际压力。对于这两项政策，民营企业家们是全部支持的，但这两项政策却犯了蒋介石的忌讳，此后不久，宋子文被迫辞去行政院副院长和财政部部长职务，接替他的是蒋介石忠实的追随者——孔祥熙。孔祥熙就任财政部部长后，立刻降低对日本产品的关税，原本在中国市场已经出现颓势的日本产品卷土重来，并且大有更进一步之势。孔祥熙担任财政部长后选择无条件地满足蒋介石的任何财政预算，而民营企业家的死活，向来是他所不关心的。1934 年，中国便陷入了前所未有的大萧条。

大萧条对民营企业的冲击和威胁很快展现出来，1934 年 7 月 4 日，就在孔祥熙宣布对日本在华商品实行新关税率的第二天，中国最大的民族纺织企业上海申新总公司宣布“搁浅”。荣家兄弟历尽千难万险创办的纺织企业走到了自创办以来最危险的境地。在过去的 20 多年中，荣家企业的扩张更多的是依靠举债，1933 年，申新总公司的资产为 6898 万银圆，但负债却高达 6375 万银圆，当大萧条来临时，这个靠举债实现扩张的庞大企业在上海的银行却贷不出一分款。如果申新总公司倒下，这对当时的民营企业无疑是雪上加霜，甚至会影响到当时中国民族纺织业和面粉业的半壁江山。因此，虽然荣家不能从银行贷款，但陈光甫和宋汉章等人均一致认为荣家不能倒，在这种危急关头，荣宗敬的兄弟荣德生从江苏无锡带着荣家所有的地契和有价证券来到上海，并通过这些在中国银行和上海银行贷出了 220 万元。这 220 万元对荣宗敬而言却是杯水车薪。当民间斡旋无法成功解决荣氏家族面临的危机时，荣家和上海地区的民营企业家们将目光投向了国民政府，希望国民政府能够伸出援手，帮助荣家渡过难关。很快，国民政府就作出了回应，而这种回应并不是帮助荣氏家族渡过难关，而是向着这块垂涎已久的“蛋糕”亮出了“獠牙”。在荣家向政府发出求救信号后，国民政府的实业部部长陈公博随即派人入沪调查，并很快出具了一份《申新纺织公司调查报告书》，其中核心意见是“申新纺织公司由实业部整理，组成临时管理委员会，政府供给 300 万元为营运资本，6 个月结束，所有盈余或亏损，并入公司债务债券内计算”。政府意图通过 300 万元的价格吞掉荣家几千万元的资产，荣氏兄弟没有同意，荣宗敬向蒋介石致信，蒋介石置之不理。与此同时，全国棉纺织业对实业部的意见集体提出抗议，唇亡齿寒，如果荣氏企业倒下，下一个将会是他们自己。迫于当时社会舆论的压力，陈公博收回了之前《报告书》中的意见，政府对荣家进行吞并的欲望第一次破灭。但此后不久，荣氏家族又面临第二次风险，在企业扩张时期，荣宗敬曾向英国汇丰银行举债 200 万元，以申新七厂作为抵押，1934 年 12 月债务到期，荣宗敬无法偿还，汇丰银行便提出将申新七厂拍卖，当时华商人人自危，1935 年 3 月 26 日，申新七厂被日本丰田纱厂以 225 万元一举竞走，此举在国内引起轩然大波，中国人仇日已久，而此次拍卖竟以日商获得告终，第二天当汇丰银行和丰田纱厂到申新七厂贴封条时，工人们用高压水龙头将其冲走，工会更是表示“厂存与存，厂亡与亡，不惜任何牺牲，誓死抗争到底”。全国实业界再度声援，国内舆论也一致反对此项拍卖，在这种情况下，英国驻沪领事馆出面协调，最终解除拍卖，荣家对汇丰银行的抵押贷款延期至 1940 年年底还清。第二次的悲剧惊魂未定，第三次又接踵而至，而此次选择出手的是宋子文。宋子文给出的方案是由中国银行将申新所有 9 家面粉厂全部收下，然后发行新的企业债券，由新债偿还旧债，并内定中国银行总稽核霍宝树为申新总经理，宋子文给出荣家的唯一诱惑是申新所欠银行和钱庄的借款利息由 1 分降至 5 厘，而这个方案对荣家来说，无疑是将荣家永远地从申新总公司扫地出局。宋子文的出手让荣家毫无招架之力，宋子文背后具有强大的政商关系，而荣家显然没有政治能力。1936 年 2 月 12 日，宋子文在自己家中召集申新总公司的三大债权人开会，决定申新总公司和荣氏家族前途命运的时刻到了，这场即将开始的会议看似结局早定，但却意外地因为一个人没有到场而发生了变化。参加会议的分别是浙江兴业银行徐新六，上海银行陈光甫，中国银行宋子文、汪楞伯、霍宝树。陈光甫以自己身体不适为由，称病没有到场，替他到场的是上海银行往来部经理李芸侯。会上，宋子文命霍宝树宣读整理好的英文文件，当霍宝树宣读完毕后，李芸侯讲道：“这个方案，蔽行不能同意。”宋子文大惊：“光甫已经同意了。”李芸侯道：“这笔款子是我放的，我是负责人，照这个办法，我行肯定要亏本，还望宋董事长帮助我们渡过难关。”申新总公司欠陈光甫的上海银行1200多万元，如果将1分利息降为5厘，上海银行每年至少亏损50万元。宋子文道：“那怎么办呢，中国银行也是同意的。”李芸侯接着说：“或者把上海银行借给申新的款项转给中国银行，中国银行是发行银行，问题不大，我们行就承担不了。”在场众人脸色骤变，宋子文随即表示没有再谈下去的必要。荣家的第三次危机因陈光甫的仗义而再次躲过。此后半年里，荣氏家族完全是在自我挣扎下本能自救，到1936年，颓靡的市场终于有了起色，申新各厂也陆续开工，并在年底实现扭亏为盈，一场持续了两年的危机终于渡过，然而无法预料的是，毁灭性的打击将在不久后来临，而这场打击的范围，席卷了整个中国。

法国学者白吉尔曾说：“大量事实证明，国民政府对于发展私人企业的态度是相当冷漠的，在工商业萧条的年份里，南京政府竟然不愿为濒临绝境的民营企业家提供任何支持，以帮助有关企业克服和渡过危机。”① 荣氏家族的命运跌荡只是当时民营经济的反映，国民政府对整个民营经济的摧毁则来自金融业的全面国有，这一次的始作俑者是孔祥熙。

1935年2月，孔祥熙与宋子文在汉口召开秘密会议，商定抄底金融业的计划和步骤。为了共同的利益，这两位原本政见不合的人坐在了一起，为了保证计划的实施，他们还拉上了一个人——杜月笙。2月13日，由杜月笙发出邀约，邀请上海金融界和实业界的名流们开会商议应对经济危机的策略，杜月笙的邀请无人敢抗衡，实业界和金融界的名流纷纷到场，在会议中孔祥熙建议由中央银行、中国银行、交通银行组成“三行小组”对上海工厂给予尽可能的贷款援助，这个建议得到了实业家们的一致欢迎，金融界的张公权等人一时不知如何应对，如果反对，无疑与实业界形成对立，但不反对又不知孔祥熙意欲何为，因此只能悻悻表示贷款是当然，但应讨论细节，并将筹集资金全数贷予工厂，孔祥熙满口答应。15天后，实

① ［法］白吉尔．中国资产阶级的黄金时代（1911—1937）［M］．张富强，许世芬，译．上海：上海人民出版社，1994.

业界与金融界再次开会，此次孔祥熙并未到场，而是通过报纸等媒体宣传造成舆论攻势，一时间孔祥熙成为上海经济复苏的大救星，实业界和金融界也被他完美地割裂成两个对立的阵营。在宋子文的辅助下，3 月 9 日，孔祥熙再次召开会议，宣布由中国银行牵头成立援助财团，提供 500 万元的无抵押贷款和 1 亿元的抵押贷款，20 日，孔祥熙郑重其事地向中央委员会提交了议案，决定发行 1 亿元以海关关税为保证的公债。事情发展至此，仿佛国民政府对实业进行救助的局面已成，而接下来的峰回路转，才是孔祥熙真正的目的。3 月 23 日，孔祥熙宣布出于管制需要，原本向工商业者提供的 1 亿元公债将不用于对工商业进行救助，而是用于购买中国银行、交通银行增发的股票。孔祥熙以财政部的名义对购买股票进行了配额，3000 万元作为增加中央银行的资本，2500 万元和 1500 万元分别作为购买中国银行和交通银行的资本，其余 3000 万元用作弥补政府的欠债。增发计划的出现，让政府一跃成为中国银行和交通银行的最大股东，政府获得了控股权。同时，孔祥熙绕过中国银行和交通银行的董事会，利用政府权力直接宣布由宋子文担任中国银行董事长及总经理，原董事长及总经理张公权升任中央银行第二副总裁。张公权为此向蒋介石提出抗议，蒋介石不予理会。此外，杜月笙运用各种上不得台面的手段逼迫中国银行的其他董事就范，3 月 30 日，在中国银行新组建的董事会中，宋子文、宋子良、杜月笙成为增补董事，张公权、荣宗敬、周作民等私股代表纷纷出局。随后，孔祥熙如法炮制，解决了交通银行，从此中国银行、交通银行这两家在袁世凯政府时期实现私营化的银行再次落入官家之手。在对中国银行和交通银行进行洗牌后，孔祥熙并未收手，他随后又对中国通商银行、四明商业储蓄银行、中国实业银行出手，运用挤兑的手段逼迫这三家银行一一就范。至此，民国时期的“四大行”：中央银行、中国银行、交通银行、中国农民银行，和“四小行”：中国通商银行、四明商业储蓄银行、中国实业银行、上海银行，共 8 家银行中的 7 家已经落入官家之手，唯有陈光甫的上海银行幸免于难，一方面是陈光甫与孔祥熙、宋子文私交甚好，另一方面是陈光甫与美国关系密切。

11 月，孔祥熙宣布币制改革，国民政府确定法币为统一货币，具有印钞权的是中央银行、中国银行、交通银行以及蒋介石的中国农民银行。同时，孔祥熙宣布废除银本位制，确立金本位制，并将法币与英镑、美元挂钩，实行外汇本位。从此，中国确立了统一的现代货币体制和金本位制。

孔祥熙的此次突袭，可以认为是国营资本和民营资本的一次大会战，此次会战的结果是国营资本全面胜出，民营资本全面出局，这场金融战线的决战，也标志着民营企业的彻底失势，民族工业的自由经济之脉从此断绝，民营企业家这一曾经充满力量的阶层也彻底终结了。

当国营企业已经形成不可阻挡的洪流之时，蒋介石、孔祥熙、宋子文等的私人野心也开始膨胀，如果说之前的一切行动还有国家利益的“遮羞布”，那么从此开始，这块“遮羞布”也不再需要了，宋子文和孔祥熙开始施展他们大量侵吞国有资产、化公为私的本事，他们运用手中掌握的国家公权展开了亏公肥私的勾当，这种行为最终也造成了国民经济的全面崩溃，国民党渐渐走向了深渊。

1936 年冬天，萧条的经济即将过去，在即将到来的 1937 年，人们仿佛看到了冰雪融化的希望，1937 年 1 月，胡适先生在《大公报》上发表了《新年的几个愿望》一文，文中写道：“多年梦寐里害怕的一九三六，居然度过去了。我们在全国欢呼的喊声里送出了旧年，迎进了新年。”他的第一个愿望是今年必须做到宪政的施行，第二个愿望是蒋介石先生努力做一个宪政的中国的领袖。胡适先生的美好新年愿望并没有成为现实，1937 年 7 月 7 日，卢沟桥事变爆发，日本的全面侵华战争就此开始，两个月后，淞沪会战爆发，上海沦陷，12 月，日军攻破国民政府首都南京，并进行了惨绝人寰的南京大屠杀，国民政府西迁重庆，随着国民政府一路西迁的，是在战争中已经支离破碎的少的可怜的企业，而绝大部分的企业，已经被摧毁在了日军的隆隆炮声中。中国人民几十年来辛苦建立的民族工业和蒋介石的国民政府通过各种手段建立的国营工业也一并摧毁，在战争面前，没有任何一种性质的企业能够幸免于难，留给中国企业和中国人民的，只剩下满目疮痍。

1937—1945 年的 8 年时间，是中国人民最苦难的岁月，也是中华民族愤而抗争的岁月。1936 年 12 月 12 日，张学良将军和杨虎城将军发动了西安事变，被迫用兵谏的方式促使蒋介石停止内战、全面抗日，最终西安事变以蒋介石同意停止内战、一致抗日而和平解决。全面抗战爆发后，在中国共产党的作用下，中华民族组成了抗日民族统一战线，枪口一致对外，抗击日本侵略者，国共两党终于再一次实现合作，为民族利益而共同战斗，但落后的经济并不能为中华民族提供充足的资源，中国被迫通过"以空间换时间"的策略进行抗战，中国人民在付出了巨大牺牲后，终于在 1945 年打败了日本侵略者，实现了百年以来的第一次彻底胜利。蒋介石的威望也在此时达到了顶峰，然而遗憾的是，仅仅 3 年，国民党便江河日下，腐败到骨子里的政权已经摇摇欲坠。在这场战争中，与人民付出巨大牺牲形成鲜明对比的是蒋、宋、孔、陈四大家族大发国难财，赚得盆满钵满。国民党政府背弃了人民，人民也选择抛弃了它，在战争中，由共产党领导的抗日斗争得到了人民的支持，中国人民最终选择了代表最广大人民利益的共产党，一个新生的政权即将诞生，一个崭新的社会和时代也即将到来。

三、凤凰涅槃——红星闪耀下的企业

1949 年 5 月 27 日，人民解放军进驻上海，上海宣布解放，这个自 1937 年后被迫成为孤岛以及在国民党手中度过了混乱 3 年的亚洲金融中心终于回到了人民手中，三个多月后，1949 年 10 月 1 日，中华人民共和国宣告成立，中国人民在经历了近代百年抗争后终于重新站立起来。但新中国的诞生，在经济战线并不是一帆风顺的，上海地区的投机商们看到新生的人民政权立足未稳，于是和人民政权展开了第一次较量，上海成为考验人民政权的第一关。

投机商与新中国进行对抗的第一战是"银圆战"。上海解放后，投机商炒作"黄绿白"——黄金、美元、银圆。银圆中以"袁大头和孙大头"最为炽热，人民政府的人民币因为投机商的炒作在上海地区难以发行。为了应对这种局势，上海市市长陈毅命令宋时轮用军事手段对当时的上海证券交易所进行了查封，下令停止一切证券交易活动，这一事件也标志着上海亚洲金融中心地位的消失，香港从此取代上海，上海成为新中国的工商业中心，证券交易所再次回归要等到41年后。投机商们与政府的第一次交战以政府通过军事手段解决而结束，投机商的第一次妄想破灭。在“银圆战”失利后，投机商将目光投向了棉纱，围绕棉纱的第二次交锋再次开始，而这一次，政府展现出了令所有民营企业折服的智慧。在“棉纱战”开始后，陈云从北京秘密南下，与陈毅一起坐镇上海，陈云的策略是通过全国统一调配，在各地区中心城市囤积充足的纱布，在准备完毕后，1949年11月25日，陈云命令全国统一步骤，在上海、北京、天津、武汉、西安等地区大量抛售纱布。抛售开始，上海地区的投机商们便纷纷吃进纱布，为了囤积居奇，上海地区的借贷市场甚至出现了“日拆”（以日计算利息）的情况。然而这一次，20多年来从未失手的投机商们碰到了真正的对手，当他们看到源源不断的纱布从国营公司抛出时，投机商们心生怯意，有的人开始偷偷地抛出自己囤积的纱布，投机商的这种蝴蝶效应让形势骤转，纱布价格直线下降。同时，为了配合纱布市场的决战，陈云和陈毅命令所有国营企业一律将钱存入国营银行，私营工厂一律不准关门，税务部门对私营工厂加紧征税，私营工厂迟交一天便罚税金额的3%。两头夹击下，最终投机商们溃不成军，第二次交锋再次以投机商的失败告终。在第二次交锋失败后，投机商将赌注再次压向粮食，而此次交战，更像是投机商的末日狂欢，上海的粮食交易历来在正月初五后开盘，俗称“红盘看涨”，早在纱布大战开始时，陈云就已经考虑到如果北方地区爆发粮食大战，政府两面作战是极其不利的，因此陈云命令东北地区每天向北京发一列车的粮食，北京在天坛设置粮仓，而且每天必须增加席囤，这一方法很快奏效，投机商们在纱布大战期间对粮食一直不敢轻举妄动，纱布大战后，陈云命令各地紧急调粮运往上海，到正月初五开盘之前，陈云估计政府手中已经掌握了十几亿斤粮食。正月初五开盘后，粮价不涨反跌，而且持续数日下跌，囤积了大量粮食的投机商们不得不抛售手中的粮食，他们的损失无法估计。经此“三战”，人民政府终于遏制住了恶性通货膨胀的势头，从此，全国的物价水平逐渐回稳，同时，以投机商为代表的一批民营企业在经济战中失去了与人民政府抗衡的能力。

1950 年 7 月，上海市财政局兼税务局局长顾准对上海地区的工商业制度开始重建，其中引人注意的是，顾准通过提高土地税率的方式驱逐了长期在中华大地上存在的外资公司，外商从此退出中国。同年，四川商人卢作孚向政府主动提出公私合营，得到了政府的大力支持和赞赏，民生公司成为新中国第一家进行公私合营的公司，个别企业的公私合营也开始了。自上海一战后，民间资本对新政权的威胁大大减小，1950 年，朝鲜战争爆发，新中国决定抗美援朝，国内工商业一致对外，支持抗美援朝战争。1952 年，随着抗美援朝战争的结束，毛泽东主席认为资本主义趁着抗美援朝战争的进行有所抬头，于是发起了“三反”“五反”运动，“五反”主要针对工商业，在“五反”运动中，民营资本集团被人民全面瓦解，一批在战争中发国难财的资本家被批斗、判刑，然而在这场运动中，令人感到惋惜的是四川商人卢作孚自尽了，卢作孚被作为批斗对象进行了批斗，他难以忍受折磨，选择了服用安眠药结束自己的一生，卢作孚自尽后留下遗嘱：第一，借用民生公司家具，送还民生公司；第二，民生公司股票交给国家；第三，今后生活依靠儿女；第四，西南军政委员会证章送还军政委员会。当卢作孚自尽的消息传到北京时，毛泽东主席听到后无比惋惜地说道：“真可惜啊。”

1953 年，在苏联的援助下，新中国开始实行“第一个五年计划”，其中标志性的事件是长春一汽的诞生。第一汽车制造厂在苏联的帮助下很快形成规模，并在 1956 年生产出新中国第一辆卡车，毛泽东主席亲自取名为解放牌卡车。在“第一个五年计划”中，在苏联人民的援助下，新中国发起了“156 工程”，拟在中国大地上建设 156 个事关国计民生的大工程，这批工程的重点放在了重工业，建设的地区放在了中西部地区，“156 工程”完成了新中国重工业的布局，从此以后，一个完整的工业体系在中华大地生根，奠定了新中国工业化的基础。

在“第一个五年计划”中，引人注目的是，全国范围内的全行业公司合营在1954年展开，中央政府决定在1967年前完成对资本主义工商业的社会主义改造，中央政府在陈云的主导下决定采用“合营过渡、和平赎买”的温和方式对资本主义工商业进行改造，同时针对资本家确立了“四马分肥、定息赎买”的方针。可喜的是，这场社会主义改造运动在1956年便完成了，新中国用了两年时间便完成了社会主义改造。1956年1月15日，北京市天安门广场举行庆祝社会主义改造胜利大会。5天后，上海召开公私合营大会，庆祝社会主义改造的完成，在大会上，荣毅仁大声朗诵道:“社会主义改造对于我失去的是属于我个人的一些剥削所得，得到的却是一个人人富裕繁荣强盛的社会主义国家。对于我，失去的是剥削阶级人与人的尔虞我诈、互不信任，得到的是作为劳动人民的人与人之间的友爱和信任，这是金钱所买不到的。”社会主义改造的完成，标志着近代以来在中国大地上存在了40多年的民族资产阶级正式成为劳动人民的一部分，也标志着新中国从此由新民主主义进入了社会主义。

第一个五年计划是新中国成立后的第一次工业化高潮，在此次工业化高潮中，完成了新中国的工业布局，也为新中国日后的工业化道路以及30多年后的实现社会主义现代化道路奠定了坚实基础，并且深深地影响了新中国前30年的企业发展，公有制企业在全国范围内全面铺开，新建立的国有企业均以“国营××厂”命名，中国进入了计划经济时代，国营企业成为计划经济时代的主角。

1960年，中苏关系交恶，苏联从中国撤走了全部专家，中国人民开始了自力更生的艰苦创业道路。1964年，为了应对苏联对中国的战争威胁，中共中央召开会议作出了三线建设的重大战略决策，这是自1937年随着国民政府西迁重庆的企业西迁后的第二次企业西迁运动，而与国民政府不同的是，新中国此次企业西迁是主动的，是从国家安全角度出发的。此次西迁运动，为西部地区的发展注入了强劲动力，并且产生了一批对中国国防事业具有重要影响的企业，在湖北十堰地区，建立了第二汽车制造厂，对外称“国营东风机械厂”；在陕西建立了陕西汽车制造厂；在重庆建立了常规兵器工业生产基地，在贵州、陕西、鄂西地区建立了航空和航天工业生产基地，在西昌建立了卫星试验、发射中心等重要军工企业；在四川攀枝花地区建立了攀枝花钢铁基地；等等。“三线建设”奠定了新中国的重工业和国防工业基础，直至今天，这些当年建造的军工企业、国防工业等仍然在发挥重要作用。

1966 年，在林彪和四人帮等反革命集团的操纵下，国内爆发了“文化大革命”，“文革”对新中国的工业和企业发展产生了重大冲击，新中国的经济发展陷入停滞。1976 年，“文革”结束，但“文革”对中国经济造成的影响却需要很长时间才能平复。

新中国的诞生，标志着占世界人口 1/4 的中国人民从此站立起来了，社会主义制度的确立，标志着公有制经济在中华大地上生根发芽，对民族工商业进行社会主义改造后，中国的企业从此进入全民所有制时代。在社会主义制度下，受潜在威胁的影响，新中国以优先发展重工业为指导思想，但同时，新中国在总结苏联经验和教训的基础上，并没有忽略轻工业在经济发展中的重要作用。无数国营企业的建立，为新中国打造了一个完备的工业体系，也为 1978 年后的改革开放奠定了基础。

四、历史转折后的中国企业

1978 年，复出后两年多的邓小平宣布中国开始实施改革开放，在经历了“十年动荡”后，中国经济终于被这位历史伟人拉回了正确的轨道，在这场改变中国前途命运的历史转折中，深圳，成为中国对外开放的窗口和先行者，一家在中国近代历史中跌宕起伏的公司，再一次站在了历史的潮头。

1978 年 6 月，61 岁的袁庚受交通部部长叶飞委派，赴香港地区调查，起草了一份《关于充分利用香港招商局问题的请示》报告。10 月，袁庚被任命为交通部所属的香港招商局常务副董事长，主持招商局全面工作。同年，向中央建议设立蛇口工业区。招商局，这个在近代中国企业史上具有标志性意义的公司在成立百年之后，迎来了它的第二次辉煌。1979 年 7 月

20 日，蛇口工业区正式开始运作，袁庚，这位年过花甲的老人在心中为招商局谋划了一个生机勃勃的商业版图。

在袁庚的主持下，招商局成功开发了蛇口工业区，作为新中国改革开放的“试管”，蛇口工业区在招商局的努力下，成为中国对外开放的探索者和先行者。1982 年，招商局率先创办了中国第一家股份制中外合资企业——中国南山开发股份有限公司；1987 年，招商局创办了中国内地第一家股份制商业银行——招商银行；1988 年，招商局创办了中国内地第一家由企业合股兴办的保险公司——中国平安保险公司。在经历了百年沧桑后，招商局在袁庚的带领下再次实现了辉煌，时至今日，招商局已经成长为我国大型国有企业 500 强中的著名央企。

在改革开放初期，中国在经济、技术上落后于发达国家，因此采用引进外资的方式，一大批合资企业成为改革开放初期的主流。1978 年，在邓小平的亲自批示下，轿车中外合资经营的序幕正式拉开，1984 年 10 月，上海汽车制造厂与德国大众在人民大会堂举行了隆重的合营合同签字仪式，上汽大众应运而生，4 个月后，上海大众汽车有限公司宣布成立，从此开始了它在中国汽车市场 30 多年的征程。两年后，1987 年 10 月，第一汽车制造厂与德国大众的合作正式开展，1991 年，在吉林长春成立了一汽—大众汽车有限公司。这些在改革开放初期以中外合资方式建立的企业，既是在当时国家资金紧张下的无奈选择，又是中国对利用外资的初探，从此之后，合资企业在中国大地遍地开花，合资企业为中国带来了相对先进的技术、管理经验、资金等，对处于改革开放初期的中国企业而言，无疑是绝对利好的事情。

在合资企业快速发展的同时，在改革开放中让所有人始料未及的乡镇企业也异军突起。1969 年，浙江萧山地区，一位 25 岁的年轻人创办了一间名叫“萧山宁围农机厂”的铁匠铺，这位年轻人叫鲁冠球，他所创办的这间铁匠铺最终发展成为大型跨国企业——万向集团。鲁冠球创办的萧山宁围农机厂起初是为周围村民提供农具修理服务，1975 年，该农机厂改名为萧山宁围公社万向节厂，1978 年改名为萧山宁围万向节厂，1979 年，鲁冠球将其他产品全部下马，专注生产万向节，1983 年，萧山万向节厂生产的“钱潮牌”万向节被农业部授予部优产品。从此，鲁冠球凭借他个人的优秀能力在今后的数次变革中均化险为夷，并一步步将萧山万向节厂发展成为如今的万向集团。万向集团作为改革开放时期乡镇企业的典型代表，是中国民营企业在改革开放中再次走向壮大的生动写实。

改革开放的实行，让中国民营企业再次走上中国工商业的舞台，1984 年，张瑞敏在山东青岛接收了一家濒临倒闭的集体小厂，并将其改变成一家专注于从事冰箱生产和销售的企业，张瑞敏将其产品命名为海尔，30 多年后，这家原本快要倒闭的企业在张瑞敏的带领下成长为如今的海尔集团。同年，在北京，柳传志带领十几名科研人员在中科院的一间办公室里成立了一家从事计算机生产和销售的企业，他们给这个企业起了一个好听的名字——联想。21 年后，联想集团收购了 IBM 的 PC 业务，成为中国企业实现国际化经营的成功典范。1984 年，从部队退役的王石在深圳创办了“万科企业股份有限公司”，这家从事房地产开发的企业在日后成长为中国最大的专业住宅开发企业。1987 年，同样从部队复员的任正非在深圳创办了一家生产网络交换机的公司，他将公司命名为“华为技术有限公司”，30 年后，华为成为我国在通信领域的排头兵，也成为中国科技型企业的象征。1988 年，王健林辞去政府公务员，在辽宁省大连市创办了一家名叫“大连万达集团股份有限公司”的企业，30 多年后，万达集团成为我国商业地产的代表，王健林在 2017 年成为亚洲首富。

当民营企业在改革开放的政策引领下进入高速发展时期，国有企业在制度的阻碍下前进的脚步却越发艰难，为了改变这种现状，在改革开放初期，一些农村地区的社办企业为了扩大生产能力，以各种生产要素入股，形成了农村股份合作制企业，这是改革开放后股份制企业的雏形。1990 年 12 月 19 日，上海证券交易所正式成立，在经过了 41 年后，证券和股票再一次回归中国，5 个月后，深圳证券交易所获得中国人民银行批准，并于 1991 年 7 月 3 日开业。上海证券交易所和深圳证券交易所的成立，标志着我国股票和证券市场开始形成。而此时，国有企业的股份制改革尚未全面铺开。

1997 年，国有企业经营陷入前所未有的危局，员工大批下岗预示着国有企业已经走到了生死存亡关头，在这种艰难境遇下，国有企业的股份制改革才得以全面铺开，此后十年间，国企改革以股份制为方向，脱胎换骨，凤凰涅槃，走进了气象开阔的新天地。2002—2007 年，国有企业户数每年减少近 1 万户，但销售收入平均每年增加 1.9 万亿元，实现利润平均每年增加 2500 亿元，上缴税金平均每年增加 1800 亿元，销售收入、利润、上缴税金年均增长分别为 16.1%、33.7%和 18.2%。国有企业股份制改革成为中国经济改革历史中浓墨重彩的篇章。1998 年，国家投资建立了中国石油天然气集团公司，这家由国家控股的公司日后成长为世界最大的石油公司之一，也成为国有企业股份制改革成功的代表。

1997 年，中国共产党召开了第十五次全国代表大会，在大会上，时任中共中央总书记江泽民同志作了十五大报告，在报告中明确指出将“坚持公有制为主体、多种所有制经济共同发展，坚持按劳分配为主体、多种分配方式并存”确定为我国在社会主义初级阶段的基本经济制度和分配制度。此次大会对即将进入 21 世纪的中国特色社会主义事业进行了全面部署，一个生机勃勃的国家即将昂首走进 21 世纪，中国企业发展也进入了全面繁荣时期。

1998 年，一位 28 岁的年轻人来到深圳，他叫马化腾。同年，马化腾在深圳创办了一家叫“深圳市腾讯计算机系统有限公司”的公司，公司经营的业务是基于互联网的社交软件“QQ”，20 年后，这家公司成长为涉及社交、娱乐、支付、资讯等多种 IT 业务的互联网巨头。1999 年，35 岁的马云在浙江省杭州市带领十几名创业者创办了“阿里巴巴网络技术有限公司”，20 年后，阿里巴巴集团成长为中国互联网企业的另一巨头，2015 年，马云成为中国首富。2000 年，32 岁的李彦宏在北京中关村创办了“百度公司”，十多年后，百度成为中国最大的搜索引擎。

在世纪交汇之际，凭借互联网技术的开始应用，中国的一批当代民营企业家们纷纷创办了对当今人们生活和经济发展具有重要作用的互联网企业，也让互联网技术在中国全面开花，时至今日，我国以互联网技术为支撑的“大数据”“云计算”等技术已经走在了世界前列，这批优秀的民营企业家们终于在70年后再一次向世界证明了中国人的勇气和智慧。

进入21世纪后，至2015年，中国经济以每年9.65%的增速保持高速增长，这种增长背后既有国有企业进行股份制改革后的支撑，又有民营经济做出的巨大贡献，国有和民营两大类型企业，共同成为引领中国经济发展的两大引擎，也成为建设中国特色社会主义事业中不可或缺的重要力量。

五、新时代的中国企业

2017年10月18日，中国共产党第十九次全国代表大会在北京胜利召开，习近平总书记代表第十八届中央委员会向大会作了题为《决胜全面建成小康社会 夺取新时代中国特色社会主义伟大胜利》的报告。报告指出，经过长期努力，中国特色社会主义进入了新时代，这是我国发展新的历史方位。这个新时代，是承前启后、继往开来、在新的历史条件下继续夺取中国特色社会主义伟大胜利的时代，是决胜全面建成小康社会，进而全面建设社会主义现代化强国的时代，是全国各族人民团结奋斗、不断创造美好生活、逐步实现全体人民共同富裕的时代，是全体中华儿女勠力同心、奋力实现中华民族伟大复兴中国梦的时代，是我国日益走近世界舞台中央、不断为人类作出更大贡献的时代。经过70年的发展，中国人民实现了从站起来、富起来到强起来的伟大飞跃，70年的漫漫历程，是中国人民艰苦奋斗的70年，也是中国企业在社会主义制度下茁壮成长的70年，尤其是改革开放后40年的发展，中国企业正在焕发出新的生机与活力。新时代的中国企业正在实现由数量增长向质量增长的新变革，在企业发展方面也呈现出新的时代特征和发展内涵。

第一，创新发展成为新时代中国企业的源动力。创新是企业进步的灵魂，也是企业保持生命力的关键，中国企业面对瞬息万变的信息时代，正在用大胆创新实现企业的价值和责任。经过40年的发展，中国企业已经形成了国有企业、民营企业两大重要经济主体齐头并进、蓬勃共生的新局面，站在新的历史方位上，新时代的国有企业和民营企业是共进退的命运共同体，是实现民族复兴的共同保证。

在创新方面，新时代的国有企业最突出的特点是进行混合所有制改革。混合所有制改革是继国有企业股份制改革后的又一次重大变革，也是一次全新变革，国有企业通过在企业股权制度层面的重塑，引入民营资本，能够进一步激发国有企业的创新潜力，保持国有企业的创新活力，与民营企业实现优势互补。例如，中国联通引进百度、阿里巴巴、腾讯、京东等民营企业作为战略投资者，融资金额高达 780 亿元，成为混合所有制改革下国民共进的成功典范。

新时代的民营经济在技术创新、模式创新方面全面发力。一些成立于改革开放初期的民营企业在经过 30 多年的高速增长后，迎来了从数量集聚到质量飞跃的巨大转变，截至 2017 年年底，我国民企数量达 2726.3 万家，个体工商户 6579.3 万户，注册资本超过 165 万亿元。民营经济对国家财政收入的贡献占比超过 50%；GDP、固定资产投资和对外直接投资占比均超过 60%；技术创新和新产品占比超过 70%；吸纳城镇就业超过 80%；对新增就业贡献占比超过 90%，民营企业已经成为新时代我国企业进行创新的主阵地。2017 年，华为技术有限公司的研发投入为 897 亿元，占其销售收入的 14.9%，此后十年，华为将保持每年 15% 左右的持续研发投入。这家成立于 1987 年的民营企业，已经连续数年蝉联中国民营企业 500 强榜首，并连续 8 年入围世界 500 强企业。华为公司在科技研发领域的高投入，既是公司发展的现实需要，又是新时代我国民营企业坚持技术创新、突破技术封锁、走向国际一流的典型代表。

第二，协调发展成为新时代中国企业的新思路。几千年来，中国企业始终在“官进民退、国进民退”的波浪中起起伏伏，每当民营经济威胁到统治集团的利益时，总是被毫不留情地打压、扼杀。自新中国成立后，我国经历了计划经济时代的全民所有制，改革开放后民营经济再次在中国大地上焕发出生机活力。进入新时代，在党的领导下，几千年来的民营企业终于和国有企业站在了同一起跑线上，携手共进。国有企业和民营企业协调发展，能够发挥国有企业的品牌、人才、规模优势，也能够发挥民营企业的技术、资本、市场优势。例如，中国铁塔有限公司，由中国移动、中国联通、中国电信三家央企共同出资建立，为三家公司从事专业的通信基站建设和租赁服务，作为央企专业化整合的典型代表，铁塔公司通过与阿里巴巴网络技术有限公司在“大数据、云计算、边缘计算”等领域展开深度合作，与碧桂园集团签署战略合作框架协议，计划在未来共同推动房地产与信息通信建设的深度融合，打造“数字地产、智慧地产”。绿地集团通过与华为技术有限公司签订战略合作协议，在智能家居、智慧园区、智慧基建、智慧零售、5G 应用、数字化规划与转型等领域展开全面合作。双方拟建立联合创新合作模式，以行业趋势及市场需求为导向，聚合上下游资源，共同开拓市场。这些国有企业和民营企业的协调发展，既实现了国有企业和民营企业的共赢，又体现了新时代中国企业协调发展的时代特征。

第三，绿色发展成为新时代中国企业的新名片。绿色是生命的底色、发展的底色，也是新时代中国经济发展的重要发展理念。坚持绿色发展、实现可持续发展是新时代中国企业走向世界、服务人民的责任与担当。1994 年，泸州老窖股份有限公司成立，泸州老窖是具有 400 多年酿酒历史的大型国有控股公司，被誉为“中国第一窖”。进入新时代以来，泸州老窖因在绿色发展方面的突出贡献，被联合国工业发展组织选入《中国企业优秀绿色案例集》，作为我国历史最悠久、影响最深远、底蕴最深厚的传统民族产业，泸州老窖启动了投资超过 70 亿元的酿酒技改工程，通过实施技术升级、发展循环经济、淘汰落后产能，让传统白酒产业更环保、更高效。在大力推进环保制度建设、工艺优化处理等方面，泸州老窖始终保持了白酒行业“清洁生产一级单位”的管理水平。泸州老窖依托中国固态酿造中心、中国轻工业固态酿造技术重点实验室等国内一流科研创新平台，在人工窖泥培养、窖池密封技术等方面取得重大突破，实现了酿酒生产的节能降耗；与国际国内知名高校与科研院所合作，研发了智能调酒机器人、智能包装机器人等新型设备；在推动生产自动化、智能化的同时，也引领了中国白酒产业的创新发展、绿色发展。当以泸州老窖为代表的国有企业在绿色发展领域深耕细作时，民营企业也在为实现绿色发展而努力。1992 年，37 岁的杨国强在广东佛山成立了一家房地产公司，取名“碧桂园”，2015 年，碧桂园被评为“年度最具投资潜力港股上市公司”。2017 年，碧桂园入围《财富》杂志世界 500 强企业名单，2018 年，碧桂园再次入围世界 500 强企业，排名第 353 位。进入新时代后，碧桂园不仅在房地产领域突飞猛进，更是积极践行绿色发展的典型代表，在建筑设计方面，碧桂园集团凭借其自主研发的 SSGF 高质量建造体系和新型装配式建造体系等建筑工业化的探索，大幅度降低了环境和能源成本，对绿色发展起到了积极推动作用。此外，在绿色建筑施工方面，碧桂园通过制定并落实安全文明施工管理办法以及标准化图册，加强对项目的监督管理，确保项目施工符合法律法规及合同的环保要求，最大化减低施工建设对于自然环境的负面影响，保护周边生态环境。由于在绿色发展方面的突出贡献，碧桂园同样被选入了《中国企业优秀绿色案例集》。习近平总书记曾在多个场合强调“绿水青山就是金山银山”“要像保护眼睛一样保护生态环境，像对待生命一样对待生态环境”。绿色发展，不仅是中国人民的生活要求，更是新时代中国企业走向世界的绿色名片。

第四，开放发展成为新时代中国企业的新担当。习近平总书记在博鳌亚洲论坛 2018 年年会开幕式上讲道：“中国开放的大门不会关闭，只会越开越大。”新时代的中国是开放的中国，新时代的中国企业是开放的企业，是走出去、走向世界的企业。在 2018 年《财富》杂志发布的世界 500 强企业名单中，中国共有 120 家企业上榜，已经成为仅次于美国的第二大上榜企业群体。在名单中排名跃升最快的前 10 家公司中有 8 家来自中国，在上榜的中国企业中，既有以能源为基础的国家电网、中国石油、中国石化；又有以银行为代表的金融业，如中国工商银行、中国建设银行、中国银行、中国交通银行、招商银行等；也有以房地产为代表的传统产业，如碧桂园、恒大集团、万科、保利集团、绿地控股；更有新兴的科技企业，如华为、京东、阿里巴巴、腾讯、苏宁集团、中国移动、中国联通、中国电信等。新时代的中国企业正在实现从数量增长到质量增长的积极转变，中国企业在国际上的影响力也日渐提升，中国企业走出国门，走向世界，在自身发展的同时也在积极地担当更多的社会责任。自“一带一路”合作倡议发出以来，中国企业紧紧跟随国家战略的脚步，奔波于世界各地。2016 年，中国的河钢集团有限公司收购了塞尔维亚唯一的钢铁厂——斯梅代雷沃钢铁厂。这家在塞尔维亚濒临倒闭的大型国有支柱型企业因为中国企业的到来而重新焕发生机。2019 年 4 月 25 日，中宣部授予河钢集团塞尔维亚公司管理团队“时代楷模”称号。河钢集团，成立于 2008 年 6 月，是我国一家国有独资企业，自成立以来，连续 5 年进入世界 500 强企业。在新时代下，河钢集团走出国门，沿着“一带一路”建设的脚步，将中国企业带入塞尔维亚，通过实行“利益本地化、用人本地化、文化本地化”的“三个本地化”原则，将中国企业打造为中塞企业合作的典范，成为中国企业走出去的典范和“一带一路”建设样板工程。新时代的中国企业，正在以更加积极的态度融入世界经济的发展，正在以更加开放的心态参与全球企业的合作，正在努力实现中国与世界的同步发展。

第五，共享发展成为新时代中国企业的新追求。习近平总书记在党的十九大报告中深刻阐明：“中国特色社会主义进入新时代，我国社会主要矛盾已经转化为人民日益增长的美好生活需要和不平衡不充分发展之间的矛盾。”新时代的中国企业正在将满足中国人民的美好生活需要作为目标而努力，金融行业服务实体经济，民生领域服务人民生活。互联网技术的成熟为中国企业提供了快速发展的通道，借助于大数据、云计算等平台优势，中国的一批新兴企业正在快速成长，并成为经济发展的新动力。2012 年 7 月，29 岁的程维从阿里巴巴旗下的支付宝离职，在北京创立了“北京小桔科技有限公司”，并推出了互联网打车服务“滴滴出行”。2019 年 3 月 19 日，程维以 165 亿元人民币财富在《2019 胡润全球少壮派白手起家富豪榜》中排名第 22 名。作为当前中国打车软件中市场占有率第一的滴滴出行，正在用互联网科技改变着中国人的生活，滴滴专车、顺风车、出租车等，程维通过网络技术整合了中国国内的汽车资源，为中国人提供了更加便捷的出行方式和选择。在中国大地快速成长的同时，滴滴出行在全球的影响力也在不断上升，2018 年 4 月，滴滴出行登陆墨西哥，5 月登陆澳洲，8 月在墨西哥第三大城市蒙特雷开始运营，9 月在墨西哥第二大城市瓜达拉哈拉开始提供服务，9 月滴滴出行登陆日本。滴滴出行正在将便捷的出行方式带向全球。2006 年，26 岁的汪滔在深圳创办了深圳市大疆创新科技有限公司，2018 年 8 月，CB Insights 公布 2018 年全球独角兽企业榜单，大疆创新科技排名第 6 位。这家以领先的技术和尖端产品为核心竞争力的中国无人机制造商占领了全球的商用无人机市场。大疆无人机以“飞行影像系统”为核心发展方向，通过多层次的空中照相机方案，带给人类全新的飞行感官体验，使得飞行在普罗大众中皆能随心所欲。

新时代的中国企业，在中国企业家的带领下正在以“诚信、敬业、创新、责任感、主动学习”的精神向世界展示着一个崭新的中国、一个生机勃勃的中国。这些企业既有从改革开放中走出来的传统企业，又有在互联网技术引领下的新兴企业；既有改革后积极走出国门的国有企业，又有在国际上快速成长的民营企业。在新时代的中国，既有经验丰富的老一辈企业家依旧拼搏的身影，又有新生代的年轻企业家散发出的蓬勃朝气，中国企业，正在稳步走向未来。

第二章　企业发展理论流派

自古以来，无论在“商场”还是“战场”，人类最本质的欲望就是不断地扩张。有学者将此解释为“一要生存，二要发展”。在市场经济的环境下，人类所表现出对企业持续发展的强烈追求是受人与生俱来的欲望所驱使的。企业发展的思想历史久远，在200年前的古典经济学中就已经出现了企业发展的源头。古典经济学家们认为企业成长的主要诱因是分工增加了企业的规模效益。在企业的成长中，分工和专业化的出现，促进了生产效率的大幅度提高，也让企业实现规模扩张成为可能，在扩大生产规模后，需要进一步的专业化分工和协作。因此，分工和专业化会持续得到加强，在这种持续不断的螺旋式上升中，企业最终得以发展壮大。从企业发展理论阐释的视角看，通常包含企业成长理论、资源基础理论、生命周期理论和企业核心竞争能力理论等。接下来，将分别对这些理论进行归纳梳理。

第一节　企业成长理论

亚当·斯密是最早提及企业成长思想的古典政治经济学家。他在其著名巨著《国民财富的性质和原因研究》中写道：“劳动在生产力上最突出的进步，和人在进行劳动时运用的极其熟练的技巧和判断力，几乎全部可以归功于分工。”在亚当·斯密看来，分工及专业化促使经济报酬递增，这不仅使企业不断扩张和成长，也推动国民的财富实现飞跃式前进。在斯密之后，古典经济学中，艾尔弗雷德·马歇尔从企业规模与企业灵活性的关系以及企业家个人精力角度，对企业成长问题进行了更为全面的研究。他认为由于企业发展的灵活性会受企业规模大小的影响，当企业规模越小时，企业发展的灵活性越高，当企业规模越大时，企业发展的灵活性越低，这将减弱企业在市场中的竞争力，最终减缓企业的成长速度，影响企业的后续发展。更重要的是，企业的发展可能不会受时间的限制，时间越久，企业的规模可能越大，发展可能越好。但此时，由于企业家具有自然生命体的属性，随着时间的流逝，其个人的精力和寿命会不断下降和减少，这将会对企业向前发展产生制约作用。在经济市场中，随着新企业和年轻企业家的产生和进入，将会挑战以及威胁到原有企业在行业内的垄断地位，从而导致原企业在原有行业的结构中很难维持垄断的状态。施蒂格勒从产业生命周期角度对企业的成长规律作出解释，阐释了规模经济效益下的企业成长与稳定条件下的竞争均衡两者间的相互平衡问题。施蒂格勒认为，产业在形成初期的市场规模通常较小，因此企业内部的合理分工就能够驱动企业发展和成长。之后，随着产业和市场的不断扩大，原有的简单分工已不能使企业扩大市场规模，企业便需要通过提高专业化程度来实现此项目标。同时，产业内社会分工的优化也会不断增加企业的数量。由此来看，以规模经济效益为分析基础的企业成长理论将企业成长的主要驱动力归结于企业外部，认为企业自身的行为并非影响其成长的关键因素。关于企业成长理论的演变，由上文中所说可追溯到斯密的分工理论，但真正较为系统地论述了企业成长理论的是英国著名学者彭罗斯（Penrose, E. T.）。她于 1959 年出版的专著《企业成长理论》，较为全面和深入地对企业成长理论进行了分析，该书认为企业是由纯粹的内因驱动而成长，这一观点奠基了现代成长理论的基础。在她的专著中，她提出由企业能力尤其是企业的管理能力决定了企业成长的速度、方式和界限。她通过系统分析有关企业成长问题，构建了一个“企业资源—企业能力—企业成长”的分析框架。第一，彭罗斯认为一个企业能力的大小与这个企业拥有资源的多寡息息相关。也就是说，资源决定能力，要想获得卓越的企业能力，离不开企业资源存量的奠基。在彭罗斯看来，资源和能力分别是限制企业成长的两条边界，即企业拥有的资源和能力的多寡决定企业成长边界的范围。在企业内部，人是运营和发展企业的主要动力，对物质资源运用发挥的程度也取决于人的能力（知识量）。所以，企业的人力资源对企业的发展至关重要，它在很大程度上决定了企业的管理能力。第二，彭罗斯认为管理能力是企业发展中最重要的能力。对于规模较小或者发展初期的企业来说，管理资源与其他资源相比，优势并不明显。但当企业因市场需求而不断扩大规模时，管理能力将会减缓企业生产效率的水平降低，并缓解企业存在的管理危机。在企业的发展中，丰富的管理经验与出色的管理能力能够充分利用好企业的生产性资源，提高生产效率以及产品、服务的质量。第三，彭罗斯强调了企业的成长也离不开企业自身的创新能力。具有创新能力的企业能够更快、更准确地捕捉到潜在的市场机会，从而根据潜在的市场需求进行产品的创新，带动企业发展。同时，企业的创新能力会促使企业根据发展状况不断更新完善内部的组织结构，这也会进一步促进企业发展。彭罗斯关于企业能力的论述使企业成长问题的论述进一步合理化、科学化。彭罗斯所提出的企业成长理论是一种纯内因成长论，她并没有考察外界因素对企业成长的影响，而是将研究的重心全部集中于企业内部的资源和能力管理上，虽然有一定的局限性，但为后人对企业成长理论的研究提供了更加丰富的视角。

第二节　资源基础理论

企业成长理论中另一重要的分支就是资源基础理论。它所研究的问题是，在企业内部是否存在某些要素不仅会激发企业的创造力，也会制约企业的发展。企业是一个经济利益体，其目的就是不断扩张以获取超额利润。在资源基础观的视角下，企业要想实现它的宏伟蓝图就必须拥有能够创造超额利润优势的战略性资源或能力。

资源基础观以保持或者增进企业竞争力为基础，阐述了企业内部的独特的资源和能力如何帮助企业提升绩效以及实现价值创造。关于资源基础理论的研究，学术界还是把彭罗斯的《企业成长论》看作资源基础理论的基础和源头。彭罗斯（1959）明确地指出，企业是一个资源的集合体。她在《企业成长理论》一书中，运用经济学原理对企业资源与企业成长间的关系进行了分析，使资源基础理论得到理论的支撑，不再只是简单的观念讨论。彭罗斯在对有关资源与成长关系的分析和研究上，提出企业的“成长”就如同大自然中的生命体一样，是一个符合大自然规律的现象。她颠覆传统理论对企业的认知，提出企业应该是“被一个行政管理框架协调并限定边界的资源集合”。换言之，企业的内部所拥有的资源才是企业的本体，是这些资源推动企业的运行和发展。除此之外，彭罗斯认为企业成长的主因是“组织剩余”。“组织剩余”这一概念也是资源基础理论的先导，它表明企业的生产要素会随着时间或学习而有所剩余，它是一种动态的组合过程。自彭罗斯提出企业拥有的资源和能力是企业获取竞争优势的主要动力，以及对这些特殊资源和能力的特征和功能深入分析后，基于资源基础观的企业成长研究引起了学者们的重视。

沃纳菲尔特（1984）继承了彭罗斯的观点，并在此基础上，首次提出了“资源基础观”一词。这是一个强调从组织内部资源对企业进行分析的战略理论，他认为企业是由有形资源与无形资源组合而成的特殊组合。沃纳菲尔特提出从一个新的视角——组织资源视角，来进行市场选择和产品生产决策。资源基础理论将关注的重心回归到组织的内部，注重从企业内部进行分析，关注企业拥有内部资源的异质性以及企业绩效与其他企业产生的差异。因此，他强调企业必须合理运用所拥有的各项资源来建立禀赋企业的优势地位，只有这样，企业才能让竞争对手望其项背。

巴尼（Jay B. Barney，1986）也提出过类似观点，认为企业中真正有价值的资源是决定企业未来发展道路的关键因素，资源禀赋和特性也奠定了企业未来的发展方向和基础。在激烈的市场竞争中，企业要想能长远地发展或是获得持续竞争优势的有效路径就是不断累积优势资源和能力。学者也将这种发展模式称为资源基础模式。1991 年，巴尼在之前研究基础上，进一步探究了赢得企业竞争优势的四大战略资源特性，分别是有价值、稀缺性、不完全模仿、不可替代性。因此，他指出战略资产由于时间压力的非经济性、资产累积的效率、资产存量的协同性、资产的销蚀性等因素可以产生持续竞争优势。资源基础理论学派的学者们均认为企业所拥有的独特的、与众不同的资源是维持企业扩大市场规模，赢得持续竞争优势的基础和主要动力。

资源基础理论在战略管理领域具有十分重要的地位，可以通过对企业资源的分析来了解产业组织与竞争优势的关系，这对企业的成长发展来说至关重要。回顾整理以前学者们的研究，企业战略的分析从 20 世纪 60 年代起对外部因素的研究要远超于对内部因素的研究，研究重心多集中在产业结构与竞争环境方面。相比于企业内部因素对企业发展的影响，学者们更加认同企业成长的状态是由外部因素所影响。然而近年来，一是由于市场环境的复杂多变，使企业难以对外部环境进行准确分析；二是学者们发现了资源的价值属性，使战略管理的研究重心逐渐转变到对企业内部独有的、异质性资源的分析。近年来，学者们对资源基础理论的关注度越来越高，是由于企业家精神以及企业的成长与资源的获取和配置息息相关。Alvarez 与 Busenitz（2001）明确认为，资源基础理论通过对企业内部资源的研究，有助于对企业家的战略决策、机会认知、机会识别、组织能力与市场竞争优势进行有效分析。

第三节　企业核心能力理论

核心能力是基于资源基础理论提出来的，该理论认为企业中最根本的、最不可或缺、最难以转移的禀赋就是核心能力，一个企业核心能力的强弱决定了企业在市场竞争中胜败的命运以及是否具有用之不竭的动力。核心能力理论能够得到研究者的高度关注原因有两个：一是波特产业结构分析理论的局限性。波特的产业结构分析理论虽然构建了一个比较完整的战略分析框架，同时也说明了产业吸引力会直接影响利润水平。但随着企业不断成长演进，人们发现波特的战略理论无法解释的问题是无论产业吸引力的高低，都能发现利润水平很高但经营状况不佳的企业。另外，很多企业也被波特的战略理论诱导进入一些虽然利润很高，但却与企业自身优势无关的产业，开展了无关联的多角化经营。但由于企业缺乏相关经验出现了很多失败的案例，这一系列的事件都证明了该理论的局限性。二是 20 世纪 80 年代，经济社会不断发展，企业为了能够在市场中扩大份额、提高竞争力，从而进行重组活动和流程再造，但都遇到了挫折，没有得到预期的发展。企业重组虽然有时能够改善企业的短期绩效，但这只是短期效应，并不能促使企业持续发展。因为这只是在改正之前的不足和错误，而不是创立未来的市场。流程再造尽管能够使企业“变好”，但并不能体现出差异化，让企业变得与众不同，最终也只不过是个优秀的模仿者而已。因此，如何优化和重建企业的竞争战略，保持企业在行业中的领先地位和竞争优势，就成为一个必须解决的问题。也是因为上述原因才使核心能力理论得以提出。一经提出，核心能力理论就受到研究各界的广泛关注，并成为研究的热点。

核心能力理论代表了战略管理理论在 20 世纪 90 年代的最新进展，1990 年间，印度学者普拉哈拉德和英国学者哈默（C. K. Prahalad & G. Hamel）在《哈佛商业评论》所发表的一篇名为“公司的核心能力”（“The Core Competence of the Corporation”）的文章，引起大众的广泛关注。这篇文章不仅是对核心能力理论的最早论述，也是该领域最经典的文章之一。他们认为并不是企业内部的所有资源、技术、知识都能成为核心能力，核心能力是在长期的核心产品与技术的发展中积累起来的。也就是说，核心能力是“组织中的积累性学识”，它并不是在市场交易中用金钱、物质交换而来。核心能力具有整体性的特征，它不是企业的某个部门所独有的。这种能力能够有机结合企业中的技术、经验、理念等，也能协调不同的技术流，统筹企业的发展。企业能力理论将企业看作“能力的独特集合体”。虽然一个企业内部的资源数量、种类众多，包括有形的、无形的、有价值的、复杂的、简单的等，但这些众多的资源并不是都能成为核心能力的组成部分。能力理论认为，从特性角度对能力与资源进行分析，可以发现能力能够以人为载体对资源进行配置、开发、使用及整合，可以使资源发挥出更高的价值作用。通过进一步挖掘企业内部的关键资源、核心技术以及独特技能等核心能力对企业成长的驱动作用，我们得到一个认识：核心能力就如同企业的强项或者优势，不同的企业其强项和优势也是不同的。所以，企业往往会选择核心能力指引的发展路径，帮助企业在市场中获得明显优势。虽然学者们以不同的视角全方位地探讨了对核心能力理论的认识，也得出了很多不同的结论。但是一致的观点是将企业的核心能力作为企业拥有的关键资源，是企业能够在市场中保持持续竞争优势的来源，也是企业成长的一种主要动力机制。

关于核心能力的内涵，学者们从不同的角度出发有不同的理解。基于技术创新视角，哈默认为，核心能力是以往投资学习中积累的具有差异性的专长。基于知识观的核心能力认为知识就是核心能力的源泉，要想提高核心能力，只能通过不断的学习。巴顿是上述流派的代表，他认为核心能力是员工的知识系统、技术系统、管理系统、价值规范相互作用下构成的知识体系。这个知识体系能够为企业带来持续竞争优势，并且能够发挥协调各种生产技能和整合不同技术的作用。费欧认识到核心能力不仅仅包括企业拥有的有形资产，还包括对这些有形资产的认识过程以及如何将之转化为行动的理解。埃里克森和米克尔森认为，核心能力不仅是组织资本，也是社会资本。组织资本是企业在组织环境中协同生产技术方面的工作而形成的，而社会资本是企业在社会结构中所处的位置给它们带来的资源。前者根植于企业的组织结构，而后者可以反映企业文化并可以被看作特定组织结构水平的产物。

企业拥有的能够使企业具有市场地位的保障就是核心能力。核心能力不仅包括企业的技术能力，更包括了企业的组织文化、学习、创新和企业家精神。能力是无形的，但是它在一定程度上具有知识的特质，随着时间、经验的累积，它将不断完善，并具有更广的用途和较高的价值性。企业的核心能力须同时具有四种属性：①具有价值。核心能力能够给企业创造市场机会，并且能够应对市场中的威胁，避免企业进入困境。②稀有性。核心能力，顾名思义就是难以取得的，说明这种能力对于市场来说是稀有的。在一个行业中某个企业能够在市场中站稳脚跟，就表明它具有其他竞争对手所没有的能力。③难以模仿和复制。资源往往容易被复制，但是能力却不然。因为有些能力是内化于企业当中，是看不见、摸不到的。比如说对手可以通过模仿建立相似的工厂或对过程技术加以复制，可以建立一个表面上和被模仿企业几乎一样的企业，但是基本团队工作、组织文化等这种难以捉摸和领会的内在资源则非常难以模仿。例如，中国的火锅大王海底捞，很多火锅店试图模仿或者复制它，但是对支撑海底捞成功的企业文化和组织进行模仿，是对手难以做到的。④没有等价替代品。如果企业的产品或者技术具有可替代性，或者说其他企业所拥有的能力以及生产的产品和本企业具有很高的相似性，能够相互替代，那么就不能说这家企业拥有核心技术或者能力。

随着研究不断向前推进，最近几年广受关注的知识经济理论也给予了核心能力理论新的时代特色。在知识经济时代，如何有效地进行知识管理是企业现阶段面临的主要挑战之一。换言之，如何有效获取知识、创造知识、扩散与运用知识，以获得在知识经济环境下的持续竞争优势，成为企业需要关注的重点。Alice 指出，一种围绕知识来组织企业的结构化方法就是制定核心能力战略。核心能力帮助组织内部的人员始终能够对组织作出的商业或者战略决策有更清晰的认知，这说明通过核心能力，企业建立了知识管理的中心。近年来，随着熊比特的“破坏性创新”观点再次成为研究领域的热点问题，有关创新的研究都受到了学者的青睐。技术能力、创新能力与核心能力三者在概念上具有一定的交叉性，对三者的研究也逐渐走向趋同。一些研究认为，在一定的条件下企业的技术创新能力与核心能力存在对等关系。这种倾向存在的原因是创新在全世界范围早已成为前沿研究，使得学者更加关注创新对企业保持竞争优势以及创新绩效的影响。很多学者都认为企业创新的过程就是核心能力建立、提高和应用的过程，从而将技术创新等方面的研究引向了企业核心能力领域。

第四节　企业生命周期理论

企业生命周期理论起源于经济学对企业“黑匣子”生命现象的探索。马克思在其著作《资本论》中，对企业生死现象进行了基础性探讨和观察。在这本书中，马克思以劳动价值论为基础，重新对“个别劳动时间”与“社会必要劳动时间”进行了界定，并提出了商品价值是由生产该种商品所耗费的“社会必要劳动时间”决定的这一重要命题。在此命题基础上得出一个推论：如果一个企业生产特定产品的“个别劳动时间”长期高于“社会必要劳动时间”，那么企业所生产的产品价值就会大大下降甚至无法实现，长此以往，企业的资金链会随之中断，影响企业后续的产品生产，最终因企业无法进行生产而被淘汰出局。这个推论就是有关企业生死现象的基础分析。

企业成长理论将企业不仅看作一个追求经济利益的组织，也看作一个生命体。就如马歇尔所认为的，一个产业或者一国的企业就如同一片森林，里面参差不齐的树木就是处于不同发展阶段的企业，在这个自然的生态圈中，它们都有生存和发展的机会。但在这种物竞天择、适者生存的环境下，它们也依旧面临凋零、枯萎的可能。马歇尔生动、形象的比喻告诉了我们一个事实：企业也是一个生命有机体，它们会如同其他生命体一样，有一个从低到高再到低的生命曲线，也就是会经历创立、成长、成熟、衰退的不同阶段。

生命周期理论的概念最早是由马森·海尔瑞（MasonHaire，1959）提出的，他认为企业的成长周期也符合生物学中的成长曲线。随后美国学者Gardner J. W. 在1965年对“如何防止组织的停滞与衰老”这一论题进行了系统的研究，他提出人们可以根据经验判断一个生命体的生命周期，但却无法对企业的生命周期作出合理的预测，因为当企业处于停滞或者衰老阶段时，也依旧有可能重获新生。1972年哈佛大学教授拉芮·格雷纳在《组织成长的演变和变革》一文中，首次提出了企业生命周期的概念，对企业的生命力进行了较为深入的研究，并从组织和管理的角度对企业的成长进行了非常细致的划分，包括孕育期、婴儿期、学步期、青春期、壮年期、稳定期、贵族期和死亡期。这一重要研究将成果企业生命周期的研究正式带入管理学领域。

企业生命周期理论形成的标志是美国著名管理学家——伊查克·爱迪思（Ichak Adizes）在1989年出版了《企业生命周期》一书，爱迪思用了20多年的时间对企业进行追踪研究，才得以观测到企业成长、成熟、衰老的过程。在这本书中，他将企业的生命期划分为不同的阶段，也就是经典的“十阶段”生命周期模型，分别是孕育期、婴儿期、学步期、青春期、盛年期、稳定期、贵族期、官僚初期、官僚期以及死亡期。爱迪思不仅对这十个阶段的特征进行了分析，还据此针对不同的阶段向企业提供了不同的发展建议。爱迪思这一论著一经出世，就引发了广泛的关注，之后的时期出现了大量有关企业生命周期的研究成果。企业生命周期理论距今已经发展了40多年，也产生了许多研究分支，通过汇总整理，主要包括以下四个分支。

一、仿生—进化论

仿生—进化论的研究是以生物学的方法论为研究基础。生物学研究认为自然生命体通常都具有新陈代谢性、自我复制性和突变性这三个特征。这一研究分支的学者们认为，企业也像一般的自然生命体一样具有这三个特征。企业的新陈代谢特征是指，企业内部就如同生命体一样会不断地更新和循环，企业不断地从外界吸收财物、人力、信息等资源，然后将这些资源整合并内化，成为自身的内部要素。企业的自我复制性是指企业的正常生产过程就是一个复制的过程。随着企业的技术、人力水平不断提升，企业规模扩大，使企业在原有的基础上开始了新的再生和新的复制。企业的突变性是指企业在经营的过程中，技术能力、人才资源、宏观政策都会突然发生转变，从而改变企业的经营状态。这一分支的主要代表人物是温特和尼尔森。

二、企业生命周期阶段论

阶段论的研究吸引了大量的学者，该分支认为可以将企业的成长过程划分为若干个不同的阶段，在每个阶段，企业都会遇到不同的问题。由于划分标准的差异性，学者们提出了十几种划分方法，从“三阶段论”到“十阶段论”，包括史密斯、米切尔、萨默的“三阶段论”，麦奎尔的“五阶段论”，格雷纳的“五阶段论”，丘吉尔和刘易斯的“五阶段论”，爱迪思的“十阶段论”等。但比较经典的是格雷纳的“五阶段论”模型和爱迪思的“十阶段论”模型。格雷纳将企业看成一个组织，认为企业会存在一个组织平稳期，但会因为不同的组织管理危机打破平稳状态。在组织的发展中，企业发展规模、稳定期长短、改革时期等因素都会与企业发展产生互动影响。爱迪思的“十阶段论”模型是比较完备和成熟的，他将企业的生命作为研究对象，分析了企业在不同阶段遇到的问题，并提出了相应的对策建议，对企业的发展具有深刻的实践意义。在此基础上，国内研究也得到了一定的发展。我国学者陈佳贷等认为，企业以企业的规模大小、成长过程为划分生命周期的标准，则可以分为以下五个阶段，包括求生存、高速发展、成熟、衰退和蜕变。周三多、邹统纤从企业经营战略的角度将企业成长过程划分为专业化、多元化和归核化三个阶段。李业通过关注企业营业额的变化情况，将企业的生命周期划分为初生、成长、成熟和衰退。韩福荣等学者又于 2002 年提出了基于灵活性、可控性和企业规模的“三阶段论”生命周期模型。

三、企业生命周期归因论

归因论试图对企业生命周期的决定因素进行挖掘，希望能够帮助企业延长生命周期。早期研究以技术、产品生命周期为依据，探寻企业生命周期与产品生命周期二者间的内在联系。20 世纪 90 年代，在大量的研究成果中，有两个框架对后世影响较大。第一个是由高哈特和凯利提出的“十二大生物法人系统”分析框架，将企业视为具有十二个染色体的“生物法人”，企业为了持续健康发展，就必须使这十二个染色体共同蜕变。第二个是提出企业的主要领导者对企业生命周期会产生重要影响。汉布瑞克通过对总裁任职期间其领导力的变化规律和成因进行研究，提出了授命上任、探索改革、形成风格、全面强化、僵化阻碍的“五阶段论”模型。

四、企业生命周期对策论

对策论是通过以企业的竞争对手为参照依据，对企业的成长状况进行研究，从系统动力学的视角，去分析企业如何能获得成长的优势。德赫斯所著的《长寿公司》一书是对策论研究的代表作，他认为成功的企业都具有以下共同点：一是在财政上的包容与保守；二是具有较强的凝聚力和认同感；三是能够对外界环境的变化及时采取应对措施。企业要想获得长足的发展，就必须协调组织的价值观与员工的价值观，将对物质资本的注意力转移到人力资本上。我国学者乔龙宝也从系统的角度提出企业系统的整体能力会对企业生命周期产生制约或者推动的影响。企业在不同的生命周期，其所具备的整体能力也不尽相同。为了能够保证企业持续发展，应该在不同的生命周期内建立与之相适应的系统能力，并根据发展需求不断地调节和完善自身整体的系统能力。

通过上述梳理总结，可以看出上述阐释的企业发展理论流派，本着共同的主旨，探究和解释企业为什么能够实现不断成长和发展，只是立足于不同的视角或侧面，按照既有的逻辑主线来描述或推演，具有不同程度的解释力和科学性。整体从运行层面看，企业成长的过程就是一个实力上升的过程。无外乎内在素质的提升、外部价值的优化，从而凭借有效的商业模式、企业战略及组合策略等，赢得市场竞争并实现企业的可持续发展。

第三章　企业发展的经济学阐释

企业是社会生产关系的表现形式，用经济学的有关理论对企业发展进行解释，能够帮助我们从资源稀缺性、配置效率角度理解企业的产生。在经济学的有关理论中，契约理论对企业为什么产生、如何发展等关键问题作出了回答。

契约（Contract）在法律意义上是指当事人双方基于共同意思表示而成立的法律行为。在现实生活中，我们通常将其称为合同或者协议，但契约比合同具有更加宽泛的意义。从时间上看，契约可以分为短期契约和长期契约；从形式上看，契约可以分为正式契约和非正式契约；从性质上看，契约可以分为显性契约和隐性契约。从另一个比较狭义的角度看，可以认为一切的商品交易和劳动皆是契约。比如，乘客购买了汽车票，乘客与汽运公司之间就形成了一个隐性的契约：乘客支付了费用，汽运公司按照规定时间将乘客安全送到目的地。而不同公司之间，如供应商与采购商签订的购货合同就是显性契约。从社会关系角度看，一切的法律、制度关系等都可以理解为契约关系。

契约理论是经济学的一个分支，科斯等试图运用契约理论来分析和解释现实中的一切商品交易和劳动行为，其目的在于运用契约设计出一套能够对人的行为进行约束的制度，从而实现经济学所追求的社会福利最大化。

第一节　基于契约理论的企业发展

新古典经济学的企业理论主要是从技术和市场角度对企业进行研究，将企业看作生产函数，是在技术和市场的约束下追求利润最大化。但是，该理论将企业看作一个在市场经济中完全有效的“黑匣子”。这一点导致新古典企业理论更多的是针对完全竞争状态下的企业，而且，该理论并没有涉及企业的内部组织方面。正是由于这种缺陷，经济学中出现了新的企业理论：契约理论、企业家理论、管理者理论。与新古典企业理论不同的是，这些理论都在试图回答企业是什么、如何产生、内外部的边界是什么以及企业怎样运作的问题。只是三种理论的侧重点不同，因此得出的结论也不同。

1937 年，科斯在其经典文章《企业的性质》一文中提出了契约理论，试图运用交易费用理论和代理理论解释企业存在的秘密。科斯认为，按照新古典经济学企业理论的观点，价格机制是市场经济的核心，也是影响市场中一切要素流动的因素。但在企业中，价格机制却经常失效。他认为，企业内部员工的流动更多的是源自管理者的命令，而非价格高低的影响。基于这一点，科斯认为企业是对市场的替代，换句话说，企业是对价格机制的替代。科斯进一步解释道，企业产生的原因是因为市场经济中存在交易成本，而企业这一经济组织能够通过契约的方式降低交易成本。简单地说，当企业的交易成本低于市场交易成本时，企业就会出现；当企业的内部交易成本低于与其他企业之间的交易成本时，企业就会选择拓展边际，纵向一体化便会实现。但是对于企业边界拓展问题，科斯并没有进行深入的研究，关于这一点，我们将在下一小节中提到。

科斯认为企业能够获得低于市场的交易成本。为了解释这一点，他进一步从搜寻成本、契约签订成本、契约执行成本和监督成本四方面进行了阐释。第一，科斯认为，企业能够提高信息效率。企业作为组织，能够集中收集大量的信息并对其进行有用的加工，提高对信息的运用效率，这种企业行为能够降低搜寻成本。第二，企业降低了契约的签订成本，和个体之间每进行一次交易便需要签订一次契约相比，企业内部某一生产要素的所有者可以通过与内部其他生产要素所有者签订一批契约的方式来节省逐个签订契约的成本。第三，降低了契约的监督成本，长期契约的存在，降低了要素所有者在跨期交易中的不确定性风险，这种相对有效的约束降低了契约的监督成本。第四，要素所有者以获得一定报酬的方式将要素的使用权让予企业家，并服从企业家的命令，这种长期性的不完全契约让企业家能够在环境发生变化时迅速地将不同要素分配到最具价值的方向，降低了契约的执行成本。

因为交易成本的存在，且企业的交易成本低于市场交易成本，企业代替了价格机制。如果没有其他的限制条件，从理论上企业可以实现无限的扩张并且完全替代市场，但现实却并非如此。原因就在于企业的交易成本并非永远低于市场交易成本，随着企业规模的扩张，企业内部交易成本也会相应增加，当内部交易成本等于市场交易成本时，企业就会达到它的规模边界，再继续进行扩张，内部交易成本大于外部交易成本，就会带来效率递减。因此，企业并非完全替代市场，而是与市场并存。

科斯提出契约理论后，学者们在研究过程中进一步将契约理论划分出了两个不同的理论：完全契约理论和不完全契约理论。在信息不对称的条件下，完全契约理论能够在短期内实现，而不完全契约理论则更适用于长期，不完全契约理论发挥作用的前提是产权制度的明晰。知名经济学家张五常以契约理论为起点，对契约与交易成本的关系以及产权如何在资源配置中起作用进行了深入研究。

张五常认为，契约实质上是对产权转让双方的行为约束，是在明晰产权的基础上，对产权转让过程中双方权利、义务、责任等的界定。不同的界定形成不同性质的产权，不同性质的产权产生不同的契约，不同的契约最终形成不同的交易成本。企业就是这些契约安排的最优形式，通过资产重组、内部分工协作最终降低了交易成本。另外，张五常认为企业并没有替代市场，只是劳动市场替代了中间产品市场。企业不仅减少了单次的交易成本，更通过减少交易次数而降低了总的交易成本，企业并没有替代交易，也不会消灭市场。

和新古典经济学所阐述的企业理论相比，契约理论的贡献之处在于，从一个全新的角度——交易关系角度对企业的性质、发展进行了阐释，从而解决了新古典经济学用技术和生产函数来解释企业的缺陷。但是，契约的建立是以当事人双方的平等为前提，该理论将企业中人员的同质性作为前提，但企业中的权力配给并不是因人员的经营能力差异而决定的，而是由其他因素决定的。在专业化经济的基础上，间接定价理论从外部角度用定价的难易程度考虑权力配给问题；资产专用理论用“非流动性”解释纵向一体化；团队生产理论则认为当团队生产的结果减去监督成本后依旧大于分别生产的结果总和，就会产生企业，因此，对契约后的机会主义行为的监督成本是企业规模的边界；代理理论则认为委托权的分配是契约建立的前提。由于不能阐释企业的权力配给问题，也就无法阐释资本家作为委托人、工人作为代理人的问题。此外，契约理论在对企业的阐释过程中忽视了企业的生产领域，造成企业在对决策问题和销售问题作出判断时是用交易成本而非生产成本进行分析，因此无法对企业怎样进行负债经营进行解释。所以，我们仍然需要从别的角度对企业发展问题进行讨论。

与用缔结契约来解释企业的产生和发展所不同的是，企业家理论和管理者理论将企业中的权力配给作为研究的重点。企业家理论试图从企业家精神、企业家职能两个角度对企业的权力配给作出解释，认为应该由企业家来引导企业。虽然奈特用不确定性和企业家精神对企业的产生和存在进行了分析，但奈特的见解存在一定的混乱性，并没有真正地揭示出企业家理论对企业发展的深刻内涵。企业管理者理论则将企业所有权和管理权的分离作为研究的出发点，认为管理者的管理目标和企业所有者要求的不同是企业发展的前提。但是，该理论依然存在较大的局限性，当企业的所有者在追求利润的同时，同样追求管理者所追求的权力、地位、声望等目标时，也就意味着管理者已经失去了他独立存在的意义。并且管理者理论对企业所有权和管理权分离的来源并没有进行解释，在企业内部人控制方面也没有跳出原本契约的范围。

正如奥列佛·哈特所言，新古典经济学所描述的企业只是现代企业的一幅漫画，契约理论试图从其他角度对企业的产生及发展作出解释，但从整个契约理论的发展来看，它依旧不能完全解释问题，只是它对新古典经济学中关于企业理论的部分解释进行了修正。

第二节　基于成本理论的企业生命周期理论

在上一小节中我们提到，科斯在对古典经济学关于企业的有关理论进行分析后认为古典经济学赖以分析的基础——市场，并非完美无缺。出于对成本的考虑和研究，科斯提出了交易成本理论，并认为企业是对市场价格机制的替代。遗憾的是，虽然科斯提出了这一重要的论断，但并没有对交易成本理论的具体内容进行进一步研究。威廉姆森等继承了科斯的交易成本理论，并对该理论的主要内容进行了阐释。

在整个交易成本理论演进的过程中，有两个问题是始终无法避开的，同时也是交易成本理论发展的根源：第一，企业在什么时候选择自身生产全部产品而满足其需要（一体化选择）？第二，企业在什么时候选择从市场购买相关产品满足其需要？这两个问题被后人表述为科斯之谜。研究者们将这两个问题进一步解释为：企业为什么会在市场中存在以及为什么企业的边界不能太大？科斯始终认为，通过市场进行交易产生的交易成本与通过组织进行交易产生的交易成本是存在差异的，这种差异也是人们决定运用市场完成部分交易和运用企业完成另一部分交易的根源。到目前为止，交易成本理论的研究始终以不同类型交易中的成本分析为基本点，不同研究者皆是围绕着这两个基本问题开展研究的。

交易成本理论的基本内容：20 世纪 70 年代，威廉姆森对交易成本理论的主要内容进行了解释：威廉姆森以“理性人”假设、资产专用性假设为前提，对交易成本理论进行了发展，建立了现代企业理论的基本雏形。在物理学中，物体的运动间存在摩擦力现象，经济学家将市场、企业的交易成本比喻为经济组织运行的摩擦力，并认为交易成本区别于生产成本，是整个经济组织的整体运行成本。威廉姆森发展了这一观点，并对交易成本的组成部分进行了说明。威廉姆森认为经济组织的运行是由不同的交易活动来维持运转的。建立契约是交易双方保证交易有效完成的前提，为了完成交易活动，交易双方需要建立不同的契约，即企业内外部的各种交易合同。在契约建立过程中，就不可避免地会产生必需的费用。首先，在契约建立之前，契约双方需要针对合同进行信息搜集、整理、起草、谈判等一系列前期活动，这部分活动会产生一系列必要费用；其次，在合同签订过程中，契约双方需要对合同内容进行审查、修改、补充等，该部分也会产生一系列费用；最后，在合同签订后的执行过程中，为了保证契约的有效和顺利实施，契约双方需要付出一定的承诺费用和执行成本。虽然威廉姆森对交易成本的基本内容进行了说明，但关于交易成本如何量化的问题，威廉姆森并没有作出更多的解释。而交易成本如何计量，是该理论难以说明的一个难点。从交易成本的基本内容中可以发现，该理论注重的是不同类型成本之间的比较，并且认为这种比较是对成本差异程度的比较，而非对数量的比较。因此，威廉姆森认为可以通过成本比较的方法降低交易成本在计量方面的困难。但显然，这种说法具有一定的局限性。在企业中无法确定交易的成本，也就意味着无法准确地对成本进行计量，从而对不同成本进行比较。因此，威廉姆森只能通过比较的方法来解释交易成本的计量问题。

在上一章中我们对企业生命周期理论进行了阐释和说明，企业生命周期理论通过仿生学的观点将企业比作如同生物一般具有孕育期、婴儿期、学步期、青春期、盛年期、稳定期、贵族期、官僚初期、官僚期以及死亡期十个阶段。从生物的角度，这十个阶段对生物而言是不可逆的，生物只能从上一个阶段进入下一个阶段，这是自然规律。但对企业而言，在某种程度上各个阶段之间的关系是不存在必须替代的可能的，企业可以通过持续性创新和组织内部变革等手段延续它在某一阶段的存续时间，甚至可以通过这种持续性的创新活动达到从当前阶段到上一阶段的逆转，实现“返老还童”。现实中存在的这种现象与企业生命周期理论认为的这种解释为企业可持续性发展提供了一种思路。但是，企业在什么时候进行组织变革，或者说企业在生命周期的某个阶段中的什么时候进行创新能够实现这种逆向生长？这个问题生命周期理论并没有作出解释，为了解释这一过程，我们便需要从经济学的角度，将交易成本理论引入企业生命周期理论中，用于解释这一问题。

交易成本理论指出了企业是市场交易成本的产物，并且企业之所以存在是因为具有低于市场的交易成本。企业的交易成本由内部交易成本和外部交易成本两部分组成。当企业的内部交易成本大于外部交易成本时，企业的生存和发展就会受到威胁。从这一点出发，引入企业生命周期理论，就可以解释企业在生命周期中为什么会从一个阶段进入下一阶段。原因在于，当企业在某一阶段中的内部交易成本大于外部交易成本时，企业便会从当前阶段进入下一阶段。因此，企业“永葆青春、逆向生长”的秘密就在于努力让企业在当前阶段中的内部交易成本低于外部交易成本。在这种条件下，企业至少可以延长在当前阶段的存续期，甚至可以实现逆向生长。因此可以得出结论：企业的生命周期实际上就是企业存续期间的交易成本和外部的市场交易成本在不同时间段的比较，这种生命阶段以内部交易成本是否低于外部交易成本为划分依据，具体表现为企业的建立、壮大、成熟、消亡。

虽然用交易成本理论对企业生命周期理论中各阶段的关系和联系以及转化能够作出解释，但企业怎样保持在当前阶段中的内部交易成本低于外部交易成本依然是一个现实问题，解决这一问题的关键就在于企业的持续性创新和变革。

创新是企业保持动力的源泉，当企业陷入相对封闭的环境、内部创新动力不足时，企业的内部交易成本便会增加，当内部交易成本超过外部交易成本时，企业就会走向衰败。企业创新具有多种思路，如组织创新、管理创新、产品创新等，但这些职能创新活动的背后，支撑企业进行持续性创新的重要一点在于企业家的创新精神。企业家是企业的领头羊，也是企业的灵魂人物。一个充满创新精神、具有创新动力和勇气的企业家，往往会带领企业进行持续性创新，在不断创新的过程中实现企业的更好发展，不断降低企业的内部交易成本。

此外，组织变革也是企业降低内部交易成本的一种方式，而且组织变革对企业而言其范围更加广泛。企业不仅可以通过制度变革、结构变革等手段进行企业再造，也可以通过实现规模经济、一体化行动来实现组织的扩张和重塑。在交易成本理论看来，进行一体化、实现产业链延伸是降低不同企业间交易成本、满足自身发展需要的重要途径，现实中，规模经济和企业一体化也是众多企业的实际选择。

第三节　基于规模经济的企业一体化成长理论

在区域经济学中，认为经济的发展有三个阶段：规模经济、聚集经济、范围经济。区域经济学中所讲的规模经济实际上是一种工厂规模经济，即企业可以通过扩大生产规模、增加产品数量来降低产品生产的成本，从而实现企业的扩张。而聚集经济则更接近于交易成本理论中所讲的规模经济和企业一体化选择。

在前文中，我们提到交易成本理论对企业的规模经济和一体化成长具有影响。本章的一个核心内容便是交易成本是企业产生的原因，并且在前文我们从契约的角度对为什么企业具有低于市场的交易成本进行了解释，现在，我们将目光转向企业内部。从企业角度，当企业签订了一系列契约后，企业会运用什么样的方法来降低交易成本？对这一个问题的解释，对于企业是否选择规模化和一体化具有重要意义。在企业内部，降低交易成本的有效手段是企业用行政管理的方式实现交易的内部化。因为有已建立契约的存在，企业不再需要频繁地建立契约来完成交易，而内部化交易的效率在一定时期内明显要高于外部效率，这便为企业节省了交易成本。因此，企业这一内部化举措对一体化选择的借鉴之处就在于，只要企业的内部管理费用低于市场交易成本，企业就存在继续扩张的可能性。这种扩张可以是规模扩张，也可以是一体化，但一般企业为了持续性发展往往会选择一体化。当两个或两个以上数量企业的交易活动由一个企业来完成时，最终完成这些所有交易的企业便已经具有了一体化的实质。而它之所以会选择一体化，是因为在进行综合评判后认为实现交易活动内部化后增加的内部管理成本会低于它节省的市场交易成本。内部管理成本与市场交易成本在不同阶段的相互比较就是企业是否选择一体化的标准。而企业的每一步一体化选择都是其实现规模经济的体现。

因此，规模经济和企业一体化选择都取决于企业的内外部交易成本。首先，企业愿意实现规模经济的原因在于企业的内部管理成本低于市场交易成本。当企业的内部交易成本始终低于市场交易成本时，从理论上企业是可以实现无限的规模扩张的，从而也可以引申为企业的规模范围可以无限大。但在现实中这种情况是不存在的，原因在于，企业在实现规模经济的过程中，企业的规模越大，其企业的内部交易成本就会越高，内部交易成本所产生的效益是递减的。因此，内部交易成本产生的效益递减至零时，也意味着企业内部交易成本等于市场交易成本，此时的企业规模就达到了它最终的边界，再进行规模扩张，其内部交易成本便会高于市场交易成本，这种再继续的规模扩张是无效率的，反而会威胁企业的发展。

企业一体化选择的经济学解释也在于交易成本，企业一体化选择的实质是交易成本的内部化。在企业一体化选择中，有两种一体化选择：一种是横向一体化，另一种是纵向一体化。横向一体化可以理解为是一家企业对另一家同质企业的并购，通过横向一体化选择为企业带来的是工厂规模经济的扩张。而纵向一体化则是企业延长产业链，更符合交易成本理论解释的企业一体化。如果企业实现内部化后的管理成本低于不同企业的交易成本，则该企业就存在扩张企业边界的可能性，企业的纵向一体化就有可能实现。

内外部不同交易成本的差异是企业进行一体化选择的原因，如果从市场角度出发，是否能够为企业的一体化选择提供有力的支撑？答案是存在的。新古典经济学中认为市场存在失灵，科斯也曾指出，当市场的交易成本为零时，市场对资源的配置是完全有效的。但在现实中，交易成本不可能为零，也就意味着市场不能完全有效地配置资源，即市场存在外部性问题。威廉姆森正是基于这一点，对企业纵向一体化产生的原因进行了解释。首先，威廉姆森从完全静态市场的视角切入，当市场存在外部性时，则意味着存在垄断，垄断双方会在商品的价格和数量上进行讨价还价，他们双方能够用契约来保证自己的收益，但此时契约只能规定双方交易的数量，而进一步的交易条件仍然需要进行商量。这也意味着，只要垄断双方存在利益，谈判就在所难免，而昂贵的谈判成本对双方的共同利益而言是一种损害。为了避免这种情况的发生，并尽可能地降低谈判成本，签订长期性的契约或者实现纵向一体化便成为双方的两种选择。而在完全静态的市场中，选择签订长期契约或是实现纵向一体化，对双方企业而言，孰是孰非并不能得出确切的定论。因此，需要对完全静态市场增加其他的必要条件，这样既能够解释选择纵向一体化的原因，又更加符合市场的现实状况。威廉姆森增加了环境的不确定性因素，包括不完备契约造成的前期不确定性和战略性失误导致的后期不确定性。不完备契约的存在具有两方面原因：第一，未来环境的不确定性；第二，人的有限理性。由于未来环境的不确定性和人的有限理性，人不可能在签订契约时对未来可能发生的一切情况做到充分考虑。因此，也就无法在契约签订过程中对未来的情况做到完备的准备。有了不完备契约这一前提，交易双方便有了三种选择方式：长期契约、短期契约、纵向一体化。威廉姆森指出人存在机会主义，这让签订长期契约变得极为困难，因为为了防止契约签订后人的机会主义行为，就必须在签订契约过程中充分考虑任何可能发生的情况并对此界定清楚，而这一行为的成本是极其昂贵的，也是不可行的。签订长期契约的代价过高，短期契约似乎是一种不错的选择。但事实上，由于资产专用性的存在，以及如果契约的最初获得者在成本上具有优势，短期契约在实现过程中便会有很多限制。因此，实现纵向一体化便成为企业的最终选择。而纵向一体化相对于长期契约和短期契约来看，对企业而言可能是一个折中的不错选择。实现纵向一体化，能够帮助企业用内部手段来解决掉契约建立过程中的成本差异问题，并且能够降低人的机会主义风险。其次，在对不确定性的控制方面，纵向一体化能够帮助企业增强对战略失误的控制，增强企业的自主选择性。

纵向一体化可以进一步分为前向一体化和后向一体化。从交易成本理论的角度考虑，无论是企业实现前向一体化或是后向一体化，只要企业一体化后的内部交易成本低于市场交易成本，企业进行一体化选择就是有利的。但需要注意的是，虽然交易成本理论对企业为什么实现规模经济和进行企业一体化选择的原因进行了解释，但规模经济和企业一体化选择并不是任何企业都可以采用并且一定能够取得成功的法宝。规模经济和企业一体化作用的实现更多地依赖于企业完成有关行为后的经营和管理者的能力。如果企业当前的经营者和管理者具备良好素质，可以在企业实现规模扩张和一体化后有效地管理企业，规模经济和一体化对企业而言无疑是有利的选择。但如果经营者和管理者并不具备这种能力，在进行有关操作后，可能反而会大大增加企业的内部交易成本，从而造成“规模不经济”。

第四章 企业发展的管理学阐释

企业发展是企业理论研究和管理实践的核心问题，企业发展理论是管理理论研究的重要成果。尽管企业发展的相关理论的研究众多，但是管理学界对其的研究仍然没有达到统一。研究企业发展的学者众多，成果颇丰，并形成了一系列重要的理论论述。其中主流的、被广泛接受和运用的理论有以下三类：以马歇尔为代表的新古典经济理论、以科斯为代表的契约理论和企业能力理论。不难看出，这些理论都试图从经济学的研究角度去解释这一核心的管理学问题。但管理学问题和经济学研究范式在方法运用、思维模式和研究思路的不同，导致了这些理论都不能从根本上破解企业发展问题。这三种主流理论的研究者总是尝试着将管理问题统统纳入经济体系研究之中，认为管理问题都可以运用经济学的原理进行解释，没有立足于企业管理的角度去考虑，只是作为微观的经济个体来考量。对企业的研究，新古典经济理论试图构建完整的社会经济循环体系；契约理论试图解释市场与企业的区别；能力理论试图从生物演化的视角阐述经济组织的存在过程[①]。

管理问题要从管理角度出发，运用管理思维，使用管理学研究方法，遵循管理学研究范式，才能真正认识管理问题，解决管理问题。企业的经营和管理者一直身处企业经营管理活动中，是真正了解企业的人，能够真正洞悉企业存在的问题。他们对企业发展问题的研究使用的是整体思维和

① 徐全军，赵卫峰．企业核心问题与企业理论的发展——从管理学视角探讨[J]．天津大学学报(社会科学版)，2011(1)：7－10．DOI：10.3969/j.issn.1008－4339.2011.01.002.

经验意识，而非逻辑推理。他们会综合考虑企业经营过程中面临的复杂环境，尽可能还原管理的真实场景，最终找到满意的方案，而非基于假设的理论推演。管理学者往往置身于企业之外，拥有着专业的知识和技能，能够为解决问题提出方法，但是缺少对企业管理的真实感知。当他们遇到管理学问题的时候，会运用相关的理论、知识和技能，把知识和理论放在首位，完全遵循科学的逻辑推演，进行理论上的假设，最终寻求最优化的解决方案①。因此，在研究企业发展过程中，既要用研究者的思维，又要有管理者的经验，将二者相结合才能看清楚企业发展的本质问题。

尽管经济理论或者说主流理论为我们以往的研究提供了许多用来研究企业发展的工具和方法，但是本章我们将从管理研究的角度来阐释企业发展。我们知道，管理是通过协调和监督他人的活动，有效率和有效果地完成工作②。对于企业来讲，管理学理论就是企业发展的基本遵循和原则指导。若没有科学的管理理论作为指导，企业必将在发展中迷失航向。然而，现代管理理论众多学派并存，从不同角度对管理理论进行了卓有成效的探讨，进而为企业发展提供了科学的指导。人们用“管理理论丛林”来形容现代管理理论发展的盛况。经过上百年的发展，管理理论实现了百花齐放、百舸争流。不同的管理研究者从不同的角度提出了相应的管理理论，并形成相关流派。1961 年 12 月，哈洛德·孔茨的《管理理论的丛林》一文正式发表。该文首次系统梳理了当时存在的各种管理理论，并总结出了六个主要的学派，为后来的管理和理论发展提供了方向。1980 年，他又发表了《再论管理理论的丛林》一文，他在前面研究的基础上提出了管理学理论研究已经发展到了十一个学派。本章将从行为科学学派、决策理论学派和经验主义学派这三个具有代表性的学派来阐释这些理论在企业发展中的应用。

① 徐全军，赵卫峰．企业核心问题与企业理论的发展——从管理学视角探讨[J]．天津大学学报(社会科学版)，2011，(1)：7－10．DOI：10.3969/j.issn.1008－4339.2011.01.002．

② [美]斯蒂芬·P．罗宾斯，玛丽·库尔特．管理学：第9版[M]．孙健敏，等，译．北京：中国人民大学出版社，2008．

第一节　行为科学学派

行为科学学派的理论基础来源于梅奥（George Eltom Mayo）[①] 的人际关系学说，其研究的对象是人的行为及其产生的原因。该学派主要的代表人物及理论有：马斯洛的需要层次理论、赫兹伯格的双因素理论、麦格雷戈的“X 理论－Y 理论”。[②] 行为科学主张人的行为都是具有规律性的，所有人的行为都是可以用一般规律来解释的。它强调对人行为的观察、归纳和总结，并进行研究分析，用来揭示人的行为选择。行为科学提出人的行为的一般规律是：需求—动机—行为。简单地说，就是每个人的行为背后都有特定的需求主张，并由此引发个体的行为动机，进而产生行为选择。通俗来讲，个体的行为一定与目标需求相关，只有具有特定的目标需求，才会引起行动的欲望和动机，再进一步为此目标作出相应的行动，实现需求的满足。同时，基于马斯洛的需求层次理论，每个人可能同时具备几种需求，每个人当前的需求在满足后又会产生新的需求，进而再次引发新的动机而产生新的行为。这个过程是伴随着人的一生的，需求层次也是不断递增的。这正如马克思所说：“人们奋斗所争取的一切都同他们的利益有关[③]。”

关于行为科学学派的产生要追溯到 20 世纪 30 年代左右第一次世界性的经济危机，当时全球经济处于严重萧条的状态。在此之前，古典管理理论的倡导者泰罗、法约尔、韦伯等致力于提高劳动生产率，强调劳动效率的重要性，运用各种办法提高劳动效率，以此来帮助企业主获取更多的经济利益。这种理论的确帮助企业主取得了更大的经济效益，但是由于一味地追求效率，工人被当成了机器，工作强度骤升。因此引起了工人及工会组织的抗议，并爆发了一次次的罢工行动，使得企业主及统治阶级开始寻

① 乔治·埃尔顿·梅奥（George Elton Mayo，1880—1949 年），美国人，行为科学的奠基人。

② 周三多. 管理学原理：第五版［M］. 上海：复旦大学出版社，2008：65－76.

③ ［德］马克思，恩格斯. 马克思恩格斯选集：第 1 卷［M］. 北京：人民出版社，1974：82.

求更为适用的管理方法，达到重新控制工作、提升生产效率并获得持续利润的目的。为了解决这一问题，管理学研究者们开始寻求从企业的微观层面和员工的个体层面来寻找办法。在这样的背景下，行为科学理论及学派出现，并进入企业主和统治阶层的视线，成为解决当时存在的问题的良药。行为科学学派从心理学、社会学角度出发，侧重研究个体需求、行为、团体行为、组织行为和激励、领导方式等，认为人不仅仅是"经济人"，同时还是"社会人"，倡导人本的管理理念，主张人的价值。该学派的研究第一次真正确立了人在生产经营过程中的核心地位，将对人的管理提升到所有管理对象中最重要的地位，开创了管理理论中的人本主义潮流，引发了许多全新的管理观念和方法。① 行为科学学派对人的重视为现代管理理论的各种人本主义学派的研究奠定了基础，为解决当时生产力问题提供了解决的办法，为促进生产力提供了强大的理论武器，更加缓和了员工与企业主这一对内部矛盾。

正是基于行为科学学派的产生，工人们开始觉醒，"科学管理"的方法不能改变工人与资本家之间的矛盾。这一时期，泰罗基于科学管理的定额奖惩法也无法平息工人的各种运动和罢工活动，工人们的人本意识已经完全被激活。工人开始要求适量的工作时间、良好的工作环境和相对等的工作待遇。此时，生存需求已经不再是工人们的目标，寻求更好的工作环境更为重要。这也催生资本家们开始重新重视工人的需求，重视工人的价值，"经济人"的假设似乎失效了。资本家的转变直接导致了当时社会对"经济人"假设的质疑和批判，"经济人"的假设无法解释工人的这种现象。在此情境下，众多来自各个领域的学者开始研究新的管理理论，企图寻找新的理论来解释这一现象，并缓解工人与资本家的矛盾。因此，以"社会人"为人性假设的行为科学理论就此产生，并直接奠定了后来管理理论的基础。从历史发展来看，行为科学理论的产生是在生产力发展和社

① Xie Y., Naguib M., Mochalin V. N., et al. Role of Surface Structure on Li – Ion Energy Storage Capacity of Two – Dimensional Transition – Metal Carbides[J]. *Journal of the American Chemical Society*, 2014, 136(17):6385 – 6394.

会矛盾发展到一定阶段的必然结果，同时也是管理思想发展的必然阶段。①

行为科学学派相比较传统古典管理理论最大的转变有两点：一是管理对象的转变。古典管理理论是对工作的管理，其重点是生产工艺的效率最大化、生产系统的最优化、管理组织的标准化和经济利益最大化。这一切都是建立在明确细致的工作分工上，工人需要极度熟练并且不许创造和思考，就像机器一样重复做一样工作，一切以效率为王。与这种忽视人性的管理方式相比，行为科学则将人摆在首要位置，一切都要以人为中心进行设计，强调人的创造性和主动性，人力资源凌驾于一切其他资源之上。辅助以人文关怀和管理激励，管理者就可以能够准确把握对人的行为的预测，采用科学的方法对人的行为进行激励，并积极引导，在激励中完成组织目标，并通过对人的行为的有效控制，达到对事和物的有效控制，从而实现管理的预期目标。② 二是管理方法的转变。在传统的严格的监督管理带来工人反抗以后，随着行为科学学派的研究进入资本家的视野，对工人的管理方法也转向人性化管理，以激励为主、制度为辅。古典管理理论的严格约束管理，强调自上而下的严格的权力和规章制度的作用，是造成工人们产生对立情绪、引起工人罢工的主要原因。行为科学研究学者关注到了这一点，开始重视人与工作之间的关系连接，关注工人的情绪反应、情感需求和现实需要，主动引导激发员工的积极性和创造性，尊重工人人格和个性，因此被工人广泛接受。与此相对应，企业界提出了“以职工为中心的”“弹性的”管理方法，出现了“参与管理”“目标管理”“工作内容丰富化”等各种新的管理方式。③

一、需求层次理论

需求层次理论是行为科学学派中应用最为广泛的理论，是美国心理学

---

① Khazaei M., Arai M., Sasaki T., et al. Novel Electronic and Magnetic Properties of Two - Dimensional Transition Metal Carbides and Nitrides [J]. *Advanced Functional Materials*, 2013, 23 (17): 2185 - 2192.

② 管理思想发展的新阶段(上). 中国人事科学研究网, www. rky. org. cn.

③ 管理思想发展的新阶段(上). 中国人事科学研究网, www. rky. org. cn.

家亚伯拉罕·马斯洛于1943年在《人类激励理论》的论文中所提出的一种激励模式理论。该理论主要论点有：人的需求取决于他已经得到什么、尚缺少什么，只有尚未满足的需求能够影响行为；人的需求都有轻重层次之分，某一层需求得到满足后，另一个需要才出现。组织对个体需求的不断满足的同时也推动着组织的运行和成长，从这个意义上说，需求层次理论从企业员工的个体需求满足的视角阐释企业成长，而且是从较为内生的视角解析。

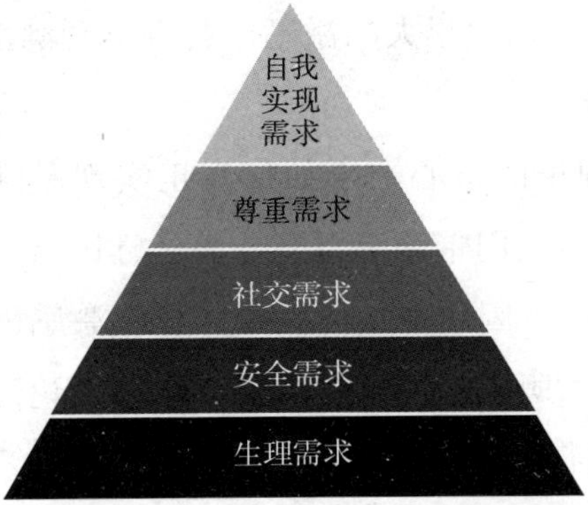

图4－1　需求层次理论

该理论将需求分为五种，像阶梯一样从低到高，按层次逐级递升，分别为：生理上的需求、安全上的需求、情感和归属的需求、尊重的需求、自我实现的需求。但这种次序不是完全固定的，可以变化，也有种种例外情况。有时候同一时间也存在两种及两种以上的需求。依次由较低层次到较高层次，从企业经营消费者满意（CS）战略的角度来看，每一个需求层次上的消费者对产品的要求都不一样，即不同的产品满足不同的需求层次。将营销方法建立在消费者需求的基础之上考虑，不同的需求即产生不同的营销手段。

二、双因素理论

双因素理论又称激励保健理论（Motivator－Hygiene Theory），由美国心理学家赫兹伯格于1959年提出。他把企业中有关因素分为两种，即满意因素和不满意因素；满意因素是指可以使人得到满足和激励的因素，不满意因素是指容易产生意见和消极行为的因素，即保健因素。他认为这两种因素是影响员工绩效的主要因素。保健因素的内容包括公司的政策与管理、监督、工资、同事关系和工作条件等。这些因素都是工作以外的因素，如果满足这些因素，能消除不满情绪、维持原有的工作效率，但不能激励人们更积极的行为。激励因素与工作本身或工作内容有关，包括成就、赞赏、工作本身的意义及挑战性、责任感、晋升、发展等。这些因素如果得到满足，可以使人产生很大的激励，若得不到满足，也不会像保健因素那样产生不满情绪。

赫茨伯格双因素理论的核心在于如何真正实现激励的目的，他认为“只有激励因素才能够给人们带来满意感，而保健因素只能消除人们的不满，但不会带来满意感”。因此，如何认定与分析激励因素和保健因素并“因材施政”才是关键。所以，将赫茨伯格双因素理论运用于管理，首先在于对存在的各因素进行质的分析与划分，明确或创造出保健与激励因素两部分；其次再进行量的分析与划分，既保障保健因素的基本满足程度，又尽量地加大激励因素的成分，从而最终由此最大限度地激发员工工作的积极主动性。

三、X－Y 理论

X－Y 理论（Theory X－Theory Y）主要是对人性的根本性理解，是对人性的假设。道斯·麦格里格（Douglas McGregor）指出，每个管理决策和管理措施的背后，都有一种人性假设，这些假设影响乃至决定着管理决策和措施的制定以及效果。这是一对基于两种完全相反假设的理论，X 理论认为人们有消极的工作源动力，而 Y 理论则认为人们有积极的工作源动力。

X 理论假设：一般人的本性是懒惰的，工作越少越好，可能的话会逃避工作。一般人缺少进取心，只有在指导下才愿意接受工作，因此管理者需要对他们施加压力。持 X 理论的管理者会趋向于设定严格的规章制度，以减低员工对工作的消极性。

Y 理论假设：工作是很自然的事，大部分人并不抗拒工作。即使没有外界的压力和处罚的威胁，他们一样会努力工作以期达到目的。人们具有自我调节和自我监督的能力，人们愿意为集体的目标而努力，在工作上会尽最大的努力，以发挥创造力、才智。人们希望在工作上获得认同感，会自觉遵守规定。在适当的条件下，人们愿意接受工作上的责任，并会寻求更大的责任。许多人具有相当高的创新能力去解决问题。在大多数的机构里面，人们的才智并没有得到充分发挥。持 Y 理论的管理者主张用人性激发的管理，使个人目标和组织目标一致，会趋向于对员工授予更大的权力，让员工有更大的发挥机会，以激发员工对工作的积极性。

日本学者威廉·大内在比较了日本企业和美国企业的不同的管理特点之后，参照 X 理论和 Y 理论，提出了所谓 Z 理论，将日本的企业文化管理加以归纳。Z 理论强调管理中的文化特性，主要由信任、微妙性和亲密性所组成。根据这种理论，管理者要对员工表示信任，而信任可以激励员工以真诚的态度对待企业、对待同事，为企业而忠心耿耿地工作。Z 理论将东方国度中的人文感情揉进了管理理论，是对 X 理论和 Y 理论的一种补充和完善。

超 Y 理论是 1970 年由美国管理心理学家约翰—莫尔斯（J. J. Morse）和杰伊—洛希（J. W. Lorscn）根据“复杂人”的假定，提出的一种新的管理理论。该理论认为，没有什么一成不变的、普遍适用的最佳的管理方式，必须根据组织内外环境自变量和管理思想及管理技术等因变量之间的函数关系，灵活地采取相应的管理措施，管理方式要适合工作性质、成员素质等。超 Y 理论是一种主张权宜应变的经营管理理论，实质上是要求将工作、组织、个人、环境等因素作最佳的配合。

上述的行为科学学派所主张的行为科学理论均体现“以人为中心”的管理思想，肯定了人的复杂性和社会性，明确了人在组织和企业发展中的核心地位。行为决策学派的观点认为，比起组织中硬性的规章制度，组织中人的行为更能决定工作效率和组织绩效。同时，行为学派除关注组织中人的经济需求外，更加注重人的精神需要和人性的满足，认为情感激励等因素比单纯的经济激励更为有效。这些观点及理论为企业发展提供了全新的理论支撑，也在更大程度上解放和发展了人的创造力。

从当前的管理实践来看，行为科学学派强调的是更加符合人力资源管理和开发，对现代企业的成长和发展具有非常大的影响。其对经济社会最大的贡献就是促进了人力资源管理开发和实践，解放和发展了生产力。行为科学理论被广泛地应用于现代企业的人力资源管理之中，研究行为科学理论对于现代企业人力资源管理具有很现实的意义。同时，对于激发员工工作的积极性、改善和协调组织成员之间的关系、增强组织成员的凝聚力和向心力、提高企业劳动生产率和组织绩效，都起到了积极的指导作用。因此，现代的企业发展离不开行为科学学派。

英国著名管理学家罗杰·福尔克所说："管理的本质就是人的问题"，只有搞好了人的管理才是管理的核心。行为科学学派对于组织问题的研究引发了管理哲学的深刻变革，使得组织管理方式由独裁式的、监督式的、控制式的管理方式，向参与式的、激励性的、人性化的管理方式转变。该学派提出的相关理论也相继成为后来现代企业发展的理论基础。现代企业发展过程中所倡导的人性管理、人文关怀、企业文化、激励等都是由此而来。因此，我们可以说行为科学学派让现代企业发展由"野蛮生长"走向了"文明发育"的时代。

第二节　决策理论学派

决策理论学派（Decision Theory School）是在第二次世界大战之后发展起来的，以社会系统论为基础，吸收了行为科学和系统论的观点，是运用电子计算机技术和运筹学的方法而形成的一门新兴的管理学派。该学派主要强调管理决策可以运用科学的计算方法来获取最优解，并系统地提出了解决的办法。该学派的主要代表人物有赫伯特·西蒙（Herbent Simon）、詹姆斯·马奇（James G. March），其核心理论是赫伯特·西蒙提出的决策理论。[①] 在管理理论丛林中是一个很有影响的管理学派，他们特别重视管理决策问题。

决策理论学派的核心观点是管理就是决策。该学派认为企业管理的重要职能就是决策，管理人员的决策水平决定着企业的发展成败。决策学派强调科学决策的重要性，倡导计划先行，管理者需要在任何作业开始之前都要先作决策，制订计划就是决策，组织、领导和控制也都离不开决策。决策过程包括四个阶段：前期搜集情报阶段、拟订计划阶段、选订计划阶段、评价计划阶段。这四个阶段中的每一个阶段本身就是一个复杂的决策过程。决策学派的决策过程最终目的是追求"最优化"方案，以科学量化的标准进行决策方案的选择，强调程序化的决策。[②] 程序化的决策方式对于管理者在管理实践中解决实际问题有着十分重要的作用，管理者不必纠结选择哪一种方案，也不用浪费时间和精力去分析和排除备选方案，极大地提高了决策的效率和科学性。[③]

决策理论的提出为组织的管理者赋予了一项新的职能，就是决策职能。西蒙提出决策是管理的职能，决策贯穿于组织活动全部过程，进而提出了"管理的核心是决策"的命题，而传统的管理学派是把决策职能纳入计划职能当中的。由于决策理论不仅适用于企业组织，而且适用于其他各种组织的管理，具有普遍的适用意义。因此，"决策是管理的职能"已得到管理学家普遍的承认。

西蒙决策理论的核心概念和前提是人的"有限理性"。西蒙认为，个体在进行决策时受到其知识水平、认知能力、个体经验和管理技能等诸多因素的影响，难以全面地进行决策分析，有限的认知决定了决策的结果可能存在局限性和主观性。西蒙利用一个著名的"蚂蚁"比喻，解释了人的有限理性带来的决策的有限性，仅凭个人的认知是无法寻找出最优的方

---

① 周三多. 管理学原理：第五版[M]. 上海：复旦大学出版社，2008：80－81.

② 管理学理论之决策理论学派. 中华励志网[EB/OL]. http://www.zhlzw.com.

③ 唐业富，刘艳菊. 浅议决策理论学派思想在企业管理实践中的作用[J]. 商情，2013(38)：223－223.

案，往往都只能在很有限的方案中进行选择。[①] 因此，行为主体只能容忍选择中的可行性局限进行决策。

虽然也存在不同的声音，孔茨就认为从管理学理论丛林来讲，决策理论算不上一个核心的理论，只是在管理决策环节具有作用，对管理理论研究来讲并不是重点[②]，只适合用来解决具体问题。而且管理是一种多因素交织在一起的复杂的社会现象，决策给管理者的支持作用并不大。然而，决策理论所倡导的在复杂环境下利用科学技术进行最优化选择的方法和思想毋庸置疑是有价值的。决策理论学派所倡导的现代决策技术，随着计算机技术的迅猛发展而得到了广泛的应用，尤其在进行结构化决策时所运用的计算机技术已经在企业中得到了令人满意的结果，如 AOS 系统 KWS 等。对于半结构化的决策系统，如 MIS、DSS 也取得了实质性的进展。虽然当前对于非结构化决策的研究还并不成熟，仍需要借助人来完成，但是利用科学手段进行决策已经成为现代企业管理中必不可少的一环。这些决策技术在企业中的应用，不仅提高了企业结构化决策的效率和质量，同时也提高了企业进行大量信息收集、分析、处理的能力。决策也为企业与外部资源连接提供了节点，有助于决策者借助外部资源进行更为有利的决策。

随着现代企业制度的完善和市场经济的发展成熟，决策的有效性成为决定企业发展的关键要素之一。当前世界经济环境复杂多变，企业都面临着极度复杂动荡的战略环境，企业要想在激烈的竞争中获胜，科学的管理、最优化的决策就成为生存的基础。科学、有效的管理决策在很大程度上决定着企业能否真正实现长久发展。而经营决策在企业发展中处于中心地位，经营决策正确与否关系着企业的兴衰存亡。所以决策理论学派的代表西蒙认为“管理就是决策”，决策贯穿于管理的全过程。[③]

当前，大数据时代的浪潮已经轰然而至，工业 4.0、“互联网 +”、物联网以及人工智能等基于大数据而兴起的概念和业态俨然已经成为时代发

① [美]赫伯特·A. 西蒙. 管理行为［M］. 杨砾，等，译. 北京：北京经济学院出版社，1988. 90.

② 郭成纲. 西方管理思想史［M］. 北京：经济管理出版社，2004.

③ 朱志军. 怎样才能做出满意的经营决策［J］. 中外企业家，2006（11）：46 – 49.

展的风向标。互联网、大数据已经成为企业获取经营信息和各类资源的主要渠道来源。数据已经成为这个时代企业争先抢夺的无可争议的战略资源，成为决定企业生存和持续发展的重要因素，更成为大数据时代企业获得优势的核心所依。维克托·迈尔·舍恩伯格在他的著作《大数据时代》[①]中提到，大数据的精髓在于我们分析信息时的“三个转变”。大数据时代这三个转变的特征也恰好符合决策理论“管理就是决策”的基本思想。

决策的核心是预测，而大数据的核心功能就在于提供预测的依据。把大数据用于企业决策就是在尽可能多的决策信息中运用计算方法来推测可能发生的最优的决策路径性选择。当前市场环境下，企业面临着迅速的变化和革新，数据更新的速度和信息更迭的速度都是难以想象的。在这种环境下，企业的管理和决策就更加需要动态化和信息化，运用大数据进行动态决策分析，选择最优的管理方案。长期以来，管理者依靠经验、理论和思想作决策。在大数据时代，直觉判断要让位于精准的数据分析。企业高管需要关注的是发现和提出正确的问题，而不用担心解决问题需要的数据缺失或者无法获取。也就是说，大数据使决策重心回到问题本身。大数据背景下，产品和服务的提供以及价值创造逐步走向社会化。主动引导用户参与产品的创意、设计、质量保证、市场推广、销售和客户关系管理等环节，根据与用户的互动改进产品和服务，以实现企业的快速发展。在这一过程中，一线员工和基层管理者的作用空前重要，他们是企业获得决策所需信息的基础。

大数据时代下，员工已经开始广泛参与组织决策，决策方式的改变、决策权的重新分配，都悄然改变着企业经营的文化氛围和管理结构。企业决策中最关键的问题就是哪些人可以进行决策、决策权有多大，这是决策的核心问题，也是组织管理结构中需要厘清的问题。随着组织结构越来越扁平化，企业中员工的参与程度和参与意愿越来越高，全员参与决策也成

① ［英］维克托·迈尔·舍恩伯格，肯尼思·库克. 大数据时代［M］. 杭州：浙江人民出版社，2013.

为一种可能，随着带来的是对已有决策权的冲击，需要组织进行相应的调整。①

组织通过大数据进行决策可以运用整合和分析来发现新的知识，整合新的资源，创造新的价值。同时，对企业来讲，更为重要的是大数据决策能够带来大知识、大科技、大利润和大发展②。对组织来讲，运用好大数据决策就是一个很好的机遇，反之将会被其他组织所吞噬。对于管理学研究来讲，前人的研究已经打开了一扇窗，借鉴已有的理论和思想基础，结合当前时代发展趋势，创造性地把经典管理学理论运用到企业管理实践中，是当前发展管理学理论的重要趋势。因此，借助当前大数据、互联网、人工智能等技术的发展，充分发挥决策理论的作用，将其运用到现实企业管理中，就显得更加具有时代意义。哪个企业能够科学地将决策理论与大数据相结合，那么必将能够在这个时代的企业竞争中占得先机。因此，我们可以说，决策理论学派在企业发展理论中是不可或缺的一极，它是企业发展的重要动力源泉。

决策理论学派所倡导的管理思想和管理方式从另一种角度为我们阐释了不同的管理思想对于企业发展的重要性。从传统的经验式管理到科学的决策过程和方法，科学管理研究的范式和思想成为企业发展的重要指导。未来，随着现代化企业的不断发展、科学技术的进步，决策理论将会成为企业发展的重要推动力。

第三节　经验主义学派

经验主义学派（又称为经理主义学派）以经理人的管理经验为核心资源，研究实际管理工作者的管理经验教训，以此向企业管理者提供经验和方法。该理论强调用其他成功的经验来解决现实问题，以案例为基本进行

① 马学忠，李世强．大数据时代决策理论在企业管理中的应用[J]．现代企业，2014(4)：8－9.

② Aral S.，Walker D. *Creating Social Contagion Through Viral Product Design：A Randomized Trial of Peer Influence in Networks*[M]．INFORMS，2011.

指导管理。经验主义学派的创始人是彼得·德鲁克（Peter F. Drucker），代表人物有欧内斯特·戴尔、艾尔弗雷德·斯隆等。这一学派认为，古典管理理论和行为科学都不能完全适应企业发展的实际需要，企业发展是一个权变的过程，固定的理论是很难完全匹配的，需要运用经验来解决。经验主义学派强调案例经验对实践的指导作用，认为管理者应该从本企业的实际出发，结合借鉴大企业已有的成功经验，选择适用于本企业的案例和方法，能够指导实践是最重要的，对实践经验的高度总结是经验主义学派的主要特点①。

经验主义学派的主要观点认为，只有经济企业才存在管理，管理的对象是一些提供经济服务的工商企业。真正的管理包括各种管理理论和实践原则，而企业的管理原则和经验是可以被移植和借鉴的，但是管理的技术、能力、经验不能被移植并应用到其他机构中去。对于企业而言，管理方法和原理具有适用性，管理的经验也具有普遍性和连续性，是在长期实践过程中积累而来，对企业而言是尤为宝贵的。相比较其科学的决策系统或程序，管理经验更加具有系统性、情境化和针对性。长期积累的管理经验虽然不是科学的计算公式，但是蕴含着普遍的价值原则和管理逻辑，是系统的知识集成。企业管理是一门学问，也是一项技术，它遵循着基本的管理逻辑，有着专门的管理决策运行机制，同时也有更多个人思想和知识的集成，是系统化的管理理念。德鲁克强调，管理的经验更重于理论的设定，其根本目的在于应用。

经验主义学派在长期发展过程中，逐渐为企业发展提供更多的现实的经验支撑，成为企业发展的重要理论和实践来源。经验主义学派抨击了方法至上的形式主义的管理研究，批评了传统管理学派不假思索地采取偏重于狭窄的归纳法的实证主义，强调经验的适用性和综合性。经验主义学派强调管理学者只有亲身经历才能真正理解管理真谛，不能单纯纸上谈兵，

---

①　郭咸纲. 西方管理思想史[M]. 北京：世界图书出版公司北京公司·后浪出版咨询（北京）有限责任公司，2010.

要重视已经发生案例的经验价值，重视成功企业经验的指导性。经验主义学派倡导的观点更加符合在复杂的动态关系中不断形成和再造管理的发展趋势，更加适用于复杂环境中的管理实践。该理论学派更加充分肯定了人的重要性，特别是企业管理者的重要作用，管理者在企业管理中的经验可以成为指导其他组织决策的基本遵循。经验主义还强调要把人的发展和企业发展结合起来，在企业发展和管理实践过程中培养企业家，积累企业家经验，这也是组织的重要目标①。基于此，经验学派提出了目标管理法，通过选择标杆企业、借鉴成功经验来进行自我管理，树立学习目标，这一方法成为最为广泛运用的方法。

经验主义学派在过去很长一段时间里都受到管理学家以及管理实践者的关注和应用，在现代企业发展中为企业管理实践提供了理论来源。但由于权变因素及不同时期组织面临的环境的复杂多样性，不同组织面临的内外部环境也不相同，这种没有经过科学提炼的实践案例和历史经验很难满足对复杂问题的解决。因此，在现代企业治理中，经验主义学派与企业发展的关系尚需辩证视之。

① 楼升凯．现代管理学经验主义学派简介[J]．中国集体经济，2009(1)．

第二篇

企业家精神篇

企业家在企业发展乃至经济社会发展中的作用一直受到理论界和实践部门的广泛关注。企业家精神又是企业家要素系统中的关键构成，尤其以2017年9月8日中共中央 国务院印发的《关于营造企业家健康成长环境弘扬优秀企业家精神更好发挥企业家作用的意见》为标志，对企业家精神的关注得到空前强化，这就要求从理论上阐明企业家精神的内涵和特质、要素本质，以及如何培养打造企业家精神等相关问题，这也是新时代中国特色企业发展理论的应有之义。

第五章　企业家精神的内涵与特质

在埃德蒙·菲尔普斯的《大繁荣》里，人们看到了这样一个事实：纵观人类发展的历史进程，我们可以发现这样一个现象，无论是在19世纪20年代的英国，还是在20世纪60年代的美国，都出现了社会繁荣的历史景象。追其原因，是因为社会上出现了最重要的一个驱动力量那就是“广泛的自主创新”，创新是驱动社会进步的真正力量。德鲁克也有着同样的观点，他说，“美国之所以可以持续繁荣，甚至超越了所有经济学家对美国经济周期的预测，最根本的原因在于美国出现了真正的企业家经济，一个经济史上最具深远意义和最鼓舞人心的事件”。从这句话中就可以看出德鲁克对企业家精神是促进社会进步、经济繁荣的根本原因这一观点的肯定和认可。所以，我们认为企业家精神对于一个社会来讲是非常宝贵和稀缺的资源，也是创新的原动力，更是推动经济发展、创造社会财富的重要驱动力。

第一节　企业家精神的内涵

一、企业家与企业家精神

想要深入探析企业家精神的内涵，就必须先要充分了解企业家精神的载体——企业家。最早为我们解答这一问题的是法国经济学家理查德·坎蒂隆（Richard Cantillon）。他认为企业家就是“按照固定价格买入，再按照不确定价格卖出的风险承担者”，坎蒂隆从实际操作的现象层面突出强调了企业家在商品买卖过程中的风险承担功能，并侧重阐述了企业家的盈利动机和赚取价格差的技能，在他看来这就是企业家的本质特征。最早赋予企业家突出地位的是法国著名经济学家让·巴蒂斯特·萨伊（Jean - BaptisteSay），他在《政治经济学概论》（1803）一书中，把企业家定义为“将所有的生产资料集中在一起，并对他所利用的全部资本，包括支付给员工的工资、借款利息和房屋设备租金以及他自己所得利润进行重新分配的人”。萨伊认为结合和协调生产要素是企业家的职能，突出了企业家承担风险就必须具有相应的管理和监督企业的能力，似乎萨伊对企业家的理解和阐释更往前追溯和挖掘了一步。经济学大师马歇尔（Marshal）承续萨伊的观点并作了延伸，他从组织角度着眼，更重视企业家的作用，从多方面论述了企业家的职能，形成了企业家理论的雏形。并且，他认为企业家不是单一角色，企业家不仅是中间商、领导协调者、风险承担者，同时还承担着创新者的角色。美国经济学家富兰克·奈特（Frank Hyneman Knight）在《风险、不确定性和利润》（1921）一文中明确指出：企业家是不确定性决定者。在该文中，他引入了不确定因素，并严格地对不确定因素和风险进行了区分。这实际上仍然是从企业家对不确定性驾驭和把控这一功能入手来认识和界定企业家的内在规定性。不难发现，以上几位学者的观点可以视为本质上都在强调企业家内涵功能要素，而且基本上是围绕产品这一个基本标的，更多强调风险承担和风险收益的匹配问题。

真正更为深刻地认识和阐明企业家以及企业家职能和作用的是奥地利著名经济学家约瑟夫·熊彼特（Joseph Alois Schumpeter），他强调，企业家的职能是“创造性的破坏”，企业家为了企业发展并获取超额利润，就必须通过不断的创新打破市场均衡，创造新的市场机会，此时企业家担任的角色是创新者。所以创新精神、创新能力是企业家之所以成为企业家的重要因素。伊斯雷尔·柯兹纳（Israel Kirzner）则认为企业家在企业中主要充当的角色是中间商，并且他认为能否洞察市场中的获利机会是企业家与普通员工的本质区别。当代著名管理学家德鲁克（Drucker）在熊比特观点的基础上提出，能够开拓新市场、引领市场需求、挖掘新顾客、承担风险是企业家的必备要素，并且他认为企业家也是一群独具匠心、与众不同的人。卡森（Casson）在《企业家：一个经济理论》（1982）一书中，引入了“企业家判断”这一概念，认为企业家的主要特征就是能够对企业的经营活动、市场选择及企业所需的稀缺性资源作出判断性决策，判断性决策的精髓在于，决策结果取决于由谁来作出。宋培林（2004）认为企业家是以将企业的持续发展与自身利益有效结合为实现目标，能够利用自身经营性资本，对企业的经营活动进行分析判断、综合决策、组织协调、学习创新及承担风险的人。张维迎（2009）认为企业家应该具有对未来的预测能力，能够及时应对外界的突变，并且具有创新能力，提高产品、技术和服务的价值。可以看出，对于“企业家”这一特定人群，国内外学者的理解各有不同，所强调和侧重的不尽一致。那到底什么才是企业家？首先，可以肯定的是，企业家是人，他具有人的自然属性、社会属性和精神属性。企业家是企业的企业家，企业是企业家的“战场”，企业家不仅是一群能引领变化的人，而且是一群不断利用变化、实现价值创造的人。因此，不管从外延特质层面上有多少具体表现，从结果角度看，企业家是将企业经营带到更好发展境地的人格化要素。到19世纪，人们将企业家某些优秀的共性特征归纳为企业家精神。企业家常指具体的人，而企业家精神通常是指抽象的企业家概念，是企业家们的共性所在。

首先，一般意义上的精神是指“人的意识、思维活动和一般心理状态”。我们主张把精神、企业家精神、企业家精神的外延、企业家精神的作用机理、企业家精神的功能从概念和功能层面都应该严格加以区分。从物理存在或者状态描述刻画的层面看，精神的词性为名词，它是指生物体脑组织所释放的暗能量，这种能量是特定行为的先导。

在西方，有关企业家精神的论述在中世纪时就已出现，对企业家精神的理论研究可以追溯到18世纪，在几十年里，企业家精神已经成为企业创新发展以及区域发展研究领域中备受关注的词语。关于企业家精神的含义，具有代表性的是熊彼特、桑巴特、舒尔茨、德鲁克的阐述。熊彼特（Schumpeter）认为企业家精神是在空白的市场领域做全新的事或使用全新的组合方式，包括设计出新的产品、运用新方法进行生产、开辟新市场、寻求新的供给商和构建新的组织结构。维尔纳·桑巴特（Werner Sombart）认为企业家精神是一种不可遏制的、动态的力量，是一种包括重视核算、注重效益的世界性追求和积极的精神。舒尔茨（Theodore W. Schultz）认为企业家精神是处理非均衡情况的能力。德鲁克认为具有企业家精神的企业家的主要表现就是有革新能力，企业家通过不断的革新使得现有资源能够持续地为企业创造财富。所以他认为企业家精神可以被明确界定为社会创新精神，同时将这种精神系统提高到社会进步的杠杆作用的地位。

因此我们认为，企业家精神中最核心、最关键的禀赋要素或构成内容一定是稀缺的，不易获得的。而且一定是指向企业家所要解决的问题这一本质规定性的。企业家精神一定和员工精神、工程师精神、科学家精神甚或有着医生精神存在着某种不同。从一般逻辑讲，这种不同来源于企业家的使命和角色属性。

立足上述研究，可以发现，学者们对企业家精神的理解虽然所站的视角不同，表达形式也不同，但是仍不难发现其中的共通之处。我们可归纳出企业家精神主要包括创新精神、冒险精神、敬业精神和合作精神等。企业家精神是企业家这一特定群体所特有的精神气质和禀赋特征，具有概念层面的抽象性、存在层面的行动性和导向层面的结果性，是绝大多数企业家们的共性所在。它能使企业从无到有、从小到大，并指导企业家通过有效的管理使企业跨越其成长过程中的种种障碍。

二、企业家精神、企业家能力与企业家素质

企业家精神、企业家能力和企业家素质是三个确切所指有区别，但往往又极易相互混淆的范畴。关于企业家能力的概念，理查德·博亚兹（Richard Boyatzis）在 1982 年提出了能力理论，认为个体的人格特征、知识、技能和能力等因素会综合作用，影响个体对工作角色的胜任以及完成任务绩效的水平，在这些因素中起决定性作用的是能力因素。能力虽然看似难以观测，但博亚兹认为能力必然会蕴含于具体行为中，当个体为了某个目标触发具体的行动时，能力会通过具体的行为得以体现。随后，能力理论多出现在企业家的研究当中，并得到了广泛的应用。在现代企业中，由于企业发展的需要，企业家需要建立广泛的社会关系，能够在企业的经营中获取资源、掌握信息、抓住机会、规避风险等。但由于企业家往往担任多重角色，企业家还要执行战略定位、内部管理、经营创新等其他一些与企业发展相关的经营活动。关于对企业家能力的认识研究，不同学派的学者也提出了不同观点，马歇尔（Marshal）认为对于企业的发展而言，企业家应具有利用资本的经营能力，主要包括预见能力以及选人和用人等领导才能。而熊彼特（Schumpeter）认为创新能力对于企业家而言是影响企业发展的决定性能力。在柯兹纳看来，企业家的能力主要是能够洞察到市场中潜在的知识和机会，即具有发现市场机会的能力。彭罗斯（Penrose）继承了柯兹纳（Kirzner）的观点，提出面对变化莫测的市场环境，企业家应该具有洞察市场机会以及预测未来变化的能力。

除了企业家能力，“企业家素质”也是受到高度关注的概念范畴。国外学者中如亨利（Henry）就认为，一个企业的领导者应该具有的素质主要有：积极的进取心、对成功的渴望、准确的判断力以及持之以恒的精神等。高夫（Gough）认为，积极向上的心态以及对工作的胜任能力是一个领导者必须具备的素质。洛克（Locke）通过研究发现，成功的领导管理者应具备的素质包括以下几点；诚实、正直、具有稳定的情绪、掌握丰富

的专业知识等。国内学者杨叔子（2001）认为把所学的知识忘光后，自身仍然拥有的并且忘不掉的东西，就是素质。这个充满戏谑色彩的界定，内涵却深刻、准确。首先，它表明素质与知识二者不可并论，素质具有根植于内心、忘不掉的特征，不会像知识那样可能因为时间的流逝而忘记。其次，它表明那些经过时间消磨依旧铭记于心的知识可以内化成素质。这些知识被企业家牢牢掌握，并运用自如。周远清（2001）对素质内涵的阐述，是从人才培养过程的角度出发的，提出了包括知识、能力、做人这三部分内容。

结合这些论述，我们不难发现，企业家精神、企业家能力、企业家素质三者之间有联系但并不等同。具体而言，在一定程度企业家精神和企业家能力是企业家素质的“内”“外”两个维度。企业家能力是表明企业家具有能够顺利完成一定经营管理活动的本领，通常包括人际交往能力、组织协调能力、随机应变能力和创新能力等。企业家能力在三者中最具体，而且往往是侧重结果导向型，更偏向于以某种企业家能力密切相关某种绩效，如某企业家有效处理了一起危机事件，从而表明了其危机管理能力；某企业家所带领和打造出的卓越团队经常反败为胜，表明了其领导能力，如此等等。企业家素质是指构成企业家的基本要素，其内容也相对抽象，主要包括心理素质、能力素质、知识素质、政治素质等。企业家素质经常为企业家能力背书，如企业家的政治素质，因为有较高的政治素质，企业才能重视政治，才能讲政治，才能化解重大政治风险。进而实现企业经营的政治正确和政治安全。企业家精神则相对更为隐晦、更为稀缺，更多强调“道”的内涵，更有一贯性和根本性，它是企业家内在精神的一种表现。就三者的逻辑关系而言，企业家素质在三者中更为本源，素质是能力的根基和依托。能力是潜藏在企业家身上的一项隐形本领，是素质的外在表现形式。可以说，企业家的素质高低决定了企业家能力的高低，而企业家精神的发挥程度又推动了企业家素质的提升。但企业家精神与企业家能力并不完全等同，一个企业家具有创新、冒险的能力，但他不一定具有创新、冒险的精神。每一位企业家所具有的企业家素质的架构都不相同，导致他们所具有的企业家能力也有差距，这时要想充分发挥企业家能力，就需要企业家精神的内在推动。企业家精神就像一片具有丰富养分的土壤，企业家素质和企业家能力都必须根植在这个精神土壤才可以发挥最大效用。这个“土壤”的形成除依托企业家自身所具有的精神素质外，便是依靠于一个民族或地区的哲学世界观、思维方式、经济伦理、行为习惯等。西方发达国家的企业家普遍具有强烈的竞争意识和创新能力等特征，很重要的一个原因是受西方文化中的哲学世界观和经济伦理的影响。由此可知，企业家精神是他们所具有的独特的个人素质、价值取向以及思维模式，是对企业家理性和非理性逻辑结构的一种超越、升华。

第二节　企业家精神的特质

一、创新精神

企业能够长盛不衰的根本动力是什么？张瑞敏曾说过：“做企业最怕的是留在过去。”也就是说，企业要想长久发展就要不断创新。企业家作为企业的领航者也必须具有创新精神。创新，不仅是企业家的灵魂，更是企业家精神的核心内涵。创新精神能够使企业家发现别人发现不了的新机会，运用别人运用不了的资源。在经济全球化时代，市场竞争愈发激烈，当企业陷入发展低谷时，创新是决定企业能否渡过难关的关键因素。无论是开拓一个新的市场，还是研发新的产品，更或者是改变现有的管理模式，都需要企业家具有创新精神。如果企业家缺乏创新精神，就很难捕捉到潜在的市场机会，无法对企业作出正确决策，更无法为企业注入新的竞争力。正如熊比特所言，企业家的职能就是创新。

二、冒险精神

创新精神是企业家精神的核心，而冒险精神则是企业家精神的突出表现。早期如坎蒂隆、马歇尔、奈特等学者都认为对风险的承受能力是企业家最重要的精神之一，也就是说，具有承担风险的能力是成为企业家的内在要求，没有冒险魄力的人不可能成为企业家。企业在发展成长的整个过程中，会遇到很多事关存亡的问题，尤其在企业的初创阶段，企业失败的可能性很大。在这个时期，企业家必须有敢于冒险的决心，否则可能就会在市场的浪潮中尸骨无存。除此之外，企业正常的经营活动以及创新活动都在瞬息万变的市场中进行，在这一过程中，企业家的决策和选择也面临巨大的风险挑战。如果一个企业家没有承担风险的能力或者没有冒险精神，他可能会错失企业新的发展机会，甚至会使企业消失在市场的暴风雨中。企业生存发展的需求决定了企业家具有冒险精神的必要性，但这不意味着企业家要盲目冒险。冒险精神不仅需要企业家有敏锐的洞察力，能够找准时机、适时进入，也需要企业家具有敢拼的胆识，愿意为了企业的发展放手一搏。惠普、索尼、联想等众多企业成功的秘诀就是敢于冒险、敢于突破、敢为人先。

三、合作精神

合作精神也是学者们认为的企业家必须具备的重要精神。一个优秀的企业家往往最擅长发挥合作精神的作用，他不仅能够与商业伙伴、竞争对手进行友好合作，甚至能将合作精神扩展到公司的各个阶层，上至管理层，下至每一个员工。艾伯特·赫希曼说过，企业家的每次重大决策，表面上看似是他个人的独立行为，但实质上是公司全体的共同意志。一个成功的企业家不会选择一个人战斗，因为企业家没有必要也不可能是一个超人（Superman），但努力成为蜘蛛侠（Spiderman）则是企业家应奋斗的目标。“蜘蛛侠”善于“结网”的超能力能够帮助企业家渡过新形势下的难关。如果一个企业家不具备合作精神，不善于对人力资本进行整合，那么在企业创立、发展等阶段就可能会遭遇失败的风险。细数每一个成功的企业家或者企业，他们都无一例外地具有合作精神。如马云与他的17位合伙人，如果没有他们的鼎力相助，马云今天也可能建立不了一个互联网帝国。西门子也是一个经典的例证，“让员工成为公司内部的企业家”是西门子公司用人的核心理念，通过赋予每个员工“企业家”的角色，让员工能够在企业中当家做主，领导与员工不再是上下级的关系，而是合作互惠的信任关系，以此充分开发员工的潜质。在这个过程中，经理人给予员工足够的施展空间，让员工为实现其订立的目标而相互合作，最终促使绩效大幅度提升。所以，充分发挥企业家的合作精神是企业获得长远利益的重要推动力量。

四、敬业精神

企业家精神是识别企业家与管理者的重要标志。企业家将经营企业作为自己的职业，也意味着企业家将发展企业作为自己的毕生追求，这种追求在一定程度上是出于对财富的追求。但是具备企业家精神的企业家对财富的追求可能早已不是最终夙愿，更多的是追求对企业发展的使命感以及责任心，这更像是熊比特所说的追求“精神王国”。韦伯也在他的著作《新教伦理与资本主义精神》一书中提到，所谓的“天职”，在一定程度上隐含着敬业的含义，这种“天职”能够驱使人们把工作、事业当成他们生命中不可或缺的部分，从而使人们不停地工作，这便是对企业家敬业精神的最早阐述。在现实中，真正的企业家对自己的事业有着执着的追求，他们要求在工作中精益求精、一丝不苟，不会把事业的成功作为当官的跳板，也就是没有官本位意识。反而，他们崇尚脚踏实地、勤学苦干。对于优秀的企业家而言，对工作不断追求卓越是一个永无休止的过程，这能够给予企业家成就感与满足感。企业家对工作不懈追求的精神，能够给企业的发展开启一个新的篇章。因而对于企业家，更或者是当前的中国企业家来说，只有把经营企业当作自己的长远事业，培育和发扬敬业精神，才能真正地带动企业一路前行。

第三节　企业家精神与企业成长

有关“创新和企业家精神是企业成长关键因素”的论述，首次出现在彼得·德鲁克 1985 年的著作《创新与企业家精神》当中，他在该书中表明创新是企业发展的源动力，也系统介绍了将创新引入企业具体经营中的可行性方案。任巧巧（2008）对企业家精神的学习机理进行了研究，发现企业家精神对中小企业的成长有持续性推动作用。陈俊龙（2014）等通过对二者的关系进行研究，提出企业家精神对企业成长的影响是对经济增长影响的微观基础的论述。向明生（2015）认为中小企业的企业家精神包含革新性、敏感性、预判性和应对性四个方面，企业家精神通过这四个方面促进中小企业成长。

许多研究认为，企业家的精神要素如创新、上进、冒险等对企业的成长极为重要。彭罗斯（1959）认为企业家的进取心正向影响企业成长，企业家服务能力的高度决定一个企业的管理能力，企业家服务的具体类型也在企业成长的过程中具有战略意义。卡森（1990）在其研究中发现企业家的某些行为对企业成长产生一定的正向影响，这些行为主要包括牺牲、动机、冒险等。还有一些学者认为，企业家精神决定了企业家的能力，进而引导了企业家的行为表现，最终决定了企业的成长。叶勤认为企业家精神促进经济持续增长的主要路径就是创新和创业，具体表现就是各类中小企业的大量创办以及企业内部进行业务、技术创新以及建立适应变革的种种组织等。

首先，企业家的创业活动会促进本地区经济增长，主要通过以下两个途径推动和实现。一是通过企业成长。根据企业的生命周期理论可知，能存活的创业型企业一般都处于种子期、初创期、成长期。与成熟期的企业相比，创业型企业具有较快的增长速度，加上其根据潜在的市场需求生产产品，因而容易快速占领空白市场，并以此获取高额垄断利润。这样，创业企业就得以快速发展，从而提高就业和经济增长。二是促进竞争，创业通过企业数量的不断增多而增强了相互竞争的程度，在一定程度上会刺激创新。同时，竞争也有利于企业多样化发展，企业种类的多样化更有利于满足不同的社会需求，从而增加经济增长潜力。其次，企业家的创新活动促进了本地区经济增长。通过技术创新方式刺激经济增长，企业家不断发现创造新的社会需求，并不断地研发满足客户需求的新产品或新服务。这一系列举动首先推动科学发明发展和创造，其次企业家将新发明创造的成果应用到经营和生产中，促进了企业成长，如此循环往复，进一步使社会经济不停地向前发展。

由此，我们可以发现，企业家精神与企业成长有着极为密切的正向关系，优秀的企业家精神、符合时宜的企业家精神，对于企业成长具有重要引导推动作用，尤其在企业创新创业方面体现得更为明显。

第四节　企业家精神研究的相关文献

近些年，企业家精神是一个高度活跃和快速发展的学术研究领域，关于企业家精神的研究具体可以归纳为三个层次，分别是个体层次的企业家精神、公司层次的企业家精神和社会层次的企业家精神。

一、个体层面的企业家精神

个体层面的企业家精神主要是挖掘个体企业家有别于普通人的精神特质。管理学家和早期的经济学者一般都从这个层面来研究企业家和企业家精神，并且，大多数文献都是基于心理学理论进行分析的。

个体层面的企业家精神研究主要集中于回答“谁能成为企业家”与“他们为什么是企业家”的问题。相关研究主要围绕企业家内外两方面展开，主要包括个性、心理和行为因素、教育程度、工作经验与专长、家庭背景和社会特征以及人口统计特征等方面。如学者 Mccelland（1961）认为，个人对成功的需求度和风险的承受力会影响企业家创业的结果。Amarvbhid 提出，企业家的创业倾向、适应性调整能力、获取资源的能力是创建一个成功或者具有发展潜力的公司所必备的素质。Morris 等学者（1998）提出企业家精神具有创新、冒险、预警三个维度。Lumpkin 和 Dess（1996）则通过研究将企业家精神进一步划分为五个方面，分别为创新能力、预警能力、自治能力、积极竞争能力和风险承担能力。国内学者汪丁丁（2002）在总结了国内外研究的基础上，指出企业家应该具有创新精神、敬业精神、合作精神。胡礼文（2007）认为企业家应该有包容心、自信心、充满激情以及能够充分利用资源。国内关于企业家精神特质的研究基本上都是在国外学者研究的基础上，具体集中在创新、敬业、冒险、合作等方面，但是国内学者的研究丰富了企业家精神的子指标。总体来看，个体层次的企业家精神是企业家群体在长期的生产经营活动中产生的，主要以创新精神为主要核心的综合精神品质。对于企业的运作和发展而言，企业家是企业发展的主要载体，其个人特质对于创业活动乃至企业的发展来说至关重要。但由于企业家在企业发展的不同阶段会表现出不同的精神特质，这导致传统的“特质论”遭到理论及实践的双重挑战。Gartner（1985）指出，创业者间心理特质的差异实际上远远大于创业者与非创业者间的差异，而且创业者的特质表现也会受不同的文化背景和不同的经济发展阶段的影响。所以，探究典型的企业家特质就显得意义不大，也对后续研究有一定的制约。因此，在后期的研究中应重点探寻不同情景下创业者的特征，以期丰富企业家个人层面的特质研究。

二、公司层面的企业家精神

公司层面的企业家精神的研究就是通过对大量企业进行研究，从成功企业的经营活动中提取企业经营管理的共性，并以此公司层面的企业家精神的概念与内涵进行界定。1974 年，Vesper 组建的商业管理政策学术兴趣小组首次关注到公司层面的企业家精神研究，他们最开始只是研究那些具有成功经营并具有丰富管理经验的企业，随后又对这些优秀企业的共有特质进行提炼总结，将对个体特质的研究扩展到组织特质研究。EmericSoiymossy 在 1998 年的研究中提出企业层面的企业家精神主要包括企业的竞争态度、战略取向、信息交流网络以及信息交流技术四个方面。Morr 与 Kuratko（2002）认为组织管理风格就是企业层面的企业家精神。

现有公司层面企业家精神的研究，主要集中于分析公司组织结构、领导管理、企业文化等内部因素与企业家精神的内在联系。组织结构相当于企业的内部构架，研究表明，合理适当的组织结构会促使企业家精神与公司表现之间的活跃关系最为明显，“适当的”结构形式包括扁平化的组织结构、自由高效的沟通渠道，以及研发、生产、市场营销部门的紧密合作等。Khandwalla（1972）通过研究测算出组织结构正向调节公司层面的企业行动效率。Ireland 和 hit（2009）对美国俄亥俄州东北部的 370 家中小企业进行研究后，提出通过低成本、高质量和时间策略的有效组合能够实现高水平的企业家精神。Covin 和 Slevin（1990）认为如果企业家个体具有开拓能力、冒险能力和创新能力，那么公司组织结构方面也会因为受到企业家的影响，具有一定的开拓能力、冒险能力和创新能力。Gerard Keijzers（2002）又对企业文化与企业家精神的关系进行了研究，发现优秀的企业文化会正向影响公司的企业家精神。Miller（1983）认为，富有企业家精神的企业应该具备三种特性，分别是产品或制度章程的创新、决策层的风险承受能力和敏锐捕捉外部变化而采取事前因应策略的能力。通过归纳整理已有研究发现，企业的组织领导、组织文化、组织战略、组织结构、创新激励机制与管理等方面均会影响企业家精神与公司绩效的关系。尽管大多数研究者一直沿用 Miller 和 Friesen 所提出的构面变数或者修正版本来衡量公司层面的企业家精神，但是由于不同研究者不同的偏好，他们通过不断加入新的构面变数，使得企业家精神的内涵不断得到丰富和拓展。

三、宏观层面的企业家精神

随着社会经济发展水平的提升以及社会财富的不断增长、对企业家精神研究的纵向深入，对企业家精神的研究不能仅仅从个体特质的角度来理解，应将对企业家精神的研究范围逐渐扩大到宏观的社会层面。能够深入地研究好社会层面的企业家精神将有助于协调社会经济关系和道德关系，这进一步凸显了把企业家精神的研究对象扩展到宏观领域的重要性。我们认为，宏观层面的企业家精神是区域内个体层面和企业层面的企业家精神的综合表现。社会层面企业家精神的实现和发展依赖于个体层面以及企业层面企业家精神智慧的集成，也是行为主体价值追求和道德素养的升华。

随着创业时代给社会带来的经济红利，社会层面的企业家精神的研究不仅出现了有关经济、文化、法律、政治等更广泛的环境对社会层面的企业家精神的影响研究，也出现了许多跨区域、跨文化的企业家精神研究。通过宏观层面的分析能够更好地寻找推动社会经济增长的主要驱动力量。社会层面的企业家精神研究主要分析了在大的环境下，外部的宏观政策是否有助于创业企业家在变化的环境中识别和利用机会。国外学者 Coase 和 North 通过研究发现，制度制定的合理性会影响一个地区的创业活力，也就是说，合理的制度会提高创业活动的成功率。Minniti 等认为管制解除以及宽松的外部环境能够推动企业家精神的发展。Luthans 和 Lee 从政治经济环境的视角分析了国家政治格局、经济体制和各种制度的制定对企业家精神的影响程度。Lee 和 Peterson 还对不同的文化环境与社会层面企业家精神的关系进行了比较分析。

国内对社会层面企业家精神的研究更多地侧重于社会责任的角度，文建奇（2011）认为，经济责任、法律责任、道德责任是构成企业家社会责任的三个方面。同时，他认为社会责任的观念就是企业家精神的本质内容。因为企业家精神在形成的过程中会受到外部宏观环境的影响，也可以说，这些宏观的外部坏境是培育企业家精神的温床，小到企业家个体的精神激发，大到整个公司的运营与成长，都离不开外部环境的推动，所以当企业家在利用社会红利进行财富创造的同时，有职责、有义务肩负相应的社会责任。相比于个体和公司层面的企业家精神，社会层面的企业家精神更具有包容性的特征，它不再是简单的某几个特质，而是很多特质的融合。就如我国学者汪岩桥所认为的那样，社会层面的企业家精神是一种集思维方式、经济伦理、功能能力在内的，包含了信仰、理念、意志、素质等多种品格的复杂文化系统。这就表明社会层面企业家精神的特质需符合当代社会经济和现代化发展的客观要求。由此可见，社会层次的企业家精神更为宏观，它包含了个体和公司层面的企业家精神，换言之，它们三者的关系更是层层嵌套、密不可分的。企业家精神的重要性在现代研究中已凸显出来，尤其在近些年，学者们对企业家精神是推动社会经济繁荣的主要动力这一观点都表示赞同。在对企业家精神的培育方面，学者们也纷纷指出企业家精神的培育需要社会、政府、市场的共同努力。只有这样，才能激发企业家精神的潜在活力，实现经济社会的飞速增长。

通过上述对企业家精神的三个维度的研究进行简单的梳理，我们可以清晰地认识到企业家精神对于组织和社会发展的重要程度，但现有研究也都是从结果层面探析了个体企业家应具备的品质以及企业家精神对社会的影响机制。关于如何激发和培育企业家精神的研究却很少涉及，对于现阶段中国的发展来看，能够实现精神的培育，对企业的发展乃至社会的进步来讲都是最重要的中心。因此，如何培育企业家精神将成为企业家精神后期研究的一个长期方向。

第六章 企业家精神的要素本质

1800年，查理德·坎蒂隆首次提出了企业家的概念，此后学者们对企业家及企业家精神进行了广泛研究。进入20世纪后，企业家精神研究从经济学和管理学逐渐拓展到了行为学和心理学等领域。21世纪以来，企业家对企业发展的重要性越来越受到重视，企业家精神也成为区分企业家与一般管理者的重要特征，成为企业家独有的特质和标识。但是，在过去的几十年中，企业家精神并没有成为经济学和管理学研究的重点。究其根本在于，学者们对企业家精神的研究更多的是基于自身的研究需要，对企业家精神并没有形成更为普遍范围内的共同认知。这种认知上的混乱造成人们在谈及和研究企业家精神时往往不明所以，难以把握到企业家精神的核心和本质，并且近年来，我国在对企业家的认知上与国外存在一定的差异。国内部分人员将企业家类比为富豪，将企业管理人员个人财富的积聚作为衡量其是否为企业家的标准，这让大众对企业家的认知产生了一定的误导，也不利于深入研究企业家精神的本质特征。因此，对企业家精神由什么要素构成、其本质是什么进行研究和阐释是十分必要的。

企业家精神并不是多数人共同具有的特质。更准确地说，企业家精神是少数可以成为各自领域的“状元”具备的特性①。从一名优秀的实干家成长为企业家，仅仅拥有广泛的专业学识是不够的，因为并不是所有的企业家都是技术、资本或某一资源要素的所有者，能够成为企业家的管理

① 张维迎，盛斌．论企业家——经济增长的国王[M]．北京：生活·读书·新知三联书店，2004：6.

者，其核心在于他能够充分地运用各种资源要素，让资源发挥出应有的或者更大的价值。比如，苹果公司的移动设备在当今世界一枝独秀，但是，真正让苹果公司的产品扬名世界的是乔布斯。乔布斯将该公司雄厚的技术、资金、人才等资源进行了有效整合，但显然，乔布斯并不是这些资源的全部所有者。因此，企业家精神的独特之处也来源于此，我们将企业家所具有的这种远见卓识称为“机会识别”。企业家能够识别机会，并将机会转变为现实，但是仅仅具有机会识别的能力是不够的，从理想到现实，需要企业家进行持续的创新。创新，是企业家的灵魂。通过模式创新、管理创新、知识创新等一系列创新活动，将机会转化为现实。因此，“敢于创新”是企业家精神的第二个构成要素。最后，冒险是企业家的天性。能够进行机会识别和敢于创新的人，一定是一个具有冒险精神的人，企业家的冒险，需要突破已有的游戏规则，重新制定规则甚至进行突破式创新。以上三种特质构成了企业家精神的基本要素：创新精神、机会识别、冒险精神。

第一节　创新精神

创新是企业家精神要素的根本。2017 年 9 月，《中共中央国务院关于营造企业家健康成长环境弘扬优秀企业家精神更好发挥企业家作用的意见》（以下简称《意见》）出台，第一次以中央文件的形式明确了企业家精神的地位与价值，提出了总体要求和主要任务。《意见》将企业家精神界定为“爱国敬业、遵纪守法、艰苦奋斗、创新发展、专注品质、追求卓越、履行责任、敢于担当、服务社会”。其中，“创新”是企业家的核心素养和精神特质，是企业家精神的本质内容和根本要素。

奥地利经济学家熊彼特认为，企业家的持续创新是实现经济长期增长的主要推动力。在其《经济发展理论》《资本主义、社会主义和民主主义》两本著作中，熊彼特用“创造式破坏”来描绘企业家精神。在熊彼特看来，企业家的创新应该触及企业生产和运作的各个方面，如创新生产方式、运用新技术、寻找新的更为稳定的供应商或拓展新的销售渠道、运用资本的力量对生产模式进行改革等。而企业家所进行的这一系列持续性创新活动的后果就是形成技术外溢效应，而技术外溢推动了经济的繁荣。在熊彼特看来，职业经理人与企业家存在显著区别，一名优秀的职业经理人未必会成为一名优秀的企业家，与职业经理人从事的日产管理工作所不同的是，创新是企业家必备的素质和职能之一。因此，在众多经理人中，只有能够对经济环境作出创造式回应并能够推动生产变革的经理人，才能称为企业家。另外，熊彼特认为，企业家与一般性的商人或者投机分子也存在明显不同，一般商人和投机分子通常以赚取个人财富为目的，但对于企业家而言，个人财富并不是他们的全部目的。企业家更加注重的是对个人价值的实现。在这种心理的驱动下，企业家会表现出建立私人王国的野心、对胜利的渴望、对创造成功的喜悦以及在面对失败时具有的坚定意志等。这种追求自我价值的实现恰恰是企业家创新精神的反映。这种创新精神在现实中则体现为个人的远见卓识和对机会的把握、发现别人没有发现的机会、运用旁人无法运用的资源、具有超常的想象力等。

法国经济学家萨伊认为，企业家是能够将企业中的低产出转变为高产出的群体。在其《政治经济学概论》一书中，萨伊认为实现从低产出到高产出转变的核心是企业家的创新思维和创新能力。张维迎认为企业家的冒险精神实际上也是企业家创新精神的一种。在其《论企业家：经济增长的国王》一书中，张维迎认为企业家的冒险精神并非我们常人所理解的冒进、不顾一切地孤注一掷，而是通过充分的思考和科学的分析，最终作出的对创新进行探索的决定。但是，人的思维是存在惯性的，受已有事情的影响，在对待新出现的事物时，人们经常表现得过于谨慎甚至是排斥，从这种心理到让人们普遍接受需要一个阶段。这个阶段是人在新事物和旧事物之间有选择地进行扬弃的过程。也是人的思维方式逐渐从感性思维向理性思维转变的过程。在这种转变过程中，人们有可能会最终选择接受，也有可能选择继续怀疑，因此，孤注一掷的冒险似乎就无可否认地成为企业家的标签。当企业家创新失败时，或者说企业家在对创新判断的准确性、选取方法的合理性，以及消费者对提供的产品或服务的接受程度方面存在差异而导致创新失败时，企业家身上孤注一掷的冒险精神就会被过度放大，而当企业家创新成功时，则会被理解为极具冒险精神。但客观地讲，无论是成功的创新或是失败的创新，企业家的冒险精神都不应该被否定。因为企业家精神中冒险精神的实质就是创新精神，只是在创新的过程中有些创新成功了，而有些失败了。通常来看，具有远见卓识的企业家是十分重视创新的，他们通过持续性的思想创新、能力创新、绩效创新、管理创新等，使企业在复杂的市场环境中获得发展先机并取得优势。

第二节　机会识别

机会识别是企业家精神要素的核心。我们通常认为一个优秀的商人一定具有敏锐的嗅觉，能够嗅到市场的商机。而作为一个优秀的企业家，具备良好的机会识别能力是企业家实现自我价值必备的精神要素。企业家的机会识别并不等同于对商机的把握，而是出于对现状的不满足或者说是超强的忧患意识而主动地寻找和发现机会，居安思危，通过个人推断和科学分析主动选择机会，创造机会。正是出于这种对现状的不满足，企业家才能够成为新事物的发现者和社会进步的推动者。一旦对这种精神存在认知分歧，就有可能被认为是贪得无厌。而事实上，机会识别恰恰是企业家创造能力的表现。自我挑战和自我价值实现是企业家进行机会识别的前提，成功的企业家并非是市场的先知，而是通过观察来识别和判断市场趋势，在市场变化中把握机会、创造机会，从而推动了市场的发展。

虽然机会识别能力是企业家精神的核心，但针对具体的企业家而言，不同的企业家所具备的机会识别能力是不同的。由于能力的差异性，企业家在机会识别过程中便形成了不同的行事风格。作为企业的灵魂式人物，企业家的这种能力势必会影响到企业未来的发展方向，进而对整个企业的机会识别能力造成挑战和影响。优秀的企业家能够运用自己独有的知识系统和强大的信息处理能力在大量信息中识别出关键信息，并将这种隐形信息转化为显性机会；通过自己丰富的经历经验选择把握新机会的时机并主动出击。对于企业家对机会的把握，王文银认为当危机来临时，有百分之七十的人能把握危机，有百分之十的人能把握危机的变化，但只有万分之一的人能够把握危机变化的拐点。因此，机会识别要素不仅是企业家精神的核心，更是考验企业家是否具有机会识别能力以及能力强弱的要素，这不仅会影响到企业家个人的成长过程，更会影响到企业的发展。

柯兹纳将企业家比作“经纪人，”经纪人的职能之一就在于识别机会并尽可能地创造利润。柯兹纳认为，企业家与普通人的区别就在于企业家的悟性和企业家具备普通人不具备的知识。以柯兹纳为代表的奥地利学派认为，企业家对机会的识别以及企业家的逐利行为推动了社会的进步。在经济学中，人出于自利的逐利行为能够促进社会生产力的进步仿佛是所有人的共识。也正是基于这一点，奥地利学派认为市场中存在不对称信息，企业家存在的价值就在于，在这种信息不对称的环境中发现其他人没有发现的机会，企业家精神存在的必要性就是对市场信息、机会的敏感性。这种机会发现过程的表现就是企业家出于自利而进行的追求利润的活动。奥地利学派认为，企业家是市场的代理人，企业家对利润的追逐刺激市场的其他参与者利用已有的碎片化知识，促使市场的资源配置水平逐渐与现有的技术知识所能够达到的资源配置水平相平衡。同时，奥地利学派进一步认为，企业家的这种行为能够刺激市场不断出现资源配置有效和利用的新方法，同时能够催生出新的技术知识，探索出新的资源。

机会的产生与市场中的技术、资源、人才等各种条件具有紧密联系，是这些要素变化的反映。机会的产生往往涉及多个市场要素主体，但机会出现后却往往独立于任何要素主体而单独存在。识别和把握准确的机会是优秀的企业家必须具备的素质。西方学者认为，企业家在机会识别过程中往往面临两种机会选择：一种是平凡机会；另一种是非凡机会。平凡机会对所有企业家而言均是存在的，企业家能够发现的平凡机会也是市场中已有的机会；而对非凡机会的发现，才是优秀企业家发挥的重点领域，一旦发现了非凡机会，则意味着市场可能因此而发生重大变化甚至产生突破式创新。因此，只有具有超强机会识别能力的企业家，才能够真正把握市场的动态、实现持续创新。

第三节　冒险精神

奈特认为勇于承担风险是企业家精神的构成要素之一，在奈特之后，芝加哥学派将勇于承担风险作为企业家精神的核心要素进行解释和研究。该学派认为，企业的创新活动实际是由企业家完成的，并且企业家承担了创新活动面临的所有风险。实际上，风险偏好是企业家自身所具备的一种特质。正如2007年比尔·盖茨在清华大学的演讲中所说：经商的部分乐趣就在于没有人可以向你保证未来怎么发展……微软不断成功的关键就在于它不断冒巨大的风险，同时，面对大量的竞争，面临客户的大量需求，软件行业的不确定性驱使我们不断前进。此外，冒险与创新两者在实践中始终如影随形，只有创新精神而没有冒险精神的管理者只能称其为企业的管理人员，而只有冒险精神没有创新精神的管理者则更像是一个赌徒式的投机分子。只有同时具备创新精神和冒险精神的管理者，才有可能称为真正的企业家。

古诗有云："无限风光在险峰。"无论是处于创业阶段的企业家，还是处于成熟经营阶段的企业家，只有勇于冒险、善于冒险，才能在瞬息万变中把握机会并主动出击。冒险精神对于企业家而言是至关重要的，在前文我们提到，企业家的冒险精神是区别于一般的激进、鲁莽的冒险主义倾向而存在的，对于企业家而言，想要获得成功的首要前提就在于敢于冒险。在理论和实践层面，对于企业家的冒险精神这一问题存在多方面和多角度的探讨与研究：第一，冒险精神是将企业家群体与其他群体进行区分的重要标识，冒险精神对企业家而言是一种稀缺性资源，也是企业家精神的主要构成要素之一①；第二，对于一个企业和企业家来说，不敢冒险才是最

① 刘剑非，刘晴辉. 企业家人格新论[J]. 经济与管理，2003(4)：17－28.

大的风险[1]；第三，冒险精神是企业家精神的重要内涵之一、核心精神之一、重要表现之一[2]。

冒险精神是驱动企业发展的重要力量。对于一般的创业者而言，在经历了十分艰难的创业期后，往往会产生懈怠、享受的想法，由当初积极的事业开拓者转变为事业的守成者，开始变得瞻前顾后，变得患得患失，对机会的敏锐性会下降，甚至丧失创新的动力，由富有冒险精神的人转变为墨守成规的一般管理者。而这种转变对企业的长久发展却是致命的，创业者思想的变化会导致企业的成功成为偶然并且不具有持续性，这也是为什么大多数企业最终创业失败的内因，这类创业者也就不能称之为真正的企业家。真正的企业家必定是在经历了无数次的风浪后却依旧选择勇立潮头的那一部分人，这一点，从我国举行的改革开放40周年庆祝大会所表彰的那一批优秀的企业家身上得到了充分的体现。因为，市场竞争从来都是残酷的，企业的发展也从来都不是一帆风顺的，任何企业在发展过程中都必将面临来自市场各个方面的风险。但机会在一切大企业、小企业面前是均等的，成功与失败就像是一对孪生兄弟，在成功与失败的中间地带，机会，只会留给有准备的人。如果一位企业家只是追求四平八稳的平凡生活，那么他所创办的企业也终将会在市场面前显得格格不入，并最终被市场和时代所淘汰。

依据效用理论，可以将面临风险时的人划分为三种类型：风险冒进型、风险中立型、风险规避型。对大多数人而言，风险规避型是其普遍选择，但对于企业家而言，与生俱来的冒险精神使得风险冒进型是他们的普遍选择。在融合了企业家精神的其他优秀品质后，企业家的冒险精神也表现出了两种不同的类型：本性冒险和认知冒险。

冒险是企业家的天性，这一点用来描述本性冒险型企业家尤为合适，本性冒险型企业家的冒险精神是与生俱来的。无论是在生活中或是在工作

---

① 吕爱权，林战平．论企业家精神的内涵及其培育[J]．商业研究，2006(7)：92－95.

② 周霞，王仁强，王健．企业家精神及其发展模式研究[J]．山东农业大学学报(社会科学版)，2003(9)：52－56.

中，本性冒险型企业家认为机会总是存在于冒险之中，没有风险的机会对于他们而言也就没有争取的价值，而即使失败了，在下一次的选择中他们依旧会选择冒险。但正是在这一次次的选择中，成功与失败的不断交织，为本性冒险型企业家增长了丰富的经验和教训，并让他们始终选择屹立在市场潮头。

和本性冒险型企业家相比，认知冒险型企业家的冒险精神更多地来自后天的实践，该类型的企业家往往经历了从创业到开疆拓土的全过程，无数次的失败和击打，让他们在千锤百炼中坚定了自己的人生哲学。认知冒险型企业家的冒险精神相比而言来得较为艰难，但也更加凸显出了冒险精神的可贵。当失败已经成为市场的常态时，他们终于认识到等待和期待是最大的弱点、不敢冒险是最大的风险，只有主动出击，牢牢把握机会，不惧风险，敢于冒险，才能走向成功。在经历了淬炼后，冒险精神对他们而言弥足珍贵，这样的企业家对风险和机会的认识也更为深刻，和本性冒险型企业家的大开大合所不同的是，认知冒险型企业家在经营中的风格会更加稳健，稳扎稳打但不教条刻板。

老子在《道德经》第六十七章中写道："吾有三德，曰慈、曰俭、曰不敢为天下先。"但真正的企业家却是一批具有敢为天下先精神的人，面对风险时具有大无畏的精神，面对新事物时具有敢于尝试的勇气，丰富的经验、学识和敢为天下先的勇气给了他们良好的心态和广阔的空间。在这样的情况下，企业家才可能科学地处置风险，运筹帷幄，决胜千里。

企业家的冒险精神是一种科学的冒险。一方面，他们敢于冒险，敢于尝试；另一方面，他们能够准确把握风险和控制风险。企业家是市场中长期经营的成功者，久经沙场的经历使他们自觉或不自觉地培养和具备了科学冒险精神。而激烈竞争和变幻莫测的市场，还需要企业家来使科学冒险精神进一步升华和完善。风险控制的掌握和运用，对于企业家来讲至关重要，这也是科学冒险精神有别于盲目冒险的关键。企业家必须在实践过程中冒着风险，理论结合实际，创造性地发挥，来走出属于自己的道路，这正是企业家的可贵之处。

创新精神、机会识别、冒险精神是企业家精神的三种构成要素，也是企业家精神的基本内容。创新精神是企业家精神的根本；机会识别是企业家精神的核心；冒险精神是企业家精神的表现。这三者共同构成了企业家精神的全部维度，三者缺一不可，但又相辅相成、互相联系。从性质上看，机会识别和冒险精神均可以归结于创新精神；但从具体内容和表现形式上，机会识别、冒险精神相对创新精神而言又具有很大区别。创新是企业发展的动力和源泉，也是企业发展的灵魂，但是企业的一切创新活动必须通过人来完成。而企业家，是协调企业中的技术、资源、资本、人才等各种要素的中心枢纽，是凝聚企业力量的关键所在，这种特殊的性质定位造就了企业家应该责无旁贷地进行渐进式创新和突破式创新。因此，创新也就成为企业家必须具备的核心要素，创新精神便成为支撑企业家完成所有使命、实现个人和企业价值的全部动力。因此，从这一点上，我们可以用创新精神对机会识别和冒险精神进行包络。但机会识别、冒险精神与创新精神也有本质不同，机会识别是相对于循规蹈矩而言的，强调企业家的主动性和敏锐性、敏感性，并且机会识别对企业家获取信息的来源、数量、质量以及分析信息的能力等具有高度要求。同时，机会识别更多地要求企业家主动创造机会，而不是被动寻找和等待机会。冒险精神则是对企业家毅力的一大考验，无论是本性冒险型或是认知冒险型企业家，在冒险精神的获得和坚持上，均要求需要具有持之以恒的耐力和不服输的勇气，并且企业家的冒险精神与一般的冒进主义具有本质区别。企业家的冒险精神是在对企业内外部各种要素全面分析的基础上选择的科学冒险精神，更加注重选择后实践的长期性和持续性，而并非一时兴起的机会主义。优秀的企业家必须拥有持之以恒的创新精神，也必须具有在拥有机会时把握机会、没有机会时创造机会的远见卓识。同时，需要具有敢为天下先的科学冒险精神，用冒险完成机会识别，用创新将机会转化为现实。

但是同时，我们也必须清醒地认识到，并不是企业家只要具备了这三种企业家精神要素，就可以成长为优秀的企业家，这两者间没有必然的绝对关联。换句话说，一个优秀的企业家必然具备创新精神、机会识别和冒险精神的企业家精神，但只具备了这三种要素的企业家精神的企业家并不一定会成长为优秀的企业家。因为在精神之外，还有其他客观因素和个人因素存在，企业家自身的能力、客观条件对企业家的制约等对企业家精神的发挥同样重要。我们可以这样理解，企业家精神对企业家的成长具有无可替代的激励作用，但对个人能力的不懈追求以及道路的正确性、方法的科学性和其他客观条件的匹配性对企业家的成功同样具有重要影响，只有将主观精神与客观条件相匹配并有效结合，企业家才会带领企业走向成功并持续创造辉煌。

第七章　企业家精神的外延与形成

企业家精神长期以来一直被认为在增加就业、创造新市场、推动技术创新、增加产品或服务品种，以及提高地区生产率和产业竞争力、推动区域经济增长方面具有重要作用[①]。从发展的角度来分析，企业家精神与地区经济增长、居民收入、行业发展程度等都具有直接或间接的关系。综观各个地区企业发展水平，不难看出，市场经济高度活跃、企业经济发展繁荣的地区往往伴随着较为浓厚的企业家精神氛围。这也就不难理解，为什么可以从地区企业家数量或企业家精神氛围来衡量区域经济发展差异。长期以来，人们对企业家精神的本质及其发生作用的机制莫衷一是。从已有研究来分析，很难找到一种说法或研究能够被所有人所接受，关于企业家精神到底是如何发展作用的研究都大相径庭。

为了更好地剖析和研究企业家精神，就需要在探究企业家自身内涵的基础上，进一步研究企业家精神的外延与形成，只有这样才能更加全面地认识企业家精神。同时，对于企业家精神来讲，它是个体的一个精神特质，但是这个个体又存在特殊的社会功能，处于社会经济组织中的重要地位。所以，就要从不同层次来对企业家精神进行探讨，科学分析企业家精神的外延与形成。企业家精神实质上是一种人格化的社会精神现象，是一种抽象的价值观概念，是对一类文化现象的抽象总结。在“全球创业观

---

① 朱乾，杨勇，陶天龙，达庆利．企业家精神影响因素的国外研究综述[J]．东南大学学报（哲学社会科学版），2012，14(4)：52－57，72，127.

察”（GEM）的企业家精神概念模型①中，将企业家精神解析为相互影响的个体、组织和社会三个层次，认为这三个层次的企业家精神之间互相影响、有机耦合，并非简单的叠加。因此，本章将从个体层次、组织层次和社会层次对企业家精神的外延与形成进行研究，通过梳理国内外已有研究，从学理上探究清楚企业家精神的相关内容。

第一节　个体层次的企业家精神

有关企业家精神的研究最早开始于对个体的研究，其研究专注于个体的性格特质和价值观领域。当研究者开始关注单个企业家身上的某些特质的时候，个体层次的企业家精神（Start – upentrepreneurship）的研究也就随即开始了。从企业家精神的社会实践来看，企业家个人意识的觉醒决定着企业家精神具备与否。也就是说，当企业家开始意识到精神意识、个人特质等一切现实资源之外的人格特质或意识层面的特质存在于企业经营过程中，并开始发挥作用的时候，那么企业家精神就已经形成了。当管理学家开始意识到企业家精神不同于其他精神特质的时候，对企业家精神的研究也随即开始。

早期研究个体层次的企业家精神也经历了不同阶段。首先研究者关注的是企业家本身，关注对个体的研究，往往选取一些经验成熟、经营成功的企业家进行研究。这一时期的研究停留在表面层次上，没有办法深入探寻其成功的动因。随着研究的不断深入，学者的研究由外及里，开始关注心理特质，尝试研究企业家的心理特质对其个体的影响。但是由于知识和认识的局限性，对心理特质的研究也停留在抽象化的阶段。伴随着心理学方法的普及，以及管理工具的运用，学者开始尝试运用相关工具对抽象化的精神概念具象化，并开发出一系列心理量表等定量研究的工具，进而关

① Zoltan J Acs, Pia Arenius, Micheal Hay, Maria Minniti. Global entrepreneurship monitor 2004 executive report[R]. Babson College, London Business School, 2005:16 –38.

注企业家精神在管理经营过程中的具体外化特征，即企业家精神的行为化研究。早期关于企业家精神的研究大多以心理学为基础，运用心理学相关理论①，遵循心理学的研究范式。

借助心理学的研究范式和工具，学者们开始关注个体层次企业家精神的外延与形成。在一些著名学者的相关研究中，有的学者关注企业家的个人成长、关键经历、生活事件等对企业家精神形成的影响。有的研究将成就感作为企业家精神的外延，认为个体成就感的高低代表着企业家精神的程度。也有研究认为企业家精神的外延包括创业特质，因为企业家往往伴随着创业守业和事业开拓，所以企业家精神可以表现为创新特质。在对企业家精神外延的研究中，自信、冒险、勇敢、创造等个体特性都与企业家精神有着千丝万缕的关系，但是这些词语用来形容企业家个人更为贴切，也可以看作企业家精神的构成要素。McCelland（1967）② 研究认为企业家特质决定着创业意识和创业行为。同时 Amar V. Bhide（2002）③ 认为企业家精神与管理者的领袖气质密切相关，一个管理者具有领袖气质辅之以管理才能成就企业家精神。他们采用对创业者进行个体案例描述与剖析的方法来识别创业者个体区别于一般个体的特质，进而区别一般的个性特质与企业家精神，更加强调企业家的特性。大部分研究认为创业是大量不确定性因素作用下的随机过程，更倾向于主张创业特质论。因此，在这个过程中往往会把创业精神与企业家精神等同起来，严格来说，创业精神属于企业家精神的一部分。在这一阶段，有人甚至进一步认为企业家是天生的，而不是后天培养出来的。由此延伸的论点就是“商学院培养不出企业家，充其量也只能培养管理者”“很多人去学 MBA，去之前都很聪明，但回来后就都变蠢了”，等等。

个体层次的企业家精神研究旨在启发个体自觉地学习这种精神，进而

---

① 时鹏程，许磊．论企业家精神的三个层次及其启示[J]．外国经济与管理，2006(2)：44－51.

② Mcclelland D. C. *The Achieving Society* [M]. The achieving society，1967.

③ Bhide A．The Origins and Evolution of New Businesses[J]. *Review of Austrian Economics*，2002，15(1)：97－102.

使之成为激发个体创业的精神支柱。研究个体层次的企业家精神的外延与形成是要从企业家个体出发，主要关注企业家个体特质、个体企业家精神要素以及个体企业家精神在创业过程中的行为表现等方面。个体层次的企业家精神能够使企业家的行为出现“变异性”和“跃迁性”，促进了企业家的创造性活动，实现了企业家资源禀赋的放大和扩张①。因此，我们可以认为个体层次的企业家精神更多地表现为个体的创造力、创造性想法等，将个体资源禀赋发挥到最大化。庄子银（2005）认为企业家精神最核心的是技术创新和模仿，并且是持续不断的技术更新。他的研究将企业家精神聚焦于持续的技术改进，其实是狭隘的。企业家精神的核心要素包括了创新，但不止于此，更应该关注到企业家精神更多的外延。由此带来的误区是，随着研究的深入，众多管理学者对企业家精神的研究只局限到与创业相关的特质，忽略了其他特质的组成作用。Huefner 等②通过总结梳理已有的各种各样的企业家精神量表，并对量表的测量指标进行选取，用来研究创业者和非创业者两者之间的创业商（EQ）、创业态度等指标。他们的研究结果发现，对于个体而言，EQ 对创业者和非创业者的区别力最强。他们认为，创业商可以从一定程度上反映个体的企业家精神。因此，我们可以说企业家精神在个体层次上可以具体展现为个体创业商的高低，创业商就是企业家精神在个体层次上的外延。创业商与创业精神不同，创业精神属于企业家精神的一部分，而创业商更多强调个体客观的创业智慧，发现和把握创业机会的能力。对于个体而言，企业家精神的培养可以提高创业商，提高企业家的创业智慧。个体层次的企业家精神更多强调的是企业家个体的资源禀赋、能力禀赋和个性特征。除了前面的内容介绍了企业家的能力禀赋和个性特征之外，企业家的资源禀赋也是尤为重要的。在研究个体层次的企业家精神的时候很容易忽视企业家所拥有的资源禀赋。所谓企业家的资源禀赋，就是企业家所拥有的可能调配的资源的程度和配置资

---

① 刘现伟．培育企业家精神 激发创新活力[N]．经济参考报,2018-09-12(6).

② Jonathan C. Huefner, H. Keith Hunt, Peter B. Robinson. A comparison of four scales predicting entrepreneurship [R]. 1992:1-26.

源的能力。企业家作为区别于一般管理者的特殊群体，其有着独特的资源优势。企业家拥有着组织内部资源、社会资源甚至是政治资源。这些资源的作用的发挥有助于提升企业家个体禀赋，促进企业家精神的形成。

在此基础上，研究企业家精神的形成已经从对个人创业特质的单方面主观性研究扩展到对个体—环境互动的研究。这也就是说，研究企业家精神的外延和形成要将个体置于特定组织环境中进行，不再单单只是讨论个体特性的因素，忽略了组织环境特征。这也标志着关于企业家精神从个体层次研究开始逐步深入组织层次研究，从单纯的特质研究走向兼顾复杂环境因素的综合研究，这带动着企业家精神研究的转变和深入。

在研究企业家精神的形成过程中，创业环境是一个必要的考量因素。创业环境对企业家精神形成的重要作用在于激发和释放企业家个体的创业激情和创业精神。这些原本就依附在企业家个体身上的特质以及潜在的精神气质都会被所处的环境激活。ChristianLüthje 和 Nikolaus Franke[①] 利用创业意向模型，研究创业环境的影响，从更为宏观的层面拓展了企业家精神研究。这项研究发现，创业环境会直接影响到创业行为的产生，也会影响到现有环境内企业家的创业精神。该研究成果在很大程度上解释了诸如硅谷、班加鲁尔等地创业创新活动异常活跃的原因。通常来说，较为开放和支持的外部环境有利于激发个体的创业特质。相反的，如果外部环境较为动荡、壁垒较多，会减弱个体的创业意愿，阻碍创业行为，不利于企业家精神的培养和形成。

第二节　组织层次的企业家精神

组织层次的企业家精神更多的是个体层次的企业家精神经过长期培育，进而在组织层面形成的一种个体企业家精神的表征，集中反映出企业

① Christian Lüthje，Nikolaus Franke. The“making”of an entrepreneur: testing a model of entrepreneurial intent among engineering students at MIT [J]. *R&D Management*，2003，33(2)：135 – 146.

家精神的组织属性。组织属性是企业家精神的特征之一。研究企业家精神的外延就必须深入探讨企业家精神在组织层面的表现。从组织层次出发探讨企业家精神，就是要关注在企业层面上企业家精神的重要特征。关于组织层次的企业家精神，实际上也就是公司企业家精神。Miller（1983）首次提出了公司企业家精神的概念，他认为公司企业家精神就是企业家将个人的精神、价值观念等反映在公司整体行为上，是个体层次企业家精神扩展到公司层面。该定义将公司拟人化，认为企业就像一个人一样，同样拥有自己的个性特征、气质血性和精神基因。所以不难看出，企业家就是公司企业家精神的主体，个体层次的企业家精神是组织层次企业家精神的基因。

与个体层次企业家精神相同，组织层次的企业家精神同样表现出创业行为、冒险精神和创新行为等特质。组织层次的企业家精神并不是企业家个体精神的无限放大，也不是企业家个人精神的神话，更不是简单的企业家精神的叠加或累积。真正的公司企业家精神是企业家将其精神渗透到公司的日常经营、管理和创新等全过程中，并将组织所拥有的内外部资源进行有机整合，发挥企业家精神的催化和激活作用，实现组织的竞争优势，并表现出相应的精神特性。当前，全球经济环境急剧动荡，组织层次的企业家精神急需发挥作用。当企业面临着各种环境变化和经营困境的时候，企业所表现出来的抵御风险的能力正是组织层次企业家精神的作用所在。企业的成长过程中充满各种风险，企业能否获得长久发展并立于不败之地，就要看这个企业是否有“血性”、有“精神”，这就是公司所表现出来的企业家精神。这种企业家精神与个体层次的企业家精神不同，它反映的是组织整体的精神状态。由于经济环境复杂多变，许多公司面临着破产、被淘汰的命运，很多世界500强企业被大浪淘沙，跌落神坛。对于成熟的企业来讲，从某种程度来讲，企业家精神决定着其能否获取真正的成功。所以，组织也需要精神的支撑，需要组织层次的企业家精神来引领企业发展。因此，关注并研究组织层次的企业家精神是十分有必要的，也更加具有现实意义。

研究组织层次的企业家精神，其着重点就在于研究和开发企业家精神对企业可持续发展的贡献和作用。组织层次的企业家精神研究旨在启发和指导企业组织自觉地创建具有企业家精神特质的企业文化和制度，进而使之成为指导企业可持续快速发展的精神力量。组织层次的企业家精神最核心的作用就是凝聚组织人心、鼓舞精神、引领发展，进而为组织提供精神动力。已有对组织层次的企业家精神的研究将每一个企业作为观测对象，通过对大量企业所表现出来的企业家精神进行研究分析，然后寻找其共性，总结和提炼成功企业在企业家精神方面所表现出来的共性特征，以此来总结组织层次的企业家精神应该具备的内涵和特质。企业作为一个社会组织，有着其固有特性。每一个企业都有其自己独特的基因编码，会表现出不同的企业特性，也会像个体一样表现出特定的行为方式。管理学者在对企业的研究中将企业所呈现出来的与众不同的价值理念、精神内涵等作为核心价值观。与核心价值观相类似，组织层次的企业家精神也具有类似的功能，它通过企业管理者、所有者或利益相关者向外界传达一种企业行为模式。这种行为模式通过企业日常经营所表达出来，传递出企业所特有的精神气质，往往这类精神气质与企业中拥有绝对话语权的企业家密不可分。因此，要研究组织层次的企业家精神，仍然需要从企业家出发。企业家就像是企业的原子核一样，企业的所有精神能量都从这里迸发出来。

已有的关于组织层次的企业家精神研究也比较深入和成熟。Emeric-Solymossy 博士 1998 年的研究将组织层次的企业家精神归纳为四个方面：

（1）企业的竞争态度，即企业在市场环境中具有的扩张和竞争的精神意志。竞争态度所呈现的是企业的开拓精神。一个企业如果具有开拓精神，在市场选择和市场行为中将会不惧怕挑战和风险，敢于去冒险，勇于去尝试新的领域。竞争态度同时也反映了企业的活力程度，充满活力的组织必然是充满竞争力的，具有积极竞争态度的企业也必然是有着自我精神意志和价值追求的。

（2）战略取向。组织层次的企业家精神必然是建立在一定的战略导向之上的，同时也会影响着企业的战略选择。企业的组织结构、层级和制度设计等都会直接影响着企业家精神的形成。组织内部是否能在价值观、利益追求、价值导向上实现一致，将直接决定着组织层次的企业家精神是否能够形成。企业的战略取向则决定着组织层面的企业家精神是否适应组织战略需要。对于一个成熟的组织来讲，组织层次的企业家精神一定反映在战略取向上。因为战略的制定必须贯彻企业家的意志，这其中就会有企业家精神的成分。

（3）信息交流网络，即信息传输的渠道。这里的信息交流网络既包括内部的交流网络，又包括对外的信息传输渠道。组织层次的企业家精神其本质仍然是一种精神构念，往往存在、形成、发展于信息交流网络中。通过企业内部和外部网络的信息交流、传递和互换，形成一种被广泛接受和认可的价值方式和精神构念，在这个过程中，组织层次的企业家精神就得以形成。同时，在信息传递过程中都伴随着精神的传递。就像常说的每个人都有自己的话语体系、行为模式和思维方式，所以在向其他个体传达信息的时候会有个体的独有印记存在。企业也是一样，组织层次的企业家精神就像是企业的DNA，由组织传递出的信息都会带上组织的烙印和气息。因此，可以说一个组织的企业家精神无处不在。

（4）技术和能力。企业所拥有的技术和能力能够在一定程度上反映组织层面的企业家精神。因为企业所拥有的能力和追求的技术，表现出企业创新精神和资源捕获能力。企业通过技术发展和革新，必然会提升创新能力，激发企业的创新精神。在追求技术的过程中，最能展现企业所秉承的精神追求和价值理念，技术的革新最能直接反映出企业的创新精神，而创新精神也是组织层面企业家精神的重要内容。当一个企业不断追求技术革新和能力提升时，这个组织一定具有浓厚的创新氛围，拥有积极的组织层次的企业家精神。

组织层次的企业家精神实质也是组织的资源禀赋，就像个体层次的企业家精神一样，反映的是企业所拥有的可以调配和使用的资源的能力和禀赋。与个体不同的是，组织拥有着极为丰富的资源，这其中包括企业家在内的人力资源、物质资源、知识资源、技术资源、政治资源、制度资源等，这些资源都是组织层次的企业家精神的有机构成部分。而且，企业家精神本就是一种资源要素，是组织所拥有的内部的精神资源。这种精神资源具有强大的感召力、凝聚力和创造力，能够影响到组织内外的个体和群体。也有学者提出了另一种观点，认为组织层次的企业家精神实质是一种组织管理风格。可以理解的是组织层次的企业家精神包括了组织管理风格，但与管理风格相比，组织层次的企业家精神具有更为宏观和更高层次的构念。组织管理风格仅仅只能表现组织的管理方式和管理过程中的行为方式和风格，并不能体现出组织的精神追求和价值观念，特别是组织意识层次的统一的精神认同。

值得欣慰和肯定的是，随着管理实践的不断拓展和理论研究的不断深入，管理学者对组织层次的企业家精神研究有了更进一步的探究。以往的研究可能关注静态的组织内部各要素的研究，现在转变为在关注内部的静态研究的同时，注重对组织所处外部环境的动态性研究。组织开放性和环境动态性都是研究组织层次的企业家精神需要综合考虑的。同时也应该看到，研究组织层次的企业家精神应该具备更广阔的视野，选择更多类型的组织形式，最重要的是，不能把企业家精神孤立研究。组织层次的企业家精神研究一定要与组织的关键要素联系起来，如组织战略、文化、机制、组织架构等。只有将组织层次的企业家精神与组织的各类情境要素、关键特征结合起来，才能深入剖析组织层次的企业家精神的作用和影响。

第三节　社会层次的企业家精神

社会层次的企业家精神是指社会层面上所形成的企业家精神氛围，是企业家精神在整个社会层面的广泛渗透。需要注意的是，社会层次的企业家精神是一个集合概念，与个体层次的企业家精神和组织层次的企业家精神不同，这是一个宽泛的概念属性。社会层次的企业家精神类似一个公共属性，就像社会公德、社会风气一样，它更多强调社会价值和作用。随着企业家阶层的不断崛起，由企业家精神所构成的良好的企业经营秩序和公共经济秩序为整个社会营造了良好的风气。当个体层次的企业家精神渗透到组织中形成组织层次的企业家精神的时候，由众多具有独特企业家精神的企业构成的社会经济组织秩序自然而然会在整个社会营造一种企业家精神氛围，特别是不同的制度、知识、技术、行业和区域，都会形成一个特定的企业家精神集群，并在一定范围内形成社会企业家精神氛围，这就是社会层次的企业家精神。

在不同地区，因为经济发展的差别，经济生产方式也具有一定的差距，地区的组织层次的企业家精神具有一定的共性，因此，一个地区可以形成一种特定的社会层次的企业家精神。例如，在我们的浙江温州，独特的企业家群体和组织群体都具有特别的企业家精神属性，所以这一地区的社会层次的企业家精神与其他地区是存在显著差异的。区域间、行业间的差别都会形成不同的企业家精神特质。但是总体来讲，社会层次的企业家精神具有很强的区域属性。也就是说，区域差别是社会层次的企业家精神间的主要区分维度，特别是区域的经济文化氛围、商业环境等因素极大地影响着该区域内社会层次的企业家精神的形成。

在研究基于区域差异的社会层次的企业家精神的时候，还需要关注区域创业文化、商业环境、商业传统和政策环境对区域社会层次的企业家精神的影响。各个区域都有特定的社会文化、环境特征、经济历史和商业基础，因此，可以认为各区域培育成社会层次的企业家精神的土壤是不同的。无论地区经济发展繁荣还是落后，只要有现代经济活动的存在，这个地区就一定存在某种社会层面的企业家精神，区别在于成熟与否，以及表现得明显与否。社会层次的企业家精神的形成和培育与企业家群体直接相关。企业家群体是极为特殊的群体，他们身上的精神品质会随着经营活动的开展浸入社会规则之中。所以说社会层次的企业家精神最直接的产生方式就是企业家的经营活动。综合来看，社会层次的企业家精神其包含的内容反映了一定社会区域内企业家群体、企业组织的精神品质，这种品质是区域内企业家所共有的。一般来说，社会层次的企业家精神同样坚持创新的核心精神、敢于尝试和冒险，并且勇于承担潜在的风险，是一种艰苦创业、开拓进取的精神意志。

企业家精神的社会属性决定了其范围延伸的可能性，从个体层次的企业家精神到社会层次的企业家精神都是一脉相承的，也是遵循企业家精神的产生规律的，更是符合企业家精神的特性的，其实质就是一种广泛被接受的社会规则。社会层次的企业家精神可以被看作一种普遍的社会精神契约，它的重要作用在于引导区域社会、国家乃至整个社会创建具有企业家精神特征的文化。社会层次的企业家精神在区域或全社会形成的文化引领作用，有利于最大限度地激发整个区域或社会的创新能力、创业热情，增强企业活力，进而使企业家精神成为推动社会经济增长的内在动力。①

结合我国经济社会的特殊性，在研究社会层次的企业家精神的时候，提出了“本土企业家精神”的概念。这一概念在我国对企业家精神的研究中使用较为普遍。本土企业家精神研究是专指落后地区的企业家精神研究，这种研究旨在通过传播和扩散企业家精神来促进本地的创业，最终改变本地的落后面貌②。从本土企业家精神的概念来看，可以发现其限定的区域就是经济发展落后的地区，可以说本土企业家精神属于社会层次的企业精神的一个分支。通过梳理发现，我国研究本土企业家精神大部分集中在西部经济落后地区，也有人把这一地区的企业家精神称为“西部地区企业家精神”。我国西部地区由于历史、环境、自然资源等因素的影响，经济发展严重落后于中部、东部地区，所以西部地区的企业家群体，及由此产生的本土企业家精神被学者所关注。在实际的企业经营活动中也是一样，西部地区企业发展较慢，规模以上的企业数量远不及中部、东部地区，经济繁荣程度和经济活力程度明显不足，所以社会层次的企业家精神与经济发达地区是有显著区别的，可以说非常具有地区特色。我国西部欠发达地区的社会层次的企业家精神更多表现为艰苦创业精神。在这些区域的企业缺少资源禀赋、经济基础薄弱，艰苦创业的精神在地区内早已落地

① 企业家精神与企业核心竞争力提升，http://www. hi138. com。

② Ana Maria Peredo, Robert B Anderson, Benson Honig, Leo Paul Dana. Towards a theory of indigenous entrepreneurship [J]. *Int. J. of Entrepreneurship and Small Business*, 2004, 1(1/2): 1-20.

生根，并推动着企业不断发展。

同时，社会层次的企业家精神更要强调社会功能，这就包括承担相应的社会责任和社会管理的义务。社会层次的企业家精神的形成和发展都与地区的社会实际情况紧密相关，其本质上就是社会经济文化发展的产物。所以，社会层次的企业家精神要以贡献地区经济发展为使命，利用企业家精神的感召力和价值引领作用来理顺经济秩序，减少社会问题；运用企业家精神的推动作用来提升组织活力，为经济组织提供营造良好的保障；发挥企业家精神的广泛社会基础，积极承担相关的社会责任，解决复杂的社会问题。社会层次的企业家精神研究的最终目的在于实现社会价值，而并非以实现营利为导向①，要在全社会形成不断进取、勇于创新、艰苦创业的优秀价值品质。

在我国提出“大众创业、万众创新”的战略后，社会层次的企业家精神显得尤为重要。Porter（2010）认为，民族文化、国家政策和制度支持会对本地企业的竞争力产生巨大的影响。因此，对一个国家而言，发挥社会层次的企业家精神的目的是要建设具有企业家精神特征的创业型国家、社会或地区②。从大的国家战略的角度出发，社会层次的企业家精神具有更加重要的意义，其作用也是巨大的。企业家群体在社会中具有很庞大的追随者和强大的号召力，往往企业家的行为和举动会被纷纷跟随和模仿，一些大型的企业也是众多中小企业效仿的对象。所以要实现“大众创业、万众创新”的战略目标，就要发挥好、利用好社会层次的企业家精神，充分调动全社会企业家群体，充分利用全社会各类企业的资源，特别是一些领头企业作用的发挥。通过企业家、企业和社会，多层次、全方位地引导社会学习优秀企业家精神，营造良好的培养和弘扬企业家精神的氛围。以美国西弗吉尼亚州为例，该地区政府为企业家投入了大量资源，建立了企

① Gordon E. Shockley, Peter M. Frank, Roger R. Stough. Toward a theory of public sector entrepreneurship[R]. NCIIA7th Annual Meeting: Big Ideas in a Small World, Boston, Massachusetts, 2002,3: 20 - 22.

② Delgado M. ,Porter M. E. , Stern S. Clusters and Entrepreneurship[J]. *Social Science Electronic Publishing*, 2010.

业创业基地等设施，举办了创业发展论坛和企业家精神论坛，营造出培养企业家精神的氛围，设置专门的税收政策来保护企业发展，并在全州开展各种形式的企业家精神培训，甚至从幼儿开始。更为重要的是，该州政府充分打造了商业发展环境，保护商业发展，引入各类智力资本、技术资本和商业资本，培养自主创业的文化氛围，创建具有企业家精神特征的良好创业环境①。而美国从国家层面也制定并出台了鼓励创业、发展创业经济、营造企业家精神的具体政策②。社会层次的企业家精神就是要通过精神引领来鼓励社会形成创业氛围，营造良好的企业家精神氛围，并开展更多的创业活动促进经济的增长③，最终实现区域和社会的经济发展。

企业家精神是客观存在于多个层面、多个维度上的复杂综合现象，在现有企业家精神领域各层次的大部分研究中，从研究问题可行性的角度考虑，学者们普遍采用的是单个层面的分析方法。这固然可以使得研究工作变得可行简单，但单个层面分析方法存在明显的假定：即各层次相互独立。其他层次因素同质且独立，只针对某一特定层面的企业家精神的研究结论无法解释具有跨层面的企业家精神现象，也就限制了企业家精神理论的发展和应用。要全方位地研究企业家精神的外延和形成，就要充分考虑到企业家精神存在的群体和环境因素，也要区别不同层次企业家精神的不同与侧重。

因此，本章从个体层企业家精神、组织层企业家精神和社会层企业家精神三个层面进行分析，探讨了企业家精神在这三个层次上的不同表现和作用。我们可以发现，不同层次的企业家精神其表现侧重是不同的，作用不同，目的和功能也是不同的。通过本章的研究能够更加全面认识到企业家精神的内涵和外延，以及企业家精神的作用和重要意义。

---

① Mike Stuart etc. Blueprint for entrepreneurship as a strategy for economic development and community renewal in West Virginia[R]. Vision Shared Committee on Entrepreneurship West Virginia, 2003:1 – 27.

② Phil Psilos etc. A governor's guide to strengthening state entrepreneurship policy[R]. National Governors Association, 2004:1 – 31.

③ Steven F. Kreft, Russell S Sobel. Public policy, entrepreneurship, and economic growth [J]. *J. E. L. Classification*, 2004, 7(1):2 – 25.

第三篇

企业发展与企业家精神篇

企业家发展是多元变量作用的函数。企业家精神和企业发展在理论上和实践中都有着极为密切的关系。从理论上阐释企业家精神对于企业发展的作用，是解释企业发展的重要视角；从实践层面来观察运行过程中企业家精神和企业发展的相互关系同样非常重要。

第八章　企业发展与企业家精神关系的理论与实践

企业家精神是在企业长期发展过程中形成的企业核心精神共识，是企业成长理论在价值观层面上的理念凝结。2014 年，习近平总书记提出重要论述：“我们全面深化改革，就要激发市场蕴藏的活力。市场活力来自人，特别是来自企业家，来自企业家精神。”党的十九大报告中也明确提出“激发和保护企业家精神”。改革开放 41 年，新中国成立 70 年来，中国最重要的成果之一就是形成了一个持续壮大的企业家阶层。社会财富的源泉是企业，企业家精神则是这个源泉的根和魂。

70 年发展历程，中国特色社会主义制度下的企业家精神是具有鲜明历史特征，也是独具理论特色的。随着中国进入新时代，推出了一系列重大举措，以推动经济高质量发展、激发各类市场主体的活力、营造企业健康发展环境，重中之重是弘扬和培育优秀的企业精神。在探究企业家精神这一重要理论的过程中，需要全面理解企业发展的历史规律，洞察企业家精神的形成过程，剖析企业发展与企业家精神的理论演进与关系。

随着中国企业家群体的出现，特别是改革开放以来企业家阶层的崛起，更多人开始关注企业家以及这个阶层共有的精神特质。20 世纪 90 年代开始，企业家精神的概念逐渐被国内的学者提及和研究，并随着实践发展不断深入。企业家群体逐步成为中国经济发展的“排头兵”和“火车头”，随之带来的企业家经济登上时代舞台。经济学理论中企业家是重要的社会生产要素，其对企业发展和经济增长的贡献不言自明。基于经济学的基本观点，Thurik（1999）[①] 从经济数据出发，运用统计分析方法也验证了企业家精神具有同样的特征和作用，即企业家精神也可以作为经济增长的内在要素，其对经济增长的推动作用被证实。我国较早研究企业家精神与经济发展的是王林生教授于1989年在《管理世界》上发表的《企业家精神与中国经济》一文。该文章成为改革开放初期解放思想、解放企业家精神的重要开端，他系统论述了企业家精神的压抑和禁锢是当时长期经济发展停滞的因素之一。解放企业家群体、激发企业家精神是促进经济增长的重要驱动因素。[②] 理论研究表明，人是生产力的代表，企业家是社会生产中最活跃的要素，因此，企业家精神也是重要的发展要素[③]，成为研究经济增长和社会发展不可忽略的因素。通过现有文献分析发现，我国学者关于企业家精神与企业发展之间的研究始于20世纪90年代，陈佳贵（1989）[④] 在研究中正面提出了企业家精神是企业获取成功的精神支柱和强大内在动力。随后，清华大学傅家骥和洪后其（1990）[⑤] 进一步研究提出企业家精神在发挥扩散作用的过程中会促进企业技术创新的扩散、提升创新能力，进而促进企业发展。因此，从管理实践的角度来看，企业家精神对于企业发展而言并非是不可实现的理想主义，也不是“洗脑式”的价值鼓吹，更不是无源的精神虚构，而是真切存在的内生源泉、价值要素和不竭动力。对于中国而言，曲折的经济发展历史和当前激烈动荡的经济环境，都为研究企业家精神与企业发展乃至经济增长的关系提供了更好的时空样本。结合我国现实背景来看，新中国成立70年来，我国各类企业的迅

---

① Thurik W. R. Linking Entrepreneurship and Economic Growth [J]. *Small Business Economics*, 1999, 13(1):27-55.

② 王林生．企业家精神与中国经济[J]．管理世界，1989(4):153-157.

③ 陈威，张磊．企业家精神对中国经济增长影响的动态研究[J]．安徽工业大学学报(社会科版)，2011，28(2):20-23.

④ 陈佳贵．关于企业家精神的探讨[J]．中国工业经济，1989(3):57-61.

⑤ 傅家骥，洪后其．企业家精神的培养与技术创新扩散[J]．中外管理导报，1990(2):4-11.

速崛起、发展、壮大乃至辉煌，在各个领域取得的发展成就，都充分说明了企业家群体及其所表现出来的企业家特质，特别是企业家精神是企业发展的精神指南和内生动力。进入新时代以来，传统产业转型调整，经济增长方式转变，这一过程中培育和壮大了一大批优秀的企业家，为企业家精神的形成提供了赖以滋养的土壤，并在全社会培育了各具特色的优秀企业家精神，以助推各类企业健康发展和我国经济的高质量发展。因此，研究企业家精神与企业发展的关系具有重大的理论意义和实践价值。

第一节　企业家精神与企业发展

企业家精神是企业持续发展的源动力①，是企业发展基因的核心编码，更是推动社会经济发展的精神源泉。从某种程度上说，衡量一个国家或民族经济社会发展的重要指标就是企业家群体的规模。这一类群体往往具有不同于一般企业主的行为模式、精神理念和核心特质。根据前文我们对企业家精神的分析，企业家之所以不同于一般企业主或商人，在于这一类人往往更具有自我革新的创新精神、一往无前的冒险精神、团结一致的合作精神、艰苦奋斗的创业精神。正是由于企业家们具备这些精神特质，他们往往能够在复杂多变的环境中不断守正创新、开拓进取，倾其全力地推动企业发展壮大，不断追求企业利润和财富的最大化，从更大程度上为行业和社会经济发展起到巨大的推动作用。因此，我们可以认为企业家精神对于企业发展具有十分重要的作用，甚至是可以决定一个企业能否真正取得成功的核心要素。

在研究企业发展的已有理论中，资源基础理论和企业核心竞争力理论是其中最具代表性的两个理论。对于这两个理论，在前面的章节中已经作了详细的论述，就不再赘述。在研究企业发展与企业家精神之间的理论联系过程中，我们可以发现上述两个理论都可以包含同一个特质维度——企

① 张大红．儒商伦理与现代中国企业家精神[D]．长沙：湖南师范大学，2003.

业家精神。资源基础理论是将企业所拥有的有形和无形的资源看作企业最核心的竞争力。基于这一观点，我们不难发现企业所拥有的资源一般可以分为人、财、物和信息等，其中人是企业各类资源中最关键的资源。因为基于人的主观能动性、持续的学习能力和积极的创造性，人往往成为决定企业发展成败的核心资源。而在企业组织中，企业家作为企业的掌舵人，就自然成为核心中的核心、关键中的关键。因此，我们可以说企业家是企业最核心、最关键、最具竞争力的资源。核心竞争力理论认为企业的核心能力决定着企业发展方向和成长能力，企业所拥有的别的企业不能复制的核心能力就是企业的核心竞争力。这一理论重点在于关注企业所拥有的独特能力，这一能力是具有排他性的。那么我们可以很容易理解企业家精神的重要作用和核心地位。因为每个企业家精神系统都是独一无二的，每一个成功的企业其拥有的企业家精神都是与众不同的，它是企业运营的“黑匣子”，也是企业发展的动力源泉。

因此，我们可以认为，企业家精神是企业发展的核心资源，也是成功企业所拥有的核心竞争力。从理论源流上讲，企业家精神能够不断为企业家个体提供不竭的自我驱动，也能鼓励企业家不断创新、克服困难，更能激励企业家发挥优势，培育和提升其资源运筹能力，为企业注入更强劲的竞争力。同时，企业家精神在企业发展的各个阶段都能与企业所拥有的资源进行相机匹配，通过资源最优化达到优势最大化，助推企业不断成长升级。

接下来本节将从企业家精神的四个基本特质外延来探究其与企业发展的关系，即企业家精神的四个典型表现形式——创新精神、冒险精神、合作精神以及创业精神。

一、创新精神与企业发展

创新理论认为，企业的竞争优势来源于创新能力，而持续不断的创新能力和创新水平能够为企业带来持久的竞争优势①。因此，可以发现创新与竞争优势之间相辅相成、相得益彰。在企业发展过程中，创新能够使其持续推出新工艺，生产新产品，提供新服务，优化企业组织形式，调整改进生产过程，提升改进品牌形式，给顾客创造新价值，从而形成持续竞争力。通常在衡量企业发展成功与否的时候，财务指标通常会被过分夸大重要性，而难以直接衡量却异常重要的企业创新水平和能力往往最容易被人为忽视。从长期观察实际企业经营的经验中我们不难发现，财务上的增长只能说明企业在经营过程中获得了营收甚至是利润，并不能真正代表企业的发展与成长。企业是否具有创新能力和创新要素，甚至长期具有创新潜力，能够立足于充分竞争的行业中并发挥持续的竞争力，才是衡量一个企业取得发展和成长的关键标准。

2013 年党的十八届三中全会中通过的《中共中央关于全面深化改革若干重大问题的决定》中明确提出要加快转变经济发展方式，加快建设创新型国家，推动经济更有效率、更加公平和更可持续发展②。实施“创新型国家”战略需要上下同心、内外联动、齐头并进，需要将企业创新与社会发展相结合，将企业创新水平培养与国家创新能力培养相结合，将企业发展与国家战略相结合，以创新的管理方式、管理手段、管理机制和管理理念助推创新战略的实现。实现创新驱动发展战略就要明确企业的主体地位，明确企业家在创新中的核心作用③，更要明确企业家精神在创新发展战略中的引领作用，引导全社会形容积极培育和弘扬优秀企业家精神的良好氛围。

企业家精神的本质就是一种创新精神和创造精神④。纵观人类发展的历史进程和演进规律，创造和革新往往是催生新鲜事物的起源。人类社会的发展规律亦是如此，社会的发展、生产方式的变革和经济文明的进步都

---

① 张正平. 企业家精神与企业成长[J]. 中小企业管理与科技(中旬刊),2011(8):40 - 41.

② 赵曙明,白晓明,赵宜萱. 转型经济背景下我国企业家胜任素质分析[J]. 南京大学学报(哲学·人文科学·社会科学),2015,52(2):25 - 35.

③ 张来武. 论创新驱动发展[J]. 中国软科学,2013(1):1 - 5.

④ 李建桥. 企业家精神与企业核心竞争力提升[J]. 商业时代,2006(9):90 - 91.

伴随着一次次的自我革新。在这个创造性的过程中，创新精神便已经孕育其中，伴随着企业家这一群体的出现，这种原始精神开始得到滋养并不断被激发。在中国的夏朝时期，为了方便交换货物，人们开始将“海贝”作为货币进行交易，这种创新性的方式为商业的发展提供了可能性，直至北宋时期“交子”的出现，彻底激活了商业发展，也为后来大商帮的出现奠定了基础。由此可见，创新精神在企业发展和经济社会发展中具有决定性和颠覆性的作用。创新精神往往来源于个体的创造能力，拥有创新精神的个体容易在企业经营中取得突破性成果，并获得成功，促使个体有机会成为一名优秀的企业家；反之，要想成为一名优秀的企业家，创新精神是首要的精神要素。

对于企业发展而言，变化、发展和革新是企业面临的三大挑战。在市场规律中，变化是反复无常的，也是最难预测的。企业的领导者必须保持足够的市场敏锐度、敏锐的观察能力和超强的学习能力，因为面临的环境总是在不断变化。真正优秀的企业家往往能够提前研判市场和行业动态，精准把握企业发展方向，敢于采用新工艺、新产品、新思路、新模式，以大胆的创新博取企业发展，获得更大效益。具有创新氛围企业往往能够把握市场机遇，走在产品更新、技术革新和理念创新的前列。这类企业往往能够引领一个行业的技术、产品或服务革新，在企业发展的同时极大地推动行业进步的发展。以中国的华为公司为例，其逐步成长为世界通信行业的创新中心，华为不仅使自身飞速发展，也引领行业不断革新。

创新是企业家精神的核心，对于企业而言，更是得以延续发展的关键。德鲁克认为对于企业而言，真正的竞争优势是将常用的知识和技能转化为创新的能力[①]。张维迎将企业家最重要的职能之一定义为推动社会革新[②]。企业家为什么具有这样的社会功能？其原因在于企业家所具有的创新精神。企业家群体在企业经营过程中必须寻求企业不断发展壮大，其途

① Drucker P. F. How should a manager spend his time? [J]. *Electrical Engineering*, 1954, 73(2): 166 - 168.

② 张维迎. 企业家精神与中国企业家成长[J]. 经济界,2010(2):23 - 24.

径就是创新。对于企业家而言，其创新最原始、最直接的目的就是推动企业发展。

如何寻求企业在复杂多变的市场环境中得以存续，甚至永续？这是企业家的使命和毕生追求的信念。企业的生命周期决定了其发展必然会经历发展、成长、成熟、衰退这几个阶段。企业发展到衰退阶段，意味着“灭亡”也将到来。综观当前世界上一些长盛不衰的企业，追根溯源均在于持续不断地创新。对于企业来讲，如果能在由盛转衰的阶段寻找到新的产品、战略或发展方向，以创新助推企业实现“惊险一跃”，可以实现新生。由此可见，创新精神是企业实现基业长青的核心要素。当前，在我国经济转型背景下，供给侧结构性改革稳步推进，对企业的发展提出了要求。企业是社会经济的基石，只有实现了企业健康、长久发展，才能推动行业和社会发展。

二、冒险精神与企业发展

企业发展是否需要冒险？显而易见是需要的，更是必须的。一个伟大企业的发展壮大之路并不是一条康庄大道，也不会风和日丽，更不是纸上谈兵。战略选择和创新精神可以为企业指明航向，战略定位可以让企业知道往哪走。但是具体怎么走？理想与现实的差距总是大相径庭。企业要想在既定方向上找寻出适合的、正确的发展道路，那就必须具有冒险精神，必须有冒险精神的企业家领航前行。综观各国一些知名企业的成长史，无不伴随着冒险与拼搏。发展之路必定荆棘丛生、泥泞坎坷，只有敢于冒险，才能劈波斩浪、一往无前。

当前世界企业都面临着“变”与“不变”的艰难抉择，“变则通，不变则死”已经被戏谑为“变则找死，不变等死”。由此可见，创新必然伴随着冒险和失败，成功与失败也就一线之隔，就像“天才与疯子仅一步之遥”一样。敢于创新的企业家们往往被称为“疯子”，因为他们是创新与冒险的结合。早在 1985 年，德鲁克就预见性地指出，全球环境已由“管理型经济”转变为“创业型经济”。对于企业来说，世界经济环境的变化为企业发展带来了空前的机遇，也伴随着无法想象的挑战和困难。这一段时期有很多著名的企业通过大胆革新实现了飞速发展，如美国的苹果公司、微软公司，以及当前我国的华为公司等。但是，也有很多企业在冒险中轰然倒塌，如诺基亚公司，战略摇摆不定，不断从零开始折腾，终于在市场大潮中被“掀翻”。创新不等于冒险，但是创新不能没有冒险。因此，对于一个企业而言，具有敢于冒险、不断开拓的企业家无疑是企业创新发展的重要基础。冒险精神更是企业家精神的重要组成部分。因此，我们可以认为，冒险特质是企业发展的重要因素之一。

当前经济企业发展面临的环境是复杂且动荡的，没有相对稳定的社会环境，企业也就没有良好的发展预期①。企业家的冒险特质能够帮助企业在复杂环境下找寻好的发展机会，能够不断去识别和判读企业发展与社会需求之间的匹配，能够敢于变革创新博取更广的发展空间。对于企业家而言，冒险精神可以是与生俱来的，也是可以通过锻炼培养的。对于企业而言，冒险特质则是需要营造并长久秉持的。一个企业是否具有冒险特质就在于它的管理者（特别是决策者）是否具有冒险精神。换言之，企业家的冒险精神决定了整个企业冒险的水平。但是，需要明确的一点是，冒险不等于蛮干，更不是不加甄别的冲动行为。而是要经过科学的分析、客观的研判和审慎的决策，从而形成一种科学的假设和预期，并为之进行战略设计、战术规划和执行实施。

冒险精神之于企业，就像是一个人的胆量，是敢不敢做的问题。真正的冒险精神是“明知山有虎，偏向虎山行”的执着和胆识，也是“狭路相逢勇者胜”的勇敢和进取，更是“有冒险才有希望”的笃定和希冀。如果说创新决定着企业该往哪走的话，那么冒险精神决定着一个企业能够走多久、走多远。对于企业而言，生存和发展是第一位的。企业的长久生存和永续发展是成功企业家的毕生追求。往往一个有追求的企业家都极具冒险

① 赵曙明，白晓明，赵宜萱. 转型经济背景下我国企业家胜任素质分析[J]. 南京大学学报(哲学·人文科学·社会科学)，2015(3).

精神，敢于不断尝试新的领域，不断挑战和超越自己，不断寻求企业与社会的联系。例如，中国房地产企业的领军企业之一——万科集团，其代表人物王石一次次不断挑战攀登珠穆朗玛峰，王石将个人的冒险精神注入企业经营管理之中，为企业成长为极具竞争力的世界500强企业奠定了基础。

因此，冒险精神就是企业发展的营养源和精气神。只有具有冒险精神的企业才能敢于开拓，敢于创新，敢于突破和尝试，敢于不断试错并改进。伟大的企业是在冒险中铸就的，伟大的企业家也是在冒险中锤炼成长的，企业的发展离不开敢于冒险的企业家精神。

三、敬业精神与企业发展

企业家的责任和使命是谋求企业发展和寻求利润新增长，其工作本质上就是让企业得以长久生存和持续发展。因此，积极寻求企业长久发展并获取利润是企业家敬业精神的直接体现。企业家的工作要求企业家具有高度的敏锐性和判断力，并且具有能够将机会转化为优势和利润的能力。企业家的这种把方案、规划和目标加以落实的能力，就是企业家“敬业”的表现。但这也并不是敬业精神的全部内容。敬业精神其核心是企业家对企业发展的一种信念和执着，将企业发展作为自己毕生的追求，对自己的事业有一种入迷和执着的心态，会有一种“咬定青山不放松”的理想信念，这种信念在现代管理学中也称为承诺（Commitment）。拥有这种心态的企业家往往会全身心投入企业经营发展之中，更甚者把自己的毕生心血和身家性命都融入自己的事业发展中，真正与企业同呼吸共命运。具有敬业精神的企业家也拥有着不同的境界，他们对于自己的事业往往怀着虔诚的心态，全心全意地经营着企业发展，对工作的敬业程度和奉献精神无比浓厚。最典型的例子就是二战后的德国，那个时期德国涌现出一大批优秀的企业家，他们超越了个人得失，不计得失地将自己的所有倾注于企业发展中，这也为德国二战后的复兴奠定了基础。张维迎和盛斌形容这一时期的德国时讲道：“那时的德国失去了一切、缺乏一切。但却拥有一种非常宝贵的社会财富，即企业家。”由此可见，企业家的敬业精神对于企业发展，乃至社会发展都起着类似于“酵母”的至关重要的作用。

敬业精神是企业发展的核心动力。我们不可否认的是企业家对于企业发展至关重要，可以认为企业发展成功的关键在于企业家，而企业家能否成功的关键在于其敬业精神。企业家的敬业精神对企业发展的重要性可以从两个方面来解读：一方面，敬业精神能够推动企业家作出科学、合理的决策。企业家具备一般管理者不具有的、独特的专业性和敏锐的判断力，他们往往能够更准确地把握企业需求与社会需要，能够更加精准地把握行业发展方向。具有敬业精神的企业家会将自己所具备的专业知识、管理经验等充分发挥，在企业发展的重大时期作出科学、合理的决策。另一方面，敬业精神能够为企业发展注入不竭动力。企业家的敬业精神除了体现专业知识和技能以外，更为重要的是，他们会将企业发展与个人命运相结合，将企业成败与职业使命相结合，会为企业发展倾注全力。企业家对企业的敬业精神和奉献精神会极大地感染和带动企业其他成员，并使他们付出更大的努力。员工的角色外绩效往往是由企业家的示范作用和企业氛围激发出来的。具有敬业精神的企业往往都会有奉献的氛围，企业中的个体会更多地贡献角色外行为，会真正地用心经营企业。因此，敬业精神能够为企业汲取不竭的发展动力，是企业实现发展的重要因素。

四、合作精神与企业发展

在企业成长发展过程中通常都存在一种竞合关系，即同行之间经常既有合作又有竞争关系。这种机制对企业的发展，发挥着重要推动与平衡作用，有助于保持行业活力、维护竞争秩序。竞争主要是企业同外部竞争对手间的竞争，合作主要是企业同产业上下游相关企业间的合作关系。企业家如果要处理和协调好这两种关系，使其作用机制尽可能发挥到最大，就需要企业家的合作精神。

企业家的合作精神体现在两个方面：一方面是同企业外部的合作。企业外部关系复杂，面临着众多复杂因素的影响，各种资源都需要统筹协调。优秀的企业家往往通过与外部企业建立合作关系，进而为企业发展赢得更有利的环境和更丰富的资源。另一方面是企业内部的合作。企业内部合作主要是指企业内部资源的整合、人员的协调和利益的分配等。企业内部的合作精神往往更能决定企业发展的长远与否。"堡垒往往都是从内部攻破的"，如果企业家缺乏合作精神，那么企业的员工都必将营私谋利、各自为攻，难以形成发展合力，对企业的消极影响和破坏作用也是致命的。企业家并不是全能人才，他的价值在于能够充分整合和调动不同类型的资源和人员，使其在合适的时间、合适的岗位上发挥最大的效用。要实现这一效果，就需要企业家的合作精神，与内部、外部不同的企业和人员合作、真正实现才为己用。此外，企业家的合作精神也有助于企业建立合作关系和战略同盟，壮大企业发展链条，实现企业发展。

企业发展离不开合作。与利益相关方的合作、与竞争对手的合作都是企业发展过程中必须面对的。在企业家精神的要素中，合作精神是基础。市场经济行为中，竞争是常态，合作是必然；竞争是不断革新和开拓的外部动力，合作则是为实现发展获取优势的方向。当前社会最大的秩序就是分工合作，其也是现代经济体系得以运行的基本规律。著名经济学家、诺贝尔经济学奖获得者哈耶克曾经指出，市场经济是"人类合作的扩展秩序"。

分工合作的市场秩序决定了单打独斗的企业是无法发展壮大的。以产业链和产业集群为主的企业发展模式为全球范围内的企业合作提出了更高的要求。企业发展的关键手段就是合作，因此可以说合作精神是企业发展的重要推手。经济全球化背景下，企业面临的竞争来自全球经济网络。"坐井观天"式的发展视野和"闭关锁国"式的发展策略必然不能实现企业发展。唯有合作才是唯一出路。企业合作最主要的就是资源的再配置，包括一切可以利用的人力、智力、财力、物力、信息、知识等有形和无形的资源。

具有合作精神的企业家更懂得合作，更能充分将各类外部资源为我所用。一个企业所拥有的资源往往是有限的，这就要求企业家必须具有合作精神，这是企业发展的必然要求。合作精神能够为企业发展带来发展资源的同时，也能为企业带来发展的空间和机遇。合作必然伴随着资源和信息的交换和流动。企业间的互相合作能够拓展企业物理边界，在节省自身资源的同时拓展新的空间。首先，合作精神可以将对手转化为队友，减少因同行竞争带来的资源损失，为企业发展赢得更为有利的空间。其次，跨领域的合作能够帮助企业找寻到新的发展机遇，许多企业在跨界中获得了新生，也能找到更合适的发展方向。

当前，我国众多企业不能健康发展的原因之一就是缺乏合作精神，特别是一些发展中的企业，因为缺乏合作精神，采用一些破坏市场的行为来获取短期的利益，最终影响整个行业的发展，从而使企业也丧失了长远发展的机会，特别是同行之间，只看到竞争，互相拆台，搞价格比拼，互相争夺市场和资源，最终拼个鱼死网破。

合作精神的重要形式就是企业联盟，这也是企业发展壮大的重要保障。企业联盟就像一艘大型航母，能够为单个企业发展扫除竞争障碍，开辟发展空间。企业家以其特有的社会网络关系，以合作精神进行企业联盟，能够在更大程度上实现资源整合和发展聚焦。企业家网络作为企业的社会资本，能够帮助企业获取必要的信息、技术和资源，达到企业的资源和优势互补，提升企业的核心竞争能力。经济转型背景下，企业外部经营环境发生了巨大变化，竞争日益激烈，市场和制度不确定性严重，企业家网络成为这种不确定性的重要应对手段①。

第二节 企业家精神与企业核心竞争力

企业发展的关键取决于企业核心竞争力。企业核心竞争力决定着企业能否在完全竞争的市场环境中立于不败之地。企业核心竞争力最根本的来源还是创新，其表现是企业对于资源的整理、制度的把控和能力的开发的

① 高宇，高山行．企业战略导向与管理者社会资本的交互作用机制研究[J]．科学学与科学技术管理，2010，31(4)：149－155.

有机统一。正如前文提到的，创新是企业持续发展的动力源泉，创新才是企业获取核心竞争力的唯一来源，更是企业实现长久发展的不二法宝。当前，世界各国企业都在追求科技发展与技术进步，往往真正掌握核心技术的企业才能真正领跑整个行业，迅速确定优势地位。正如华为公司在5G技术上的领先，使其成为整个行业的“领头羊”和规则的制定者。市场竞争的残酷在于优者胜、劣者汰。很多企业失败不是在于自己做错了什么，而是在于对手做对了什么。当前竞争异常激烈，技术日益革新，企业发展环境瞬息万变，产业更迭迅速，这些都给企业发展带来了极大的考验。企业唯一的应对方法就是自我壮大，真正掌握核心竞争力，才能不被市场所淘汰。

企业发展依靠企业的核心竞争力，那么企业的核心竞争力来自哪里？彼得·德鲁克认为：“所谓公司的核心竞争力，就是指能干别人根本不能做的事，能在逆境中求得生存和发展，能将市场、客户的价值与制造商、供应商融为一体的特殊能力。”可见，企业核心竞争力从某种意义上讲，是企业家精神的一个反映或扩展，它体现的正是企业的创造与冒险，体现的正是企业的创新、冒险、合作与进取。因此，我们可以认为，企业的核心竞争力是企业家精神的具象化产物。企业家精神强调创新、合作、冒险等精神特质，加之于企业经营管理中就是催生了企业不断创新发展、实现发展壮大的核心竞争力。

企业家精神对企业核心竞争力的直接作用就是推动企业家阶层的形成。企业家精神是企业核心竞争力的重要指标之一。各类公司取得关键发展的重要因素就是企业家的非凡能力。企业家是企业取得辉煌业绩必不可少的一环，甚至可以说很大程度上企业家决定着企业能否取得成就。美国的苹果公司，中国的华为、阿里巴巴等公司之所以取得成功很大程度上源于优秀的企业家。企业家在企业中的独特地位，决定了企业的核心价值观必然受其重要影响，决定了企业的组织创新、管理创新、价值创新等冒险活动只能由企业家自身承担。它同时也决定了企业的经营发展的兴衰成败，从而也就决定了企业核心竞争力能否形成。

因此可以说，企业家精神是企业核心竞争力形成的基础和保障，成熟的企业家精神促进了企业核心竞争力的形成。企业家精神的独特作用在于可以将资源、能力和制度有机统一，再加上学习和创新，产生核心竞争力。无数企业以亲身实践论证了企业家精神对企业的重大意义。证实了企业家精神是企业核心竞争力的重要来源。最典型的例子是日本，这个曾经的经济强国、美国曾经最大的竞争对手，他们依靠大和民族坚忍不拔的精神，培育出核心竞争力，成为世界经济巨人。在步入经济低谷的逆境中，韬光养晦、等待转机。受其启发，2002 年不具备技术优势的华为，在进入周期性的衰退后，总裁任正非提出“在危机重重中，活着就是最大的成功”，进行大刀阔斧的改革，在产业结构的调整后，又进行内部组织的调整，终于度过冬天，迎来春天。

新时代建设中国特色社会主义市场经济的背景下，企业家精神又扮演着什么样的角色？伴随中国特色社会主义市场体制的不断完善，人们可以观察到诸多形态不同的公司治理结构共存和发展的局面，如国有或民营资本主导的公司治理结构、外资主导或外资和内资混合的治理结构等。中国特色社会主义市场经济体制下，企业家群体已经逐渐培育壮大。曾经有人认为，中国的经济制度下国有企业是培养不出真正的企业家的。事实是，经过多年的发展，中国的民营经济活跃，一大批优秀的企业家也随之诞生，并造就了企业的辉煌和发展，如马云、任正非、马化腾等。我们可以看出，对民营企业来说，企业家精神（或者可以认为是企业家）直接决定着企业是否真的具有核心竞争力，甚至对这些企业而言，企业家就是其最大的核心竞争力。但是，也有案例表明，国有企业也是能够培养出优秀的企业家的，而且国有企业的企业家精神更能凝聚资源，帮助企业形成核心竞争力。现实的情况是，国有企业能够在众多方面获取资源、政策和资金上的优势，同时，国有企业可以从各领域集聚优秀的管理人才，遴选培养优秀的企业家，帮助企业形成竞争力，达到发展壮大的目标。

企业家精神是企业核心竞争力的唯一真实来源，一个活跃的市场，土地、劳动者、资本等要素只有在具有企业家精神的人手中，才能在复杂多变的竞争环境中发展壮大起来，才会真正成为财富的源泉。企业家精神产生的巨大作用在我们身边也随处可见：一个企业带动了一个城市的发展、一个经理人员的更换使得企业逃脱倒闭的命运。在我国，浙商的成功就是一个典型例子。著名经济学家吴敬琏指出，浙江是一个具有炽烈企业家精神的地方。浙商的创业欲望和创业能力，就是一种资源和竞争力。他们每到一地，带去的是实干聪明的企业家精神，留下的是为当地创造的就业和税收，更重要的是他们的观念和思路，是一颗启蒙的种子，这是浙商对全国人民的贡献。

企业形成自身核心竞争能力的过程是漫长的，对于核心竞争能力的积累过程，可以这样来描述：企业的共同价值观作为企业文化的精神层，指明了企业存在的意义和根本目的，决定了企业努力的大方向。在这个前提下，企业要根据环境条件和自身的努力确定自己的经营范围和短期目标。企业必须探索符合自己价值观的行为方式来实现短期目标。由于企业所处内外环境及自身势力的动态变化性和不确定性，企业要不断地调整经营范围、经验策略和短期目标，不断地用符合自己价值观的行为方式来实现短期目标，周而复始，在这个无限循环的过程中，企业的不断创新逐渐形成了自己的核心能力。这种能力是对应于企业的先进理念和核心价值观的，是企业实现理想的手段。

第九章　民营企业发展与企业家精神

第一节　民营企业及其发展

我国的民营企业是随着改革开放这一伟大历史选择产生的，并随着改革开放持续深化、扩大、不断发展壮大。改革开放初期，涌现了大量的个体工商户，在实行社会主义市场经济体制后，不少个体工商户发展成为合伙企业，进入21世纪以来，许多民营企业发展为有限责任公司和股份有限公司，有一些还成为上市公司。民营企业已成为我国社会主义市场经济发展的一支非常重要的经济力量，在经济体制的完善、满足社会需求、增加产值、创造税收、提供就业机会等方面做出了突出贡献。

一、民营企业的定义

在经济学界，民营企业的概念定义有两种不同的观点：一种观点认为，民营企业是指民间私人投入一定的资本，由私人独立经营，从而享受独立经营为其带来的投资经营收益，并且能够承担起经营过程中出现风险及损失的法人经济实体。民营企业是彰显和对应于民营经济性质的企业。另一种观点认为，民营是相对于国营而言的。民营企业通过所有权进行划分，分为国有所占比例较高的国有民营企业和私人所有占比例较高的私有民营企业。一般情况下，我们认为民营企业是相对于国有企业而言的，所有权非国家的企业。其中主要以个体工商户、合伙性质企业和民营公司制企业为主。

当社会经济环境成熟时，民营企业会自发地形成，从不同的形成途径上看，大致可分为三种：私人收入的资本化、公有企业私营化和人力资本企业化。在这三种形成途径中，私营收入的资本化是最早出现的。个人或其家庭在发展过程中，解决温饱问题后存在一定的货币积累，或是通过向他人或机构筹集一定数量的货币，这些货币作为最早的货币资金进行投资，将其转化为私人资本，经营过程中不断扩张，获取更多资源后增大经营规模，从而发展成民营企业。这种方式是许多小型个体工商户及农村的"专业户"发展成为民营企业的最主要方式。公有企业的私营化则意味着，原来所属公有制的部分企业通过契约合同将企业转让给私人进行承包和租赁，将企业逐渐私有化。这种演化一开始聚焦于乡镇集体企业，后来扩展到一些国有的中小企业和城镇的大集体企业。这类乡镇集体企业在发展的初期较为繁荣，但时间一长，由于集体体制效率比较低下，内部管理出现问题，激励结构缺失，便开始逐渐衰落。因此，许多乡镇集体企业选择了产业制度的改革和创新。以民营生产经营为目标模板，许多乡镇集体企业引入承包制进行制度创新。集体企业的所有者通过收取私人个人或组织所缴纳的承包金，在不改变企业所有权的基础上，将企业的经营管理权转让给私人。与此同时，原有的企业经营过程中所需的人力和生产工具等便与企业所有者脱离，失去以往的紧密联系。承包制发展到后来，已不能满足集体企业私营化的进程。承包企业的个人往往拥有丰富的经营经验和技术能力，他们通过筹措一定的资金，将企业的固定资产和原有的一些供销渠道为自己所用，在承包的基础上自己雇用工人，自己生产经营。在这个过程中，集体企业的股东资产不断磨损折旧，而承包人为了维持经营，不断投入自有资金，增添新设备进行生产，个人的私有资产在企业生产中所占的比重也就越来越重。在很大程度上，公有企业的私有化是在公有企业制度创新的基础上产生的。最后，民营企业的第三种形成途径是人力资本的企业化。这种途径下形成的民营企业是完全成长于市场经济体制下的。创业人员在市场中自由选择、自筹资金经营、自负盈亏，使企业拥有服务于市场的独立意志和行为，成为真正的市场主体。这类企业往往拥有着一定的技术，通过不断创新，使得企业的产品和服务更加符合市场需求，技术创新成为企业发展的不竭动力，技术创新者和职业经理人分别从技术与市场出发推动企业的发展。因此，企业的人力资本也起到了至关重要的作用，它与货币资本同样重要。为激励和约束人力资本，许多企业建立了期权制度为代表的新人力资本回报制度。人力资本的拥有者虽然不是出资人，但也拥有企业产权。

从三种民营企业的形成方式中不难看出，多数民营企业在建立之初，就具有浓厚的创新意识，而这种创新意识往往是从企业的创建者——企业家本人身上表现出来的。创新精神也成为企业家精神中最重要的部分，贯穿于民营企业发展的始终。

二、民营企业的功能

民营企业是我国经济发展的主要力量，民营企业的兴衰直接关乎我国人民生活质量和幸福指数，是我国经济体系的重要组成部分。民营企业在稳定经济持续健康增长、促进科技水平的进步以及制度创新、增加国财财政收入和提供大量社会就业机会等方面发挥了无可替代的重要作用。一直以来，作为国民经济和行业发展的核心力量，国有及国有大型企业在保障国家安全、稳定基础性行业发展等方面功不可没。① 国有企业在发展过程中承担着民族复兴的大任，代表了我国的技术发展水平及经济实力，这一点毋庸置疑，但民营企业仍是创造市场活力、拉动经济增长和承载创新的基本力量。

（一）完善社会主义市场经济体制

坚持公有制为主体、多种所有制经济共同发展的基本经济制度，是中国特色社会主义制度的重要组成部分，同时也是完善社会主义市场经济体制的必然要求。民营经济为国民经济发展创造了较好经济效益，有效推动了市场竞争，丰富了多元所有制结构，帮助建立了基本经济制度，形成了

---

① 杨海涛．我国民营企业的制度分析[D]．成都：西南财经大学，2001.

社会主义市场经济。改革开放40多年来，中国经济社会发展的历史性成就举世瞩目。社会主义初级阶段基本经济制度的建立和完善是我国经济在改革开放40年来取得重大成果的基石。民营企业为政府职能转变、农村剩余劳动力的转移、国际市场的开拓发展做出了突出贡献。它们积极参与国有企业改革，为探索基本经济制度的有效实现形式与推动发展混合所有制经济做出了积极贡献。

（二）成为创造国内生产总值的重要来源

改革开放以来，非公有制经济发展迅速，这得益于国家对民营企业支持和指引。民营企业创造了越来越多的社会财富，民营企业对GDP的贡献已占据半壁江山。截至2018年，我国民营经济在国民生产总值中占比已超60%。许多民营经济较为发达的地区，民营企业纳税已经成为地方财政收入的主要来源。

（三）创造就业机会，缓解就业压力

改革开放40多年来，民营企业为解决就业问题做出了突出贡献。我国作为人口大国，就业人口数量一直较多，进入新时代建设中国特色社会主义阶段，我国经济转向高质量发展的转型期，就业任务更加繁重，以信息技术和人工智能技术为代表的新技术推广应用，对劳动力素质的要求也发生了重大改变，劳动力市场结构呈现出全新特点，我国就业压力空前严峻。民营企业不断转型升级扩大规模，必然会带来众多就业岗位，也为缓解我国社会就业压力贡献了自己的力量。数据显示，目前民营企业在我国各种组织形式中，是提供就业岗位是最多的，80%的城镇就业岗位均由民营企业提供，新增就业的90%也都在民营企业。① 这极大地缓解了社会就业压力，为我国社会的稳定奠定了良好的基础。

（四）创新战略实施的主力军

经济增长理论表明，科技创新是经济增长的持久动力。目前，坚持创新驱动发展、提高自主创新能力、建设创新型国家已成为全国上下乃至全

① http://www.xinhuanet.com//money/2019-01/10/c_1123970953.htm.

民族的重大战略任务。当经济发展失去人口红利后，资源消耗性的增长已经无法支撑经济增长的需求，掌握核心科技和自主研发成为创新驱动发展的必由之路。民营企业的创新能力是与生俱来的，创新是民营企业基因的基本色调，企业家生来就在高风险中不断探求高回报。当前市场瞬息万变、环境复杂，为了生存和发展，民营企业必然会不断进行技术创新和管理创新，只有这样，才有可能避免被市场竞争淘汰。也正是因为面临着十分激烈的竞争环境，创新失败的可能性大，使民营企业在创新方面有很强的容错机制。允许创新失败并能承担其后果，更加能够推动民营企业不断创新。

三、民营企业的发展历程

（一）改革开放之前的民营企业

新中国成立初期，我国社会刚刚走出黑暗的历史环境，摆脱了帝国主义、官僚主义和封建主义的“三座大山”，又经历了长达 14 年抵抗日本侵略的民族性全面战争和 8 年国共内战，中国经济经受重创后逐渐复苏。新中国成立初期，急需恢复国民经济。《共同纲领》指出，国营经济领导社会各种经济成分，多种经济成分应当适当分工合作，支持鼓励一切有利于国计民生的私营经济事业。同时坚持利用资本主义私营工商业为国民经济的复苏做出贡献。但随后，“三大改造运动”开始，农业、手工业和资本主义工商业全面进行社会主义改造，计划经济控制的范围不断扩大。20 世纪 50 年代的“大跃进”，更是让中国民营经济遭到重创。当时，所有的资源几乎全部被纳入计划的体制内，农民和农业资源的集中带来的便是人民公社化运动，所有资源汇总在一起，自然而然地将合作性质的合作经济转变为集体经济。至此，中国社会资本主义经济下的企业也基本上被纳入公私合营，私人资本主义经济全部销声匿迹，企业基本丧失自主经营能力。但这一时期，企业至少还能够通过定期获得一定的利息获利，而这种利益也在“文化大革命”开始后不复存在。“文化大革命”后，公私合营企业完全成为国营企业，私人经营企业在中国彻底消失。到 70 年代后期，中国经济成为单一化的公有制经济，这样的经济制度带来的是整个国民经济的低效率甚至停滞不前。与公有制相对的非公有制经济是在改革开放后才出现在历史舞台上的，非公有制经济下所孕育的中国民营企业也是从改革开放开始，生出希望的嫩芽。

（二）民营企业的萌芽阶段

1978—1991年，这一阶段，可谓民营企业的萌芽期。1978年，“文化大革命”结束，大量的知识青年返乡，城市内需要就业的人口数量也就越来越多。到1979年年底，全国共安排就业902.6万人。900多万的就业人口中有88%需城市安排就业，城市安排就业人员数量上远超其他。① 也就是“文化大革命”结束的这一年，民营经济开始悄悄萌芽，1978年，安徽凤阳小岗村开始实行农村家庭联产承包责任制，成效颇丰。刚开始，对于这些现象，政府既没有急于处理、禁止再出现这类现象，又没有公开表明支持的态度，而是采用了一种更为温和的态度，默许了这些现象的存在，这似乎也是一种观望态度。而正是这样的处理方式，为中国民营企业的萌芽创造了一片可供发展的土地。1979年11月，中共中央批转统战部等六部门，提出《关于把原来工商业者中的劳动者区别出来的问题的请示报告》。文件明确了小商贩、小手工业者及一些其他劳动者的社会主义劳动者的身份，不再以原有的资本家身份去定位他们，大批劳动者恢复了劳动身份，开始进行个体工商活动。1981年，党的十一届四中全会通过《关于建国以来党的若干历史问题的决议》，指出“国营经济和集体经济是我国基本的经济形式，一定范围的劳动者个体经济是公有制经济的必要补充。必须实行适合于各种经济成分的具体管理制度和分配制度”。个体工商业不断发展甚至建立民营企业成为可能。同时，也更加确立了只有生产关系适用于生产力，才有利于生产的发展。1983年，中共中央发布《当前农村经济政策的若干问题》，肯定承包专业户和自营专业户是充分利用闲散资金和劳动力，能够促进生产专业分工。这极大地激发了农村个体经济的发展热情，为乡镇企业的诞生奠定了良好的基础。1984年10月，《中共中央

---

① 李锐．我国民营企业转型升级研究[D]．福州：福建师范大学，2013：79－80，86－87，87.

关于经济体制改革的决定》在党的十二届三中全会上通过，对城市和乡镇集体经济和个体经济给予了法律层面的保护。

随着政策的不断开放，私营经济与民营企业开始逐渐萌芽。但相比于个体经济的发展，私营企业的产生和发展遇到的问题和困难要更多一些，尤其在雇用工人的问题上一直颇为严峻。马克思曾在《资本论》中用雇工人数来区分个体经济和资本主义经济。当时，许多教条主义者就认为雇工人数是定义企业是否具有剥削性质的唯一标准，将超过 7 个人的私营企业全盘否定。因此，私营企业的发展规模也受到了一定的限制。民营企业是姓“公”还是姓“私”、民营企业家是否是资本家、民营企业的发展是否是资本主义在社会主义的渗透和发展等这些问题，都成为私营企业发展道路上的“荆棘丛”。直到 1987 年，党的十三大指出私营经济与个体经济是对社会主义公有制经济的补充，民营企业的发展才出现部分好转。同年 8 月，国务院颁布《城乡个体工商业户管理暂行条例》；1988 年 3 月，第七届全国人大一次会议通过宪法修正案；同年 6 月，国务院颁布《中华人民共和国私营企业暂行条例》。这些文件的发布，旨在承认民营企业的合法地位，明确民营企业的性质和经营范围，认可民营经济是社会主义公有制的补充，允许民营企业在法律的规定范围内存在和发展。此后，全国各地开始对民营企业进行登记注册，开始统一管理。此时的民营企业有两种：一种是以承包、承租、参股或购买的形式存在；另一种是在政策还不是非常明朗的情况下，政府保持着对私营企业足够的谨慎而选择作出的一种试探性举动——挂靠。个人投资、家庭投资、合伙人投资的民营企业登记注册为集体企业；民营企业登记注册为国营或集体单位下属企业等。许多企业也选择通过挂靠获取更加稳妥和可靠的生存方式，通过缴纳管理费实现企业相对的独立经营。这类形式的民营企业当时也被称作“红帽子企业”。《中华人民共和国私营企业暂行条例》规定，部分工业及服务业与合资合作企业等，民营企业也是可以参与的，但必须在法律政策范围内组织生产。同时，民营企业出现了向产业化、集团化发展的趋势。这一阶段政策刚刚实行，也有许多不完备的地方，有个别个体工商户和私营企业者出现了一些不规范的经营现象。针对此类问题，民营企业在自省改善的同时，政府也给予了有效的监督管理，不断引导民营企业走向更加有助于社会发展的方向。

（三）民营企业进入快速发展时期

1992 年，邓小平南方谈话提出了“三个有利于”标准：是否有利于发展社会主义的生产力、是否有利于增强社会主义国家的综合国力、是否有利于提高人民的生活水平。这充分有力地回答了之前一直争论不休的姓“资”、姓“社”的问题。同年，党的十四大召开，指出我国发展需坚定不移地走社会主义市场经济道路，并确定了“以公有制为主体，个体经济、私营经济、外资经济为补充，多种经济成分长期共同发展”的方针。1993 年 6 月，民营企业这一概念在《关于大力发展民营科技型企业若干问题的决定》中，以“民营科技型企业”的形式被首次提出。民营企业的地位不断在提高，对于民营企业的讨论也更加开放。1995 年 5 月，“民营企业”这四个字第一次在《中共中央、国务院关于加速科学技术进步的决定》中出现。经历了 20 多年，民营企业首次在国家文件中独立完整地呈现，这极大地鼓舞了我国民营企业的发展。1997 年，党的十五大上，“非公有制经济是社会主义市场经济的重要组成部分”得到认可，并确立了“以公有制为主体，多种所有制经济成分共同发展”是社会主义初级阶段的一项基本经济制度。肯定了非公有制经济在增加就业等方面的重要地位，同时认可了非公有制经济在满足人们多样化的需要方面的作用。这极大地鼓舞了民营企业的发展，民营企业迎来了历史性的发展机遇，一时间，全国上下创业激情高涨，许多端着“铁饭碗”的人选择离开体制内下海创业。据统计，仅 1992 年一年，就有 12 万人从体制内辞职，超过 1000 万人选择创业或从事商业活动。创业成为 20 世纪 90 年代初的大趋势，被打上了鲜明的时代烙印，大批创业实例如雨后春笋般不断涌现。

到 20 世纪 90 年代中后期，市场经济建设热情高涨，现代企业自主经营权不断扩大，全国掀起一阵投资扩产热潮，出现了严重的产能过剩，国有企业大面积亏损。1997 年亚洲金融危机爆发，已亏损的国有企业雪上加霜，在双重打击下已经到了举步维艰的地步。为了渐少亏损，1997 年党中央为调整国有经济布局和改组国有企业，提出“抓大放小”政策。国有企业逐渐退出一般竞争性领域，重点集中于能源、电信、铁路等垄断行业。与此同时，大量国有企业进行了改革，产权开始转移。一些曾经在国有企业工作的经理和技术骨干开始接触企业的运作。这些人利用其原有的政治影响力，整合各种资源，成为企业的领导者。这一阶段“国退民进”，民营企业迎来历史性发展机遇。1998—2000 年，国有企业数目减少了将近一半，达 3000 多万国企工人下岗。而他们也成为民营企业发展过程中重要的人力资源，国有企业退出的领域也成为许多民营企业获取利润的“战场”。许多传统由国有企业包揽的行业，如房地产、化工等产业，都出现了民营企业的身影。1992 年以后，民营企业发展显著提速。企业产业化、集团化成为新的发展趋势。1995 年，电力部号召：电力多种经营要上规模、上档次、上水平、上效益，加速向产业化、集团化发展。而多种经济成分并存的企业向产业化、集团化发展也成为新选择。从零星生产到分工协作形成一定规模的产业群体是民营企业想要发展壮大的必由之路。企业的集团化也是以产业化为先决条件的。龙头核心企业的影响向周边辐射，形成强大的企业联合体，充分利用多个企业自身最优质的资源来发展多种产业。集团化使得企业的生产要素不断优化，发挥出企业的最大优势，也成为企业间联合的更高级的形式。这一阶段，如联想、希望、正大、娃哈哈等一大批民营企业开始逐步形成集团化。

这一阶段，有了政策的引导支持，民营企业快速发展，民营企业家们不断解放思想、更新观念、开拓视野。同时，产权结构逐渐明晰，许多企业进行企业组织形式改革并转变为股份制。企业的形式以有限责任公司和股份有限公司为主。截至 1992 年，有限责任公司达到 17000 多家，占我国民营企业总数的 12.6%。[①] 此后大量民营企业选择上市，民营企业迎来一

① 刘迎秋．中国民营企业竞争力报告 No. 6(2012)转型升级与竞争力指数[M]．北京：社会科学文献出版社，2013：53.

波上市热潮。1993 年 7 月，北京第一家民营科技型企业——四通集团在香港地区成功上市。1994 年 2 月，联想在香港地区上市；1995 年 12 月方正（香港）有限公司均在香港地区上市，除港市外，也有部分企业选择在内地上市，深交所、上交所一时之间成为众多企业挂牌上市的选择。1994 年 1 月，“万向钱潮”股票选择在深圳上市，1996 年 3 月，伊利股票选择在上海上市。截至 1995 年，中国民营企业已经达 65.5 万户，产值增长到 2295 亿元。① 与此同时，许多外来企业进入中国市场，它们带来的先进的技术和管理思想受到民营企业家的欢迎，这为民营企业拓宽视野、建立全球化意识打下良好的基础。有许多民营企业逐渐向规模化、国际化发展。

（四）民营企业进入了良性成长阶段

2000 年，中央政府提出西部大开发的战略，部分民营企业参与到国家事业建设上来帮助解决区域发展不平衡问题，这体现出了民营企业极大的社会责任感。世界贸易组织（WTO）第四届部长级会议审议于 2001 年 11 月 10 日正式通过了中国加入 WTO 的申请，中国经济迈向全球化的进程进一步加快，为民营企业进入国际市场提供了更有利的条件和机会，一大批民营企业开始在国际市场上蓬勃发展。2001 年在纪念建党八十周年大会上，江泽民说道：民营企业家是“有中国特色的社会主义事业建设者”。民营企业家的地位得到了极大的提升和肯定。2002 年，党的十六大修改党章，允许民营企业家入党，民营企业家的政治地位得到肯定。这一阶段，民营企业“走出去”进程加快，许多民营企业选择在国外建厂投资，或并购国外企业，开拓国际市场。2004 年，全国人大宪法修正案对原有非公经济的相关内容进行修正，指出：“国家保护个体经济、私营经济等非公有制经济的合法的权利和利益。国家鼓励、支持和引导非公有制经济的发展，并对非公有制经济依法实行监督和管理。”宪法修正案为民营企业发展创造了更有利的法律环境，使得非公有制经济在法律层面的地位进一步提高。2005 年 2 月，国务院公布“非公 36 条”，放宽了非公有制经济市场

---

① 杨懿．转型期的中国民营企业文化研究[D]．上海：复旦大学，2005：26.

的准入条件，允许非公有资本进入垄断行业和领域、社会事业领域、金融服务业甚至国防科技工业建设等领域，不断优化民营企业的发展环境，助力民营企业在更加宽松的环境中生存。2007 年 3 月，《中华人民共和国物权法》通过，提出平等保护国家、集体和私人的物权。2010 年，国务院又发布“新 36 条”，将阻碍民营企业发展的政策条款再次进行修订。这些政策文件，都是在为民营企业发展提供更加宽松的环境，使得民营企业发展免受一些政策方面的束缚，极大地改善了民营企业的生存环境。

民营企业的发展正如它的诞生一样，经历了许多的困难和挫折。随着开放对外贸易以及允许民营企业进行外资合作等，我国许多企业的市场都布局海外，外向型程度不断加深。2008 年爆发全球性金融危机，许多民营企业都受到了较为严重的打击，经营困难，甚至破产倒闭，失业人员激增，一些出口型企业遭受重创，有许多企业在遭受重大打击后丧失信心，民营企业急需转型升级。部分民营企业认识到，只有通过掌握核心科技提高自身的创新能力，才能在全球化的市场背景下立足。增加研发能力，从劳动密集型向技术密集型转变，成为众多民营企业的不二之选。同时，党和国家也不断为民营企业发展增添信心。2012 年，党的十八大提出要“毫不动摇鼓励、支持、引导非公有制经济发展”。为在金融危机中遇挫的民营企业点燃了希望之星。党的十八届三中全会上通过的《中共中央关于全面深化改革若干重大问题的决定》强调，“公有制主体、多种所有制经济共同发展的基本制度是中国特色社会主义制度的重要支柱，也是社会主义市场经济体制的根基。公有制经济和非公有制经济都是社会主义市场经济的重要组成部分，都是我国经济社会发展的重要基础”。“重要支柱”“根基”“重要组成部分”“重要基础”等词汇第一次出现在党政文件中，并且不断突出非公有制经济的地位。在法律上对非公经济与各种所有制经济一视同仁，强调“非公有制经济财产权受法律保护，不可侵犯”，保障了民营企业在发展过程中企业财产的安全。习近平总书记在 2016 年 3 月曾形容民营企业遇到了目前发展的“三座大山”：市场的冰山、融资的高山、转型的火山。面对民营企业发展遇到的这些难关，党在十九大报告中就鼓励支持民营经济提出了许多新的重大论述："要支持民营企业发展，激发各类市场主体活力，要努力实现公平高质高效的可持续发展。"在党的历次重要会议和文件中，以往从未使用"民营企业"一词，而是用"非公有制经济"和"民营经济"来表述，党内文件中首次正式使用"民营企业"这一词语，肯定了民营企业对经济发展做出的突出贡献，也为我国民营企业未来能够快速持续健康发展指明了前进的方向，也必将激励民营企业为建设中国特色社会主义社会做出新的贡献，为实现中华民族伟大复兴而努力奋斗。

然而，由于历史原因，我国绝大多数民营企业集中从事传统产业，对高尖端与最新技术的掌握比较有限。大多数企业往往采用低成本战略来获取市场占有率，通过廉价劳动力创造财富，处于产业链的中低端，缺乏技术创新。2008 年金融危机和国内经济下行，许多中小型民营企业普遍面临劳动力成本上升、缺乏核心技术以及创新能力薄弱等问题。面临着如此巨大的生存压力，民营企业迫切需要转型升级。2015 年，中央经济工作会议提出供给侧结构性改革路线，要求民营企业转型升级，清晰定位企业，提高创新能力，在技术、管理制度及产品全方位进行，注重企业人才培养，建立良好的品牌形象，提高品牌议价能力，调整企业的生产方式，迈向更高附加值的产业，从传统产业向新兴产业调整，依照法律规章发挥企业主观能动性，走出一条适合自己并适应时代发展之路。

回首过往 40 年，是改革开放引领中国民营企业发展成熟，走向繁荣。20 世纪 80 年代中期改革开放迎来的创业潮、90 年代初期国有企业员工下海的创业潮、基于互联网发展的 21 世纪初期创业潮以及 2014 年以来全民性关注科技发展创新创业潮，四次创业潮流每一次都催生了大量民营企业，背后也涌现了无数敢于冒险、不畏艰难具有创业精神的企业家。2015 年，国务院提出"大众创业，万众创新"，为企业全面创新打开了新的局面。政府在创新体制机制、优化财税政策、产权制度等领域出台了多项政策措施，借此我国民营经济也得到快速发展。民营企业创造了大量的社会财富，目前已成为我国税收的主要来源，同时，也创造了无数的就业岗位，吸纳了无数就业人才，为企业发展、社会进步做出了巨大贡献。作为纳税和承载就业的重要单元，民营企业为我国经济发展和社会稳定贡献着自己的力量。与此同时，许多民营企业具有极强的社会责任感，热心公益事业，回报社会，积极利用企业力量开展公益活动。回顾我国民营企业的发展历程，涌现出一大批吃苦耐劳、不畏艰难、敢于拼搏、冒险、坚持创新的民营企业家，也因此催生了一个中国新阶层——民营企业家群体。也正是他们，用他们的智慧，推动民营企业不断发展，为我国民营经济的未来创造了无限可能。

第二节　民营企业发展与企业家精神

改革开放40多年来，中国经济发生了天翻地覆的变化，孕育了无数优秀的企业。40年来，民营企业不断寻找发展之路，用不到40%的社会资源，贡献了一半以上的财政税收，开展了60%以上的固定资产投资和对外直接投资，组建了70%以上的高新技术企业，解决了80%以上的城镇就业，吸纳了90%以上的新增就业①，为社会大众交了一张满意的“答卷”。回首改革开放，究竟是什么力量在背后驱动着中国的发展？又是什么能使得民营企业抓住历史的机遇，迎来一次次的发展大潮？毫无疑问，是企业家精神——审时度势、抓住机会、敢于探索和创新、允许失败并且坚持不懈通过合作使得资源配置到最优，从而促使民营企业不断向前迈进，以及民营企业家具有的独特的眼界和能力，这些都为民营企业的发展注入了更鲜活的力量。也是这批优秀的民营企业家，在历史的潮流中激流勇进，推动着中国经济的发展。无论是初期的农民创业者，机关干部和知识分子下海经商，抑或是海外学成归来的优秀青年，他们的身上无不具有“敢为天下先”的创业精神。他们中有的人甚至抵上“身家性命”，在尚未明朗的

---

① 王海兵，杨惠馨．中国民营经济改革与发展40年：回顾与展望[J]．经济与管理研究，2018(4)：3-14.

局势里开拓出全新的局面，闯出了属于民营企业的一片天。他们踏实肯干、不怕吃苦、务实进取、诚信守约、眼光独到、懂得把握机会。他们面临着政策的不确定性，却依然不断努力创新，敢于冒险却又不盲目跟进。2017 年 9 月，《中共中央国务院关于营造企业家健康成长环境，弘扬优秀企业家精神，更好发挥企业家作用的意见》发布，将优秀企业家精神的时代内涵界定为“创新发展、敢于担当、专注品质、追求卓越、诚信守约、履行责任、艰苦奋斗、爱国敬业、服务社会”。总结了 40 多年来民营企业家在其发展中呈现的优秀品质，更指引了我国民营企业家未来的发展方向和前进动力。在我国企业发展过程中，民营企业家以其坚定的信念，将优秀企业家精神付诸实践，渗透在企业管理的各个方面。可以说，民营企业发展到今天，企业家精神便是其背后最有力的支撑。

一、企业家精神的定义

熊彼特（1934）最早提出创新是具有“破坏性”的，是经济发展最重要的驱动力，企业家精神的内在表现就是创新。著名管理学大师德鲁克（1996）认为，企业发展中，企业家能够带领企业探索新的客户，开拓新的市场，并为企业赚取利润。企业家与生俱来的能力就是探索企业在发展过程中外部环境与企业内部发生的新的变化，利用自身能力与外部资源进行整合，有效地抓住新的变化带来的机遇，为企业创造更多价值。因此，德鲁克将企业家精神确定为创新精神。Lynskey 在 2002 年重新定义了企业家精神的内涵。他提出，企业家精神不仅仅是企业家个人层面的，也可以在企业组织中整体呈现出来。这拓宽了企业家精神的研究层面。将企业家精神的研究深入整个企业。到目前为止，关于企业家精神的定义可谓众说纷纭，但无一例外的是，基本上所有对于企业家精神的核心观点都强调创新精神的重要作用。认为是创新精神引领企业适应不断变化的市场经济环境，应对挑战，及时调整经营策略，提升企业的绩效和经济效益。企业家精神在企业发展方向上起着关键的引导作用，当企业面临重要转折点，处在发展的关键阶段时，企业家作出的决定甚至可能直接影响企业的存亡。

在我国民营企业的发展中，有许多方面都体现着不断创新、开拓进取、敢于冒险和试错的企业家精神。首先，企业家精神推动企业进行产品研发和技术创新，革新生产方式，为企业获取更大市场占有率做出贡献。其次，民营企业家作为企业中重要的人力资本，在企业人力资源管理的过程中，对企业的人力资本选择和创作起到至关重要的作用。优秀的企业家能够激发员工干事业、创事业的进取心，最大限度地调动员工工作的积极性，发挥人才的力量。在个人发展的同时，为企业贡献力量。同时，企业家精神也对企业文化的建设和形成起到至关重要的作用。企业文化强调的是企业内部所有成员一种共同的价值观，而这种价值观的建立与企业整个组织内部的企业家精神密不可分。企业文化是企业的核心与灵魂，是一个企业的信念。优秀的企业文化必然会让企业家和员工享受工作，为企业创造更大的价值。一个拥有着创新创业、勇于冒险并且容许犯错精神的企业，它的企业文化必然会带领整个企业走向更美好的未来。

二、民营企业发展中的企业家精神

（一）创新精神在中国民营企业发展过程中的体现

改革开放40年来，民营企业的成长对我国经济的蓬勃发展起到了重要的推动作用。许多民营企业家坚持创新创业，为民营企业的发展打开了新的局面，同时也为我国经济社会和文明发展做出了重大贡献。目前，掌握核心科技、提高企业创新能力、实施创新驱动发展已成为民营企业发展的必由之路。民营经济想要获得长期高效高质量的持续发展，必须充分认识“优秀企业家精神”中民营企业“创新发展”的精神特质。在我国民营企业的发展历程中，由于环境的特殊性，政策对于企业发展的影响程度较大。在某种程度上，政策与市场一样也具有不确定性，因此，我们通常将民营企业的创新分为商业创新（包括技术、市场、商业模式等）和制度创新。[①] 在商业创新中，技术创新是民营企业发展的不竭动力。掌握核心科

① 张维迎．企业家精神与中国企业家成长[J]．经济界,2010(2):23－24.

技已成为企业立足发展的核心。通过应用创新知识、新的技术工艺，采用新的生产方式，创造符合市场需求的新产品，提高产品的质量，不断更新优化管理经营模式，提供新的高质量的服务，不断提升企业的品牌效应。创新使民营企业不断焕发新的活力与生机，使得企业在瞬息变化的市场环境中处于不败之地。无论是何种形式的创新，都需要企业家的魄力与支持。创新是企业家区别于普通人的基本特质，也是优秀民营企业家的核心与灵魂。当前市场环境复杂多变，外部不确定性越来越高，就更需要企业发展过程中具有创新精神。

1. 技术创新

熊彼特在《经济发展理论》一书中提出：整合企业内外部资源，以创造性的方式进行生产，为消费者提供更优质且适合的产品服务，这就是创新。而这整个过程中，具有“创造性破坏”的力量，预示着改变甚至颠覆。市场经济条件下，企业的发展取决于其核心竞争力。而处在新时代背景下的民营企业，其核心竞争力越来越多地体现为拥有核心科技。因此，技术创新成为企业创新的重要环节。同时，通过技术创新可以使民营企业不断优化其产业结构，从生产附加值低的、资源消耗性的产品向高附加值转变。同时，通过技术创新，许多民营企业能够实现从粗放式向集约式发展转变。技术创新往往与企业的新产品开发、技术改造等活动有关，对企业控制成本、提升品牌能力都有重要意义。技术创新被分为率先式创新和模仿性创新。率先式创新是指民营企业通过自身的探索，在某领域的核心技术上有根本性突破。率先式创新往往需要投入较大的成本，但一旦成功，也会因此获得很大的收益。通过知识产权进行技术保护，率先进入市场，开辟全新的领域。目前我国部分高科技行业的民营企业选择的创新方式就是率先式的创新，但由于率先式创新成本高、时间长，这类民营企业占比较小。模仿式创新是指企业跟随行业内其他率先创新者的思路和足迹，利用率先者的成果，进行适当的改进，有效规避失败、少走弯路。企业通过引进购买率先者的产品，进行核心科技的破译及改良，制造出更适合自己企业发展、更能获取市场的新产品。针对中小型的民营企业，模仿式创新是最佳的选择。无论是哪种形式的技术创新，都表明企业发展过程中需要企业家拥有极强的创新意识，组织可利用的资源和技术力量，加大科研开发，提高企业在产品和服务中的科技含量，从而创造更大的价值。

2. 制度创新

制度创新是将观念创新、技术创新和组织创新等创新活动进行制度化、规范化改革，是实现管理创新的前提基础。企业面临的市场环境复杂多变、竞争激烈，想要在市场中取得一席之地，建立灵活高效的组织形式十分必要。而现阶段，有许多民营企业的所有权和经营权还不明晰，采取家族亲情化的管理模式。家族制度的局限以及组织结构的缺失，导致权责不清晰、结构单一且封闭。诸多弊端都不利于企业的长期发展。大量实例和研究证明，清晰的产权是现代企业制度创新的突破口。产权模糊使得企业在发展过程中目标不清晰，企业效率会极大降低。民营企业中有部分企业已经及时认识到这些问题，并且不断在进行创新改进：健全企业管理制度，使企业经营活动有章可循、有法可依；实行所有权与经营权的分离、控制权与管理权的分离；通过股份化改革，进行产权制度的创新；明确产权比例，做到权责分明，提高企业运行效率。有些企业还在股权结构划分上进行创新，支持员工持股，这更能激发企业的凝聚力。还有些企业大胆尝试，在企业组织形式上进行创新，实现资源整合，从而提升企业的核心竞争力。

（二）创业精神在中国民营企业发展过程中的体现

创业是指通过创新实现各种资源的新的组合、开创新业务、创建新组织、捕捉机会并承担风险，进而创造价值。熊彼特认为，创业是实现创新的过程，创新是创业的本质和手段。中国民营企业的发展历程与创业息息相关，创业群体的更迭也推动了民营企业的创新进步。中国民营企业家的创业群体以时间顺序划分可大体分为四批：第一批是在 20 世纪 80 年代，知识青年返乡，国营企业的下岗工人等催生出大批量的个体经济，也有部分乡村能人加入创业的群体中，他们积极进取、敢于冒险，为我国民营企业的发展奠定了基础。第二批创业群体的出现，是在邓小平南方谈话后，大量党政机关单位的知识分子在受到国家政策的支持和鼓舞后，放弃原有的“铁饭碗”，加入下海经商的大队伍中。这些人相比第一批的“草根”企业家，具有相对较好的教育背景，对政策的理解和把握也更加准确。第三批创业群体的产生与互联网经济的产生和金融危机的冲击有很大关系，大批拥有海外先进管理经验的海归回国，寻求更加良好的创业环境，他们之中许多人接受过良好的教育，对技术和科技的认可程度非常高，利用自己的专业技能进行创业，这也迎来了我国民营企业发展的热潮。第四批创业群体主要体现为第三批的延续，但更加多元化。2014 年，李克强总理提出了“大众创业、万众创新”的新理念，鼓励全国上下进行“大众创业”“草根创业”。政府大力支持创业，更为近年来的全民创业提供了很好的政策环境。

（三）冒险精神在中国民营企业发展过程中的体现

冒险精神是企业家在经营活动中对不确定机会的追求、敢于承担创新与变革后果的意愿。[①] 冒险是企业成功、做大做强的必备要素，在变幻莫测的市场中把握新机遇、敢于承担风险和拥有危机防范意识是企业家获利、成功的前提。Karagozoglu 和 Brown（1988）指出，企业在发展过程中，不仅应该关注产品技术层面的创新，还要能够承担创新随之带来的风险。在机遇出现之时，勇敢地把握住，不怕失败，允许失败，能够承担失败，具有承担的精神。Dessetal（1997）提到，无论企业家本人是偏好风险敢于创新试错，还是处于厌恶在企业稳定发展过程中出现差错，这都取决于机遇给企业能带来多少价值，只要利润大于试错成本，大多数的企业家出于天性的冒险精神会选择抓住这次机会为企业创造更多利润。冒险可以说是企业家的天性，而企业家最早就被定义为“承担经营风险的人”，民营企业家也不例外。中国企业家群体的发展，无时无刻不伴随着企业家的冒险精神。“一旦看准就大胆行动”也成为许多民营企业家的经验之谈。针对

① LUMPKINT, DESSG. Linkingtwodimensionsofentrepreneurialorientationtofirmperformance: themoderationRoleofenvironmentandIndustrylifecycle[J]. *Journal of businessventuring*, 2001(5): 426 - 464.

经济发展中出现的各种各样的不确定性，他们具备处理这些随时出现的不确定和风险的能力。冒险精神在民营企业的发展初期体现得更加明显。创业初期，企业家所需要面临的环境相对陌生，在“摸索”时很容易出现难以抵抗的风险。当有新的灵感和机会出现时，企业家需要进行一定的考察和思考，用自己的经验和其他案例“说服”自己，判断是否进行创业活动。同时，企业家需要准确定位市场，适时抓住机遇。而随着企业的发展，风险不仅仅来自外部多变的环境，企业的定位、战略的选择、用什么样的团队成员来开展何种业务等诸多方面，都面临着风险。企业家需要有敏锐的判断能力，利用自己的经验综合各种资源分析可能出现的问题，并尽量为一些可避免的风险提前作些准备。面对市场一定会存在不确定性，任何投资都是有风险的。当前民营企业面对的环境更加复杂，全球各个国家不同的政治、文化环境，想要在全球市场发展，都会面临或大或小的风险。在新经济时代的大环境下，高风险与高回报往往同时存在，需要企业家具有独特的眼光，针对新生事物有敏锐的洞察能力，敢于冒险，开拓进取、果断决策。企业家应当具有冒险精神，但不是盲目蛮干，且必须是有限度的。权衡风险大小，考虑风险的后果，如果风险的代价太大，理想的企业家会避免冒险，而采取稳健的策略。

第三节　民营企业家精神的实践例证

无论是理论逻辑推演，还是实践经验观察，民营企业家精神在民营企业发展过程中发挥了根本性作用，这里想以实践的视角从微观个案层面予以说明。中国有许许多多的优秀民营企业家。这里只是选择了知名度相对较高的几位，旨在佐证企业家精神在民营企业发展过程中所发挥的作用。

一、海尔与张瑞敏

一封消费者反馈信，常常会被丢弃在一旁积尘，而张瑞敏却选择了一把大锤，给诚信和高品质一个交代。76 台冰箱，在张瑞敏指挥下第一锤之后，全部由职工们亲手销毁。砸碎的是问题冰箱，砸出的是海尔的信用、海尔人对品质的追求，也砸出了一个拥有无限可能的中国品牌。提起海尔，这个企业似乎从一开始就与高品质、诚信、优质服务紧密地联系在一起，而这些都与张瑞敏积极进取、严把质量关、不断创新进取的精神密不可分。

作为中国民营企业之中的引领者，海尔追随时代的步伐，不断推陈出新。20 世纪 90 年代，许多企业响应国家政策号召进行兼并和重组。海尔先后兼并国内 18 家企业。这次对海尔而言，也是经营模式上的一次创新。海尔兼并其他企业时，没有通过简单的资金输入模式来获取企业的所有权，而是选择了“海尔文化激活休克鱼”这种文化复制的模式。张瑞敏很清楚，与其依靠大量资金投入将兼并企业扭亏为盈，不如直接建立一家新的企业，这种“单纯的慈善”不是一家理性企业的做法。针对海尔自身扩大规模的需求，同时在考虑成本的前提下，通过复制海尔的模式，激活这些“肌体完整的休克鱼”无疑是最好的选择。这种大胆的尝试、冒险的做法经实践检验，颇具成效。在兼并的 18 家企业中，有 14 家企业在亏损总额达到 5.5 亿元的情况下，最终通过文化复制盘活资产 14.2 亿元，海尔成功地实现了低成本扩张的目标。张瑞敏也凭借这一大胆创新的扩张模式成为第一个被邀请至哈佛作案例宣讲的中国企业家。

当许多企业还在选择打价格战时，海尔首开星级服务体系。在众多企业家中，张瑞敏第一个提出，要把服务看成产品的一个组合部分，服务名牌和产品品牌同样重要。这种提法在当时完全是一种颠覆市场的新理念，背后体现的是张瑞敏在企业发展中始终坚持的创新精神。凭借此，海尔最终以优质的服务迅速占领市场。在海尔飞速扩张的这几年，由于企业内部事务增多，张瑞敏提出 OEC（Overall Every Control and Clear）管理法。日事日毕、日清日高，使得每个人对自己每天的工作能够更有效地安排计划和完成。这种高效率的管理方式也为海尔未来创新打下了坚实的基础。中国加入 WTO 之际，海尔抓住机遇，并购意大利迈尼盖蒂公司所属一家冰箱厂，实现了中国白色家电行业的第一例跨国并购，成为白色家电行业第一个“吃螃蟹的人”。海尔在海外市场建立起设计、制造、营销的“三位一体”本土化模式，其选择的发展战略是首先在发达国家创建自己的品牌效应，之后再逐渐进驻发展中国家。

拓宽全球市场并没有使海尔停下探索的脚步，新的市场、新的环境也带来了新的机遇与挑战。海尔很早就嗅到了互联网时代的到来，并作好了转型的准备。新环境下，传统的企业已经很难满足消费者个性化的需求，大批量定制已经不再是主流，企业必须有敏锐的洞察力，及时、准确地进行创新。传统企业通过扩大产量获得盈利机会，而海尔抓住了互联网这个机会，放弃传统的以企业为中心面向市场做产品，选择以用户为中心以服务赢得消费者青睐，并提出“人单合一”模式。这一举动，无疑是海尔历史上极大的创新选择。所谓“人单合一”，“人”是指员工，“单”所体现的是用户价值，将员工与用户有机地结合在一起，所创造出来的才是更加符合用户自身需求的能够给用户、员工和企业带来更大价值的东西。此时的员工，并不“归属”企业，员工的存在不是企业岗位所决定的，更多地“依附”用户。员工直接面对用户，组成的团队真正融入用户群体中，想用户之所想、替用户解决问题，他们的所有价值都体现在用户价值的创造上。在“人单合一”的模式下，员工的工作内容由用户决定，他们需要自己去挖掘用户的需求。同时，员工的薪酬也由自己对用户创造价值的多少来决定。张瑞敏曾谈到，“人单合一”的本质是让员工成为自主的人。他说：“‘泰勒制’、‘丰田制’自工业革命后成为所有企业管理的模板，但在企业实际发展中，各个企业情况不同，不能完全套用模板。对于海尔而言，‘海尔制’才是我们追求的一个目标。”时代的变革使以生产线为核心的“泰勒制”与以供应链为核心的“丰田制”不能支撑海尔的发展。海尔的选择不再以产品为中心，而是选择了以用户为中心的“海尔制”，将用户的体验放在首位，不断发展用户的需求，而用户的需求将会是永无止境的，海尔的发展也可以基于此一直延续下去。在张瑞敏看来，起初的企业对人的定位是“经济人”，后来发展到“社会人”，但从来没有变成“自主人”，员工的自主积极性无法得到充分的调动。“人单合一”可以将员工的自主能动性发挥到最优。目前的许多大企业，为什么会越大越没有活力？商业帝国的背后是无数利润目标和股东利益的选择，企业的发展和股价的起伏紧密联系在一起，最后企业所有结构必须是金字塔式的、科层制的，结果就是维稳、缺乏创新、丧失活力，甚至面向死亡。海尔要是用“人单合一”将企业拆分成一个个节点，最终将企业发展成为一个网络化的组织。每个员工转变为独立个体，借用平台资源发挥其主观能动性自主创业。刚开始施行“人单合一”时，原来传统的人力资源、薪酬、财务等部门都变成一个平台，取消了一万多个中层管理岗位，由平台根据员工的价值创造付薪。平台对于员工不是监督管控关系，而是更加温和地为员工提供服务。每一个员工都能成为独立的创客，相互之间的竞争也更加激烈，优者上、劣者退，更加靠近用户，这也使得海尔能够脱颖而出。

张瑞敏的目标是将海尔发展成为一家互联网公司。他曾说过很多像柯达、摩托罗拉一样的跨国大公司，体量很大，在世界市场上话语权也很强，但要垮掉也是一瞬间的事情。现阶段，海尔也正在像张瑞敏所期待的那样，从传统制造家电企业逐渐转型为一个孵化创客的平台，致力成为一家互联网企业。不同于传统家电制造企业，海尔不是一个封闭的自成体系的组织，而是搭建平台，使企业发展过程中的各个环节都成为互联互通的节点。平台提供资源，员工探索用户需求而创造价值，实现多方的共赢。在张瑞敏的畅想里，未来的海尔全部由“小微公司”组成，由这些“小微公司”将海尔连接成为一个网络化的企业。海尔真正的作用是为这些“小微公司”提供资源。网络化的背后体现的是海尔对于整个企业组织形式的创新与变革，这也是张瑞敏创新精神的最好诠释。

回顾海尔的发展历程，是创新进取、艰苦创业、不惧困难、勇于冒险的企业家精神推动着张瑞敏不断前进，也正是他对这些精神的探索和不断追求，指引着海尔从一个名不见经传的国营小厂，发展成世界知名企业，无论是在产品还是管理模式上都成为许多企业学习的榜样。

今天，我们再谈海尔“人单合一”，看到的是创客平台下，员工与用户的有机结合。但一路走来，转型的过程中海尔也有过许多的迷茫。“人单合一”模式推行伊始，有很多不完善之处，员工习惯了听领导的指挥按部就班地工作，一下子取消掉一万多中层管理干部，许多员工在自己“当家做主”时，反倒显得有些无所适从。起初，“人单合一”在制度上也存在许多漏洞，一味地向员工强调用户价值的创造，出现了许多造假事件，导致海尔营收复合增长率降低成个位数。而与此同时，格力、美的等家电企业奋起直追，甚至有人认为，是海尔执念于改革，才将市场拱手让人。面对众多的质疑和困境，海尔没有停下自己的脚步，张瑞敏和海尔仍在不断探索更适合企业的方式。海尔改革仍在进行时，无论是已经获得的成就，还是曾经面临的质疑，海尔都将坚持创新、勇敢向前。

海尔一路走来的改变不是小打小闹，不是小修小补，而是脱胎换骨似的变革，这一切与张瑞敏的创新精神与坚持精神密不可分。张瑞敏带领海尔在做的其实就是不断地创新，基于时代的变化和发展，不断地为企业注入新的活力，无论是首开星级服务体系、通过模式复制的扩张、“人单合一”，还是“海尔制”，每一次变革背后体现的都是张瑞敏鲜明的企业家精神。是创新精神在不断激励着他，使得海尔能够紧跟时代、抓住机遇、创造机会，不断推陈出新。张瑞敏对海尔以及整个企业发展背后有许多的思考：海尔这样大的一个企业，不断扩大、不断变强，之后会发生什么？他曾遍访众多世界知名企业，总结出了一个规律，即越大的企业，越容易走向万劫不复。无论是他对海尔的情怀还是作为一位企业家的身份，都绝不允许海尔成为一个体态庞大的“垂暮老人”。想要海尔永葆青春活力，唯一的方式就是创新。对企业发展的思索指引着张瑞敏不断变革，在困境中没有选择放弃。就像张瑞敏信奉的那样，世界瞬息万变，海尔不会一成不变，而是永远走在创业的路上。

二、比亚迪与王传福

电池与云轨，这两个看似无法联系在一起的产品，却是同属一个企业的业务。从全球产量第一的电池代工厂，到为诺基亚、摩托罗拉等世界手机知名企业进行产品代工，再到收购陕西秦川汽车有限责任公司成立比亚迪汽车有限公司。从代工到自主品牌创立的华丽转身。不仅满足跨行业这样大的战略收购转型，还要做智能汽车的领航人，同时预计进入城市轨道交通这个完全未知的领域。这一步步险而稳的选择，铸就了一个传奇的企业——比亚迪。而比亚迪这些重大业务拓展，都出自比亚迪创始人，董事局主席王传福之手。

王传福，1996 年出生于安徽一个普通农民家庭。年纪很小的时候父母双双离世，众多兄弟姐妹连生活都成难题。王传福几度想要辍学缓解家里的生活压力，是靠农民兄嫂的坚持培育，他才得以完成学业。年少的他在尝尽生活的苦楚后没有放弃对知识的渴求，先后考取中南矿冶学院的物理化学系和中科院北京有色金属研究总院的研究生，一直从事着电池方面的研究，随后留院，成为那个年代“中国最年轻的处长”。他在电池领域一直颇有研究，后来他发现，这是一个很重大的市场机会。1995 年，王传福毅然决定扔掉“铁饭碗”，南下深圳，加入创业大军。对王传福来说，这是一次很大的挑战，放弃之前相对稳定的生活和工作，创业是一项全新的开始，不仅需要的是勇气。他在电池领域拥有的专业技能也成为他创业成功的重要因素。

说起王传福做电池的起源，和手机的前身——大哥大有着密切的联系。20 世纪 90 年代，一部大哥大售价大约在 2 万 ~3 万元，其中电池的成本就占了近 10% 。身在研究院的处长王传福看到了这种现象，商业敏感瞬间被激发。他想，利用研究所学，降低电池成本，应该会获得一定的成绩。于是他凭借自己在电池领域多年的研究，充分发挥自己的专业特长，带着 20 多名员工，创建了比亚迪。这次创业选择，可谓一次大胆的尝试，王传福成为 90 年代众多“下海潮”中的一位。在当时，想要进入这个电池代加工领域，引进外部的电池生产线应是唯一的选择了。而比亚迪才刚刚建立，一切都还很不成熟，尤其是资金极其紧缺。引进电池生产线需要几千万元的资金，这对刚刚创立的比亚迪而言简直就是天文数字，这条路基本是走不通的。但资金的困难没有让王传福退缩，生产线的问题亟待解决，他便想，资金不到位，是不是可以通过人力去解决。如果不用机械化生产线，那么用人工来替代，所需的人力成本就可以控制在资金范围内。王传福转念一想，采用了一种独特的解决方式：拆分生产线；通过“人海战术”链接生产线上的各个单元，不使用全自动，改用“半自动化加人工”模式进行生产，即“机器 + 人 = 机器人”。这种模式不仅仅大幅降低了成本，而且极具灵活性，当有新产品上线时，不需要引进新的生产线，只需调整原有生产线的部分环节即可。这是比亚迪开启业务很重要的一次创新，不仅及时解决了生产线的问题，“人海战术”所具有的灵活多变、适应性高的特点也是传统生产线很难做到的。

进入电池行业之后，王传福就注意到了一些问题：日本进口的电池成本就很高，加上进口税，价格会更高，同时日方电池的交货周期都很长。他深知，对于制造行业来讲，产品技术的竞争是企业立足行业的关键，要想动摇日方电池在电池行业的地位，必须懂得核心技术。为了研究其他企业的电池，王传福和他的团队将买来的电池拆开，了解制造原理，模仿学习生产。在不触及专利侵权的基础上，这样的模仿性创新使得比亚迪在电极材料和制造流程等方面取得了巨大进展。一时间，比亚迪在手机电池行业快速崛起。2002 年，比亚迪在电池领域取得巨大成就：镍镉电池全球产量第一、镍氢电池全球第二。超越日本三洋和松下成为电池行业的领先者。当时比亚迪固定资产投资仅为日本同类企业的 1/15 到 1/10，但电池的价格却比对手低了 40% 。当年生产一块锂电池，全球第一大电池生产商需要 4. 9 美元；而经过研发及生产成本的控制，比亚迪生产一块锂电池仅只需 1. 3 美元。[①] 在保证质量的前提下，比亚迪对于降低生产成本作了许多努力。在生产镍镉电池时，比亚迪通过技术创新，将镍片改为镀镍，价格从每吨 14 万元降至 1 万元，极大地降低了成本。同时，为保证产品质量，改造了电池溶液的化学成分。这一工艺使需要几百万元的月度材料费骤降为几十万元。[②]

---

① 陈明，张权，汤小燕．比亚迪的核心模式[J]．销售与市场(管理版)，2010(1)：46 – 50.

② 李西，胡冰洁．低成本创新战略——以比亚迪股份公司电池产业为例[J]．科技管理研究，2012(6)：7 – 9.

比亚迪的崛起使得电池市场重新洗盘，也因此招致与日本电池厂商的专利交锋，尤其是和索尼的一场硬战，被告专利侵权。后来比亚迪团队通过努力证明：索尼的专利无效。而这一切都使得王传福更加认定：只有拥有属于比亚迪自己的核心技术，才能够实现低价、高品质产品的大规模制造。此后在比亚迪的发展历程中，在技术研发上的高强度持续性投入而产生的强大研发能力，成为比亚迪最强劲的核心竞争力。对攻克核心技术难关的执着与不懈追求，早已固化为每一个比亚迪人共有的“技术为王，创新为本”的技术价值观。创新的精神不断影响着比亚迪发展的各个方面。

成为全球电池霸主后，比亚迪在 2002 年把眼光对准了汽车行业。以 2.7 亿元收购了西安秦川汽车公司 77% 的股份。2003 年，比亚迪正式宣布进入汽车制造领域。这条路，走得并不是一帆风顺。外界对电池行业出身的比亚迪跨界汽车行业普遍不看好。投资者大多也都反对这次收购计划。此时比亚迪的市值也受到很大影响，股价一度接近腰斩。这些重大的挫折让原本风生水起的比亚迪危机重重。可王传福没有放弃，他深知，这样的重大战略型改革，改好了比亚迪将会迈向新的台阶，一旦失败，将会把比亚迪推进万劫不复的深渊。变革固然是创新的最彻底的方式，但未来的一切都是未知的，所以他要做的，就是把风险降到最低。基于在电池领域的成功，在进入汽车领域时，王传福采用了相似的模式，自主研发汽车生产线。比亚迪一直坚持使用分解的技术研发模式，即“核心技术 = 拆分国外产品学习原理和特性 30% + 从公开文献筛选合适的非专利技术 60% + 原材料 5% + 自身的研究 5%”。[①] 像电池制造一样，王传福将美国市场上的一些汽车进行拆解、测量、分解、检测汽车零件。“没有专利的照着做，有专利的改一改。”正是靠着模仿式创新，第一款比亚迪汽车问世。这种模仿式创新最直接的体现就是实验室设备。上海松江汽车研发中心的实验设备只有一两台是纯进口的，其余全部是比亚迪的研发人员通过拆解进口设备进行仿制的。与此同时，王传福还做出了一件颠覆行业传统的事，垂直

---

① 叶青，肖素均. 中国新首富王传福[M]. 北京：华文出版社，2009：11.

整合自己的发展供应链。当宣布进军汽车行业时，比亚迪通过收购组建了自己的模具公司。这极大地降低了生产车在模具方面所需的成本。王传福并不过多相信行业传统信奉汽车行业需走专业化生产、分工、大规模生产的发展模式。根据比亚迪的自身情况来讲，这种模式不一定适合。正是他的不断坚持，打破了汽车行业的“理所当然”，使得比亚迪从一个不被看好的行业规则破坏者形象，转变成为新的汽车行业领军者和新秩序的奠基者。在做好这些充足准备之后，比亚迪 F3 车型问世，瞬间火爆席卷市场，成为 2006 年中国最畅销的车型。

王传福坚信，科技是可以改变世界的。比亚迪非常重视技术研发投入，且研发投入在企业销售额中占比在行业中一直处于领先地位。在上海，每年比亚迪都会高价购入一些全球的最新车型，供研发人员和一些大学生学习。在专利维护方面，比亚迪也舍得投入很大成本，每年都有 5000 万元之多,① 也许是与他的专业习惯有关，王传福认可技术、坚定创新，才会使比亚迪在科研方面拥有累累硕果。

早在 2010 年 5 月，比亚迪就与行业巨头戴姆勒奔驰合作，共同研发新能源汽车。到目前为止，比亚迪已成为新能源汽车的领军者，这背后有着王传福对于整个行业和时代的思考。可能是基于企业家的特性，他看问题一直非常敏锐，他认为，燃油车带来的环境问题将会越来越突出。抓住新能源的机遇，电动化的发展战略将是比亚迪乃至整个汽车行业的未来选择。之后比亚迪又提倡可在公共交通领域尝试率先推广纯电动巴士和纯电动出租车。实践证明，王传福的眼光非常独到。目前电动公交和出租车的普及率已经非常高，电动公共交通成为时代的选择。汽车自动化的社会接受程度越来越高，王传福又开始把目光聚焦到汽车智能化。他表示，就像算盘上打不出互联网一样，燃油车也搞不出智能化和无人驾驶，只有电动车才能带来智能化汽车。这对汽车行业来说，将会是一次新的洗牌。2018 年，比亚迪举行了行业首次汽车开发者大会，宣布开放汽车的 341 个传感

---

① 阮建芳．比亚迪神话[M]. 北京:企业管理出版社,2009:6.

器和66项控制权，并已经与世界排名前十的自动驾驶公司中的八家展开合作，成为全球首家全面开放汽车硬件体系的公司。开放汽车硬件体系，无疑也是一次大胆的尝试，很多人仍然会质疑比亚迪的选择，但是王传福从不怀疑自己，他拥有着对机遇敏锐的把握、对技术和创新的信赖及永久的坚持，像最初选择创业一样，他选择坚定迎接挑战。

如今的比亚迪，已经成长为全球唯一一家掌握新能源汽车全产业链和核心技术的车企，也是新能源汽车产品矩阵最丰富的车企，但它的目标不止于此。2016年10月，比亚迪发布“云轨”，正式宣布进军轨道交通产业。目前的城市交通，大多数被汽车占据，在一些较大的城市，人们出行会选择乘坐地铁，这两种方式成为城市交通的主流，但这对于城市交通的需求还远远不够。交通拥堵仿佛“家常便饭”，进行城市交通环境分析后不难发现，堵住的往往不是覆盖了主动脉的地铁，而是其他众多的小的路口。因此，可以看出，地铁难以覆盖城市的每一个角落，不能满足大型城市的交通需求，因此，打造大、中、小运量匹配的轨道交通网络就很有必要。云轨能够很好地提高中小运量城市的交通运行效率。又一次，王传福找到了一个有很大盈利空间和市场需求的领域。比亚迪耗时5年，投入了50亿元研发云轨。云轨的优点众多：成本相对较低，仅为地铁的1/5；建设周期也较短，仅为地铁的1/3；同时，云轨的运行空间比较灵活，轨道可架设在绿化带上，在低空运行；针对不同的工作环境，云轨比地铁能更加适应一些城市多变的气候，零下40℃到高温80℃云轨都可以正常运行，也不像地铁对电力有较高、较稳定的需求。截至2018年7月，国内多个城市欲发展中小运量的城市交通，与比亚迪签署了云轨合作协议。同时，比亚迪还在积极拓宽云轨的国际市场，与巴西、菲律宾、埃及、摩洛哥、柬埔寨等同样为城市交通而忧心的国家和城市签订了战略合作协议。回顾比亚迪的发展历程，一路走来，是王传福的创业精神创造和滋养了比亚迪，他的不断创新和敢于冒险为比亚迪一次次抓住了机遇。

从比亚迪创立之初，就以创新为企业定位，只有创新才是唯一的出路。王传福带领企业采用分解式研发，在不触及其他相关企业专利技术的同时，以低成本高效率的方式为比亚迪的发展推开一扇新的大门。通过模仿式创新，夯实技术知识，在进入新的领域时，敢于试错，冒险提出与传统相背但更适合比亚迪发展的模式，使比亚迪在原有核心业务的基础上开拓新的业务，拓宽产业链布局，不断地进行自我超越。在王传福的创新创业精神的引领下，比亚迪创新为王、人才为本、模仿创新的模式，在不同的领域中被有效复制，促进了比亚迪多元化探索的成功。当变革路上出现困难和迷惑、面对质疑时，王传福没有退缩，仍然坚持创新，敢于冒险和试错。他信奉：只有技术与创新能让比亚迪成功。

三、张一鸣与字节跳动

自中国拥抱互联网时代以来，三大巨头 BAT 以技术主宰了大部分市场。移动端已成为众多互联网企业角逐之地，新的市场环境由人工智能和共享经济推动，网络服务不断更新迭代。目前，三家并称 TMD 的企业：新闻资讯类软件今日头条、餐饮旅行服务类公司美团点评，以及短途出行公司滴滴成为三大巨头最强劲的竞争对手。它们的崛起使消费者有了更多选择，为消费者的生活提供了诸多便利。不同于美团和滴滴，今日头条没有选择接受 BAT 的入股，拒绝站队 BAT，坚持独立运营。目前，作为字节跳动旗下最主要的业务单元，今日头条已然成为移动互联时代的一颗夺目新星。无论是今日头条获得的成就，还是字节跳动在行业中的卓越表现，都离不开 CEO 张一鸣的执着与创新。

张一鸣，1983 年出生于福建龙岩。童年时受父亲熏陶对科研、发明都萌生了极大的兴趣，大学攻读软件工程专业，奠定了他对技术的执着与肯定，也为他后来做产品时坚持以技术换内容不断创新打下了坚实的基础。毕业之后，张一鸣开始了他的创业旅程，先后 4 次创业让张一鸣收获许多。在酷讯的经历促使他积累了全面扎实的互联网技术方面的知识，他负责的旅游的垂直内容搜索促使他在搜索方面的能力有了大幅度的提升；在饭否，张一鸣深刻认识到高效信息分发的重要性；在九九房，张一鸣开始了人生中第一次自主创业；在字节跳动早期产品中，验证了基于大数据和机器学习进行信息推荐分发的可行性之后，张一鸣凭借这些丰富的经验和专业知识，抓住机会，整合资源，不断创新开展新的业务，取得了巨大成功。回望张一鸣先后4次的创业经历，并不轻松，机遇来临的同时也给了他极大的压力。他曾在接受采访时说："每一段创业经历，都挺寂寞的，尤其是在苦闷纠结的时候。"可正是由于他的坚持和敢于冒险，抓住了移动互联时代的机遇，也正是他对于行业的思考和甘于寂寞的创业精神，才成就了日活跃用户数约1.2亿、用户日均在线时长54分钟的第二大国民App——今日头条。

今日头条的成功得益于大的时代环境。互联网时代到来，信息获取渠道悄然发生改变。以往的报刊、电视新闻等传统媒介的浏览量大幅度下降，而互联网信息传播却以燎原之势开始迅速发展。随着互联网新闻资讯门户的繁荣，也出现了一系列问题，信息的数量激增，但是获取信息往往受到时空限制，会产生一定的滞后性。移动互联时代的到来很好地解决了这个问题。2011年智能手机出货量激增，达到前三年智能手机出货量的总和，智能手机成为信息主要的传输介质。在当时，有许多老牌的新闻资讯门户都已经注意到移动互联网会成为信息传播的主流，也有部分新兴的资讯玩家进入了这个市场。不同于其他人的是，张一鸣不仅想要把握这次机会创业，更想着如何在众多移动资讯中脱颖而出。他注意到，手机移动端不同于传统方式，手机移动端可基于大数据分析了解用户的个性化信息与需求，并且作出快速、准确的信息响应。张一鸣对于市场的敏锐性告诉他：机会来了。在看准移动互联的风向后，2012年今日头条创立，这是他对市场理解的一次大胆尝试。张一鸣在已有的市场情况下，开拓出全新的局面，更是体现了他的冒险精神，至少今天看来，这次冒险显然是值得的。

至2018年年底，字节跳动旗下众多App中，今日头条和抖音的活跃用户最多，两者加起来的日活跃用户量已超过4亿。如此庞大的流量从何而来？也是张一鸣在对市场进行清晰定位后大胆创新的结果。张一鸣很清楚，移动互联从何处来，又该走向何方。大量信息的汇总呈现无法满足用户个性化的需求，根据用户喜好程度呈现的定制化服务才是大势所趋。所以无论是今日头条还是抖音，都主打内容平台。了解用户的喜好，通过分析数据将喜好的相关以及用户可能会感兴趣的内容与用户连接之后推荐给用户。在字节跳动的诸多 App 中都应用了张一鸣自创的“机器分发”的概念。通过技术创新的数据算法，了解并掌握用户阅读习惯和喜好，推送相关的内容，在短时间内吸引了大量用户，这是字节跳动大部分 App 产生的基础，也是这些 App 颠覆传统信息开创新的分发模式的独特之处。这背后，也不断渗透出张一鸣在技术支持下的创新精神以及作为企业家比一般人对产品和市场更深远的看法和思考。

除了产品本身，字节跳动的组织形态也完全不同于传统企业，仅有三个核心职能部门：技术、User growth 和商业化负责留存、拉新和变现。今日头条、抖音等明星产品都是这样，共用着一套系统，核心环节基本一致。这三个职能部门在做的事是任何一个移动产品从诞生到做大都需经历的核心内容。这大概也是字节跳动成为家喻户晓的 App 工厂的重要原因。相似的模式，同一套系统，可以流水线般不断生产出爆款 App，适合 App 快速迭代。不局限于固态化的组织形式，颠覆传统的组织形态，这样的企业制度创新背后，也是张一鸣在企业发展过程中创新精神的最好体现。

目前，字节跳动已经拥有图文、短视频、问答等多元化内容，产品梯队不断扩充，其中许多大量产品都是在今日头条中较为成熟的子频道分拆出来的。传统的移动产品都聚焦单一产品，而较少选择出组合拳。产品组合矩阵会分散流量，争夺资源。但张一鸣仍然坚持分拆 App 独立发展，这也是极其大胆的创新，他坚持持续创造新产品，以求得找到一个更持久的创业周期，更是冒险精神在影响着他作出这样的选择。2018 年 4 月 24 日，今日头条发出内部信：今后在公司层面，不再用“今日头条”代表公司整体品牌，改为使用“字节跳动”。正向张一鸣所期许的，字节跳动将要发展成为平台企业。张一鸣想要的不仅仅是一个爆款 App，更是一家超级平台，在这个超级平台下拥有的，不仅是大量具有成长潜力的产品，更是年轻、活跃的用户群体，这庞大的流量将会是字节跳动成长为里程碑式的互联网企业最重要的因素。

张一鸣从非常年轻的技术精英逐步成为企业家，他身上最为突出的企业家精神就是创新探索精神和坚持试错精神。他所创办的业务形态、技术运用形式和所创造的需求都是当今世界之前所没有的。是张一鸣鲜明的企业家精神促使他在其技术运用的土壤中开花结果。

第十章　国有企业发展与企业家精神

国有企业作为从所有制视角划分的一种重要的企业类型，在世界各国广泛存在。国有企业具有不同于一般企业的特殊性质和功能，在治理市场失灵、提供公共产品、保障社会公平、发展战略性民族新兴产业等方面发挥着主要的甚至是不可替代的作用。在现代市场经济中，国有企业作为一种相对较为特殊的企业样式而存在。不但是现代市场经济的显著特征之一，也是现代企业制度的基本特征之一。国有企业是我国国民经济发展的中坚力量，是中国特色社会主义建设的根本支柱。梳理我国国企发展之路，改革、创新、脱困、突围这些字眼伴随着国企一路走来，也是一代国企企业家们的精神印记，不仅是新时代中国特色的企业发展理论的重要内容，对于国有企业持续健康发展也具有重要意义。

第一节　国有企业及其发展

一、国有企业定义与定位

企业是市场经济中的基本细胞，是现代社会中实施和完成生产、流通、交换等经济活动的一种主要生产经营组织形式。国有企业（SOE，State－owned Enterprise）是诸多企业类型中的一种，其现代内涵是指“国务院和地方人民政府分别代表国家履行出资人职责的国有独资企业、国有独资公司以及国有资本控股公司，包括中央和地方国有资产监督管理机构和其他部门所监管的企业本级及其逐级投资形成的企业”①。一般认为，国有企业的资产所有权及其控制权归国家和全体人民所有，政府的意志和利益极大地影响着国有企业的行为。

我国国有企业在自出现之后的相当长的时间里，是在计划经济体制下严格按照国家计划从事活动，因此似乎并不存在严格意义上的定位问题。改革开放后，对国有企业的改革在很长一段时间内都是经济体制改革的关键点。尤其在1985年后，经济体制改革全面转向城市，国有企业改革更是重中之重。因此，需要将国有企业置于社会主义经济大的坐标系中，在同其他类型企业进行比较的过程中，更加科学地确定其应有的定位。该定位可以从功能和产业两个角度来思考。从功能角度看，国有企业是政府干预和参与经济的主要手段或载体之一，目的在于加强政府对国民经济整体运行的把控和协调能力，弥补市场失灵，这些是不同于其他类型企业的功能。从某些特殊产业的角度看，国有企业需要在与国民经济命脉紧密联系的主要行业和核心领域，尤其是那些掌握关键技术、拥有战略资源、事关国计民生的领域处于主导位置。首先，社会经济中存在一些非营利或微利的行业或部门，如公共事业和基础设施等，因为投资规模大、回收周期长、见效慢，或者具有较大的正的外部效应，因而非国有经济没有能力和动机进行投资，往往需要政府的主导，这些公共事业和基础设施经常是国有企业存在和发展的主要领域。其次，一些对资金、技术要求较高的产业，如航空、航天、核工业、石油石化等工业产业，需要国有经济发挥集中资金和资源、兴办大规模企业的优势。总体来看，在社会主义经济体制下，国有企业应定位于实现国家发展战略、优化经济结构、平抑经济波动、实现重要政策目标的角色。

---

① 《国有企业境外投资财务管理办法》(财资〔2017〕24号)。

二、国有企业的分类与功能

通过对国有企业的分类，可以进一步理解它的特殊性。对国有企业外延分类可以遵循多种标准和方法，从而有多种具体内容，通常从规模、管理权属、公益盈利属性等来分类。2015 年，国资委等三部门联合印发《关于国有企业功能界定与分类的指导意见》，这是历史上第一次从政策高度上明确对国有企业的分类界定，具体分为商业类和公益类。商业类国有企业具有活化国有经济、追求国有资产的保值和增值的功能，而公益类国有企业更多地作为国家干预和调节经济的手段，具有增进社会公平、调和国民经济各方面发展的功能。由此可以概括出国有企业的两个基本性质：营利性和社会性。首先，从经济学理论出发，企业是市场经济制度下的微观基础，作为理性经纪人的企业家为了实现利润最大化的目标，指导和带领企业高质高效地从事生产经营活动。若要使企业完全剥离追求利润的本能，市场经济存在的基础也会随之消失。其次，在社会化大生产和市场经济的背景下，企业是一种高效率、低成本的生产组织形式，企业家起着使各种生产要素结合起来形成现实生产力的关键性作用。国有企业不总是以利润最大化为目的，也需要尽可能做到成本最小化。否则，建立和发展事业单位和非营利组织机构就可以代替国有企业承担社会公益功能。总之，国有企业也是竞争市场环境中的个体，也需要向市场输出优质产品和服务，同时尽可能做到利润最大化及成本最小化，最终实现国有资产的保值和增值。

现实并不像高度抽象的经济学理论那么纯粹，企业的目标不能被简单和唯一地抽象为追求最大的利润。即使跳出所有制的框架来看，世界上最优秀的企业都有各自更高的追求目标，获取利润只是为了实现其更高目标的手段。国有企业的所有者是国家，国家的最大利益不是利润，而是提升综合国力、保障社会福利。因此，国有企业必须具备特定的社会功能。

从市场失灵的角度来看，首先，市场经济中存在垄断、外部效应以及信息不对称等不可避免的缺点，进而使市场经济运行和资源配置无法达到理想的帕累托最优状态。其次，市场功能的缺陷会产生周期性波动，随之而来的还有失业、通货膨胀、经济结构和总量失衡等问题。市场失灵和市场功能缺陷的同时存在说明，仅仅依靠“看不见的手”无法使经济系统保持有效运转。基于解决市场失灵和弥补市场功能缺陷的目的，政府需要对经济采取干预和调控措施。调控方式有两种：利用经济政策进行直接干预，或者建立国有企业。在多个领域和情境中，国有企业的这种宏观调控功能仅靠政府的财政政策或货币政策是无法替代的。总之，市场机制无法达成的、政府亦不能用其余调控措施来达到的某些社会目标，需要国有企业来实现。这是所有实行市场经济制度的国家建立国有企业的主要动因。此外，任何独立国家的政府都负有支持民族产业发展的使命，在一些重要的产业中建立国有企业，作为民族产业的“拓荒者”，是发展中国家形成具有国际竞争力的民族产业的重要途径。

我国国有企业现阶段所承担的社会功能细分为以下五个方面：①引导宏观经济，在全社会范围内优化资源配置；②发展战略性民族产业，特别是基础产业和高新技术产业；③促进地区经济平衡发展，实现经济合理布局；④通过控制整个国家的经济命脉，保持国民经济的稳定发展和保障国家安全；⑤实现政府的其他重要政策目标，如在脱贫攻坚、扶危救困、“危、难、险、重”上往往都需要国有企业挺身而出等。

在建设具有中国特色的社会主义市场经济的进程中，上述国有企业的社会功能是不可或缺的，甚至是不可替代的。社会功能的具体排序或者权重分布方面视特定情境或具体情形而定，通常从考虑整个宏观经济形势、调整变化的政策环境以及社会经济突发情形等因素而定。宁高宁（2019）指出，今天国企的责任超出了企业自身、超出了经济范畴，变成“整个社会能不能进步、能不能发展、能不能创新、国际上还能不能和谐的主要因素之一”[①]。点明了新时代中国特色社会主义建设时期对国有企业、国有企业家提出的新使命和新要求。

---

① 宁高宁．新时代国有企业的改革发展[R]. 2019:4.

三、我国国有企业发展历程

从新中国成立到20世纪80年代初，随着计划经济体制的形成和不断加强，国有企业在我国逐渐成为一种普遍实行的企业制度，改革开放以后，我国持续推进国有企业的发展和改革，同时私营企业和外资企业等其他所有制企业也逐渐发展起来。1992年，我国开始建立以公有制为主体、多种所有制经济共同发展的社会主义市场经济体制，此后，我国民营控股企业的数量迅速增长，但是国有企业在国民经济领域中仍然占据着主导地位。改革开放的40年中，搞活国有企业向来是经济体制改革的重点领域，改革的持续推进和不断深化为国有企业注入了长足的发展动力。国企改革的40年可以大致分为四个相互衔接的阶段，以实用主义改革逻辑和渐进式改革方法，逐渐推动国企改革的步步深化。①

（一）改革初步探索时期（1978—1992年）

1978—1992年，是我国国有企业改革的早期探索阶段。该阶段的改革是自上而下进行的，获得了较为突出的效果，更积累了大量的经验和教训。此阶段又可进一步分为向企业放权让利、推行经营承包责任制及转换企业经营机制三个时段。

1. 向企业放权让利

扩大企业自主权的改革试点工作最早于1978年在四川进行，取得较好效果之后，国务院于1979年先后下发了《关于扩大国营工业企业经营管理自主权的若干规定》等五个文件，明确了国有企业作为相对独立的生产经营个体所应该具有的责任、权限和义务。文件要求在保障国家所有权、保证完成国家计划的前提下，在各个层面上扩大企业经营管理自主权。核心措施是以利润留成制度激发企业和员工对增产增收的积极性。然而，由于在扩大企业自主权的同时没有建立相应的约束机制和配套的宏观体制，边界难以把握，出现了企业在分配利润时向职工倾斜等问题，国家财政赤

① 项安波，王念．国企改革四十年的经验与启示［J］．中国发展观察，2018（18）．

字大幅增加。针对上述问题，1982 年中央开始推行工业经济责任制，从全面考核产品质量与成本、把控奖金发放等方面抑制了企业的不合理行为，使得国家财政赤字大幅减少。然而，由于企业外部存在信息不对称、企业所处环境各有不同、企业内部实际情况存在差异，难以找到一种相对客观的标准来划分国家与企业之间的责、权、利关系。更重要的是，以利润分成为主的工业经济责任制没有解决企业自我约束机制的本质问题。1983 年起，国务院停止全面推行经济责任制，参照其他国家的所得税制度推出了两步“利改税”，继续探索规范国家与企业之间分配关系的合理方式，然而结果并不理想。

2. 推行经营承包责任制

1984 年，中共十二届三中全会通过《中共中央关于经济体制改革的决定》。改革继续向深度发展，改革的重心转向经济体制改革和城市改革。1986 年，承包经营出现了新的高潮。经营承包制是在利润留成和经济责任制的基础上，吸收农村联产承包责任制的经验形成的，通过合同把企业承担的责任和国家与企业的分配关系确定下来，实行“包死基数，确保上缴，超收多留，歉收自补”的原则。自 1987 年我国开始全面推行承包制，初期产生了良好的效果，但到 1989 年，承包企业的经营效益直线下降。从本质来看，承包制对于“两权分离”的界定是不科学的，一是因为承包合同是通过政府与企业的讨价还价确定的，而在讨价还价过程中存在代理人的权钱交易；二是因为承包合同具有不稳定性，反复重签和修改需要付出巨大的交易费用，造成了资源的大量消耗。

3. 转换企业经营机制

随着经济体制改革的继续深入，整顿经济秩序、转换企业经营机制开始作为重点。这一期间，转换企业经营机制以企业劳动、人事、工资三项制度改革为突破口，把竞争机制引入企业，在企业内部形成“干部能上能下、职工能进能出、工资能升能降”的机制，不断完善激励和监督机制。前一阶段对国有企业试行承包经营责任制，在某种程度上实现了所有权与经营权的适当分离，而推行股份制，则是试行所有权和经营权的完全分离，使企业真正成为自主经营、自负盈亏的市场主体。1990 年，股份制改革试点工作启动，上海证券交易所、深圳证券交易所接连建立。此后，一系列配套文件相继出台，进一步推进了国有企业股份制改革工作。与此同时，我国尝试推进了企业集团组建试点工作，对国有企业进一步改革和建立现代企业制度进行了有益探索。

此阶段是国有企业改革的初步探索，缺乏明确的方向和路线指引。总体上遵循首先小范围试点、逐步扩大试点范围直至全国推行，同时在过程中跟进出台和调整各类规范和配套政策，以“摸着石头过河”的思路探索改革的合理路径。总的来说，国有大中型企业的活力有所增强，开始转变为具有内在动力的独立主体，以利益刺激为主的各类举措成功激发了企业和职工的主动性。此外，扩大企业自主权的改革，还开阔了人们的眼界，培养、锻炼了一批国有企业干部，为国有企业家精神的萌芽提供了土壤。

（二）企业制度创新时期（1992—2003 年）

20 世纪 80 年代后期，“计划”和“市场”在社会主义制度的背景下依然未能厘清关系，改革进程停滞不前，加之苏联解体对社会主义制度造成了巨大影响。对计划体制的改革成为无法回避的途径，国有企业改革步入了制度创新阶段。该阶段又可细分为初步建立现代企业制度、大力推进股份制两个时段。

1. 初步建立现代企业制度

1992 年，邓小平同志在南方谈话时明确指出“市场经济不等于资本主义，社会主义也有市场”①。邓小平南方谈话指明了深化改革的方向，把改革推向了新的发展阶段。同年，党的十四大确定了建立社会主义市场经济新体制的目标，国有企业改革在探索转换企业经营机制的同时，确定了建立现代企业制度的改革。1993 年，党的十四届三中全会进一步明确提出国有企业改革的目标是建立“产权清晰、权责明确、政企分开、管理科学”

---

① 邓小平视察南方讲话[EB/OL]. 新华社,http://news. 163. com/07/0920/17/3ORPFKVQ00012D21. html.

的现代企业制度，冲破了旧体制的框架。

明确上述改革方向后，自 1993 年起，全国各地以理顺产权关系为核心，采取多种方式进行新的企业制度试点。在这段时期内，伴随着现代企业制度的试点，以“抓大放小”为代表的企业改组有了长足的发展。“抓大放小”就是通过包、租、卖，通过股份制和股份合作制改造，促进资源的合理配置，将小企业推向市场，集中精力壮大骨干国有企业集团的竞争力。

1997 年起，东南亚地区的金融危机对国内经济产生冲击，在新的市场竞争格局下，国有企业长期低效率运行的问题凸显出来，国有大中型企业亏损日益加重。时任国务院副总理的朱镕基提出了“三年脱困”的目标，具体从三个方面入手帮助国有企业走出发展困境：第一，加强国有企业领导班子的建设，特别是厂长、经历人选的把控；第二，鼓励破产、减员增效的同时，加快改革下岗职工的再就业和社会保障制度；第三，创新国有企业融资途径，以“债转股”等方式为国有企业增资减债。以上措施取得了较好成果，更为进一步规范现代企业制度奠定了良好基础。

2. 大力推进股份制

承接上个阶段初步的股份制改革试点工作，国家体改委等五部门于 1992 年印发《股份制企业试点办法》，政府各相关部门又先后颁发 11 个配套政策，力求股份制试点走向规范化。中共十五大之后，人们对股份制的认识有了新的突破：国有资本通过股份制能够吸引和支配更多的社会资本，放大国有资本功能，强化国有经济的控制力和影响力。2000 年，国家经贸委发文鼓励国有大中型企业通过规范上市、中外合资和企业互相参股等形式发展股份制。同年，国有企业股份制改革取得重大进展，宝山钢铁股份有限公司的上市标志着上市重组成为国有企业改制的大方向。

制度创新后的国有企业，法律上更为规范、实践中更有活力，并表现出以下三个特点：第一，“产权清晰、责权明确”的企业法人制度普遍建立，企业自主经营权得到有效落实；第二，投资多元化步伐加快，盘活大量国有资产；第三，企业法人治理结构日趋完善，大量国有企业成立了董事会、监事会。

（三）纵向深化改革时期（2003—2013 年）

党的十六大以来，是我国社会经济快速发展、全面发展的一个重要历史时期。抓住这个有利时机，在不断完善现代企业制度、转变国有资产管理方式以及资本市场的建设中，国有企业改革进入了纵向深化改革时期。

1. 国有资产管理体制改革

资产管理体制的改革是深化改革进程中的一项重大任务，在实践中，企业国有资产出资人制度日臻完善。2003 年，中央和地方分别成立专门的国有资产监督管理机构以履行出资人职能，确立了“三分开、三统一、三结合”的国有资产管理体制。到 2006 年年底，多层级的国有资产监管的组织体系逐步建立和完善。全国各地国有资产监管机构出台了 1000 多个地方法规和规章制度，先后总共制定 1200 多个地方规章和规范性文件,[①] 国有资产监督法规体系基本形成。这一系列改革举措扭转了以往国有企业改革及国有资产监管中政出多门、分而治之的局面，出资人的明确到位扼制了国有资产流失、职工安置不当等问题，使进一步、全面系统地推进国有大型企业的改革成为可能。但如何在充分履行出资人职责和不直接干预企业的生产经营活动两方面平衡，还需要在改革实践中继续探索。

2. 国有经济布局和结构调整

党的十六大以来，国有经济布局和结构调整逐步步入改革的攻坚阶段，中央企业作为国有企业的骨干和中坚的地位日益凸显，各地国有经济布局也进一步优化。通过引导中央企业核定主业主辅分离、推动企业之间的兼并重组、有序开展政策性关闭破产工作等举措，国资委力促中央企业的国有资本向四个方面集中：①事关国家安全和国民经济命脉的主要行业和核心领域；②具有竞争优势、未来可能形成主导产业的领域；③具有较

① 李荣融. 以科学发展观统领国有资产监督工作努力提高国有经济的竞争力和控制力——在全国国有资产监督管理工作会议上的讲话[R]. 2007 - 01 - 25.

强国际竞争力的大公司、大企业；④企业主营行业领域范围有效收缩。地方层面，各地国有资本不断向有区域经济特色和区域经营的企业集中，一批地方国资龙头企业综合实力明显增强。

3. 垄断行业国有企业改革深化

伴随国有经济布局与结构的战略性调整取得显著进展，垄断行业日益成为国有经济最集中的行业和领域。对垄断行业改革具体有以下三个切入点：一是改变计划经济体制下的政企合一、一家垄断的局面，陆续将石油石化、电力、电信、民航等垄断行业的大型企业进行分拆和业务重组，使其形成多家竞争的市场格局；二是放宽市场准入机制，引导投资主体多元化；三是要求企业对试行政府指导价、政府定价的商品和服务的生产经营成本分开核算，推出针对垄断行业和国有企业收入分配的监控政策。通过以上全方位的举措，确保垄断行业沿着正确的方向不断深入。

4. 资本市场改革同步进行

在运用资本市场平台推进国有公司制、股份制改造方面，有两项重要的举措：一是国有上市公司的股权分置改革，这是推动国有企业尤其是国有控股上市公司进一步健全现代企业制度的重要举措。2005 年，中国证监会发布《关于上市公司股权分置改革试点有关问题的通知》，国资委随后出台《国有控股公司股权分置改革的指导意见》。到 2006 年年末，我国沪、深两市 1446 家上市公司有超过 90% 的公司顺利完成股权分置改革。除了股权分置改革，另一项改革举措是国资委推动的中央企业整体上市。以上两项措施有助于更好地发挥出资本市场在促进国有资产重组改制和国有经济布局的战略性调整中的功能和作用。此后，国有企业发展呈现出新的活力，被称为“新国企”。

（四）全面深化改革时期（2013 年至今）

党的十八大后，国有企业改革在经济新常态下进入“全面深化”阶段。2013 年，党的十八届三中全会通过的《中共中央关于全面深化改革若干重大问题的决定》为全面深化改革指明了方向；2015 年起，以《中共中央国务院关于深化国有企业改革的指导意见》为引领、多个文件为配套的“1 + N”

国企改革政策体系逐步形成，明晰了全面深化国企改革的主要思路。

1. 明确国有企业的分类与功能界定

2015 年颁布的《指导意见》把国有企业分为三类：公益类、主业处于充分竞争行业和领域的商业类、主业处于重要行业和关键领域的商业类。混合所有制改革、高管的管理与薪酬制度、国企的监管与考核都在分类的前提下，有针对性和差别化地推进。到 2017 年年底，国资委监管的中央企业集团层面功能界定与分类完成，76 家中央企业完成全部子企业分类，各地国资委全面完成所监管的一级企业分类。对国有企业的分类和重新定位使考核和监管更加精准，为全面深化改革奠定了基础。

2. 重组整合有序推进

2006 年，中央发布《关于推进国有资本调整和国有企业重组的指导意见》，旨在促进企业资源优化配置。至 2018 年 1 月，国资委共完成 19 组 36 家中央企业重组，中央企业由 5 年前的 116 家调整至 97 家，各省级国资委出资企业开展了 171 组重组整合。战略重组具体分为集团层面和专业化层面，以此优化国有资本布局，同时增强所涉及领域的竞争力。通过重组整合，国有资本布局结构不断优化，国有经济的分布领域更加合理，国有企业在供给侧结构性改革中发挥了积极引领和带动作用。

3. 混合所有制改革稳妥实施

混合所有制改革通过产权主体多元化，实现了不同所有制经济的优势互补与融合发展，进而实现了资源的有效配置和生产要素的优化组合，改进治理结构、完善运营机制。党的十八大以来，混合所有制改革分类、分批进行，部分央企的三级子企业进行员工持股试点。截至 2017 年年初，超过 68% 的中央企业已经或者正在引入各类社会资本、推进股权多元化，地方国有企业混改的企业数量也占到 47%，实现了国有资本的功能放大。

4. 完善国有资本管理体制

以分类改革为前提，进一步健全国有资产管理体制。首先，以“管资本”为主，加快推进职能转变，出台权力清单与责任清单，为企业改革发展提供强有力的监督保障。其次，加快落实国有资本授权经营体制，促进政企分开。自2014年首先在部分央企中开展投资公司试点工作，随后进一步扩大试点，截至2017年年底，各省、市完成改组组建国有资本投资、运营公司达589家。①

5. 现代企业制度不断健全

公司制改制的完成推动了国有企业不断健全现代企业制度、转换经营机制。党的十八大以来，大多数央企先后建立了规范的董事会，决策、执行、监督机制环环相扣；对央企负责人采用更科学的EVA考核方式，建立将考核结果与薪酬挂钩的激励约束机制；部分国有企业进行市场化选聘经营管理者并试行职业经理人制度等。综上所述，国有企业公平参与市场竞争的环境正逐步形成。

以上四个改革阶段的中心，彼此呼应、各有着重，展现出各个时段国有企业改革和发展的不同侧重点和方式，共同勾勒出国有企业改革40年的主线。增强国有企业的活力和竞争优势，逐步建立和完善现代企业制度，从而更好地配合国家战略和满足民生需求，是国有企业改革和发展的核心目标。可以说，如果没有真正将国有企业置于现代企业制度中，企业家精神也就无从谈起。伴随着社会主义市场经济体制的建立完善和国有企业改革的持续深化，众多国有企业已转型成为“自主经营、自负盈亏、自我发展、自我约束”的市场竞争主体，并非仅担任政府附属机构、部门或生产车间的角色。从此，国有企业也能像其他类型企业一样为企业家们提供开阔的舞台和空间。从另一个角度来说，国有企业的高质量发展也离不开杰出的企业家和他们身上闪闪发光的企业家精神。

① 胡迟．国企改革:40年回顾与展望[J]．现代国企研究,2018(17):28－38.

第二节　国有企业发展过程中的企业家精神

一、国有企业家精神的地位

2017 年，《中共中央国务院关于营造企业家健康成长环境弘扬优秀企业家精神更好发挥企业家作用的意见》（以下简称《意见》）正式公布，除了首次发文明确企业家精神的地位和价值，这也是中央首次明确提出“国有企业家”的概念，并特别强调了“国有企业家”的地位和责任。《意见》全篇共提及 13 次“国有”，由此足见中央的重视程度。其中，《意见》第 7 条提出：“国有企业家应自觉履行政治责任、经济责任和社会责任，发扬为党、为国家、为人民服务的担当精神，肩负起经营管理国有资产、实现保值增值的重大责任，做强、做优、做大国有企业，不断加强企业核心竞争力。”以上论述从国家层面肯定了国有企业家的地位和作用，明确了新时代国有企业家精神的重要内涵。

在企业家和高层管理团队群体中，国有企业家是一种特殊的存在。对应国有企业的双重性质，国有企业家肩负着双重责任：作为企业集团的领导者，需要遵守市场竞争和企业发展规律，应对错综复杂的企业内外部环境带来的风险和挑战，在这一点上与一般的企业家或高管人员是相似的；同时，作为国有企业的掌舵者，还需要满足和发挥国家作为出资人赋予国有企业的政治、经济和社会功能。可以说，国有企业家承担着更重的责任，也经受着更多误解。人们经常忽视国有企业家面临的束缚和困境，认为国有企业家相对来说拥有更大的权力和更多的资源。事实上，国有企业家受益于体制的同时也受困于体制。相比于民营企业的灵活性、家族企业的独裁性，国有企业盘面大、队伍冗杂，国有资产的保值增值不容错失，无法承受较高风险。多重压力下，原本有能力的国有企业家失去了积极性，停滞于“求稳”的心态。随着时间的推移，国有企业家队伍中人浮于事的现象也越来越严重。国有企业受各方面的影响，企业家精神发挥得还不充分、不全面、不协调，而且也受到很多条件的束缚。因此，国有企业改革和发展更加需要企业家精神。

二、国有企业家精神的内涵分析

国有企业是一种特殊的企业，因此国有企业家也是一种特殊的企业家，除了为追求利益而承担风险的企业家本质，更重要的是要有将国有资本做强做优做大的战略意识和履行附着在国有企业身上历史使命的家国情怀。另外，作为国有企业家，应比其他的企业家更有强烈的社会责任意识，与国家战略保持一致，引领中国的创新经济发展，包括在国家的战略上参与国际竞争，打造国际一流企业所承担的使命。在我们看来，真正卓越的国有企业家应当具备一名政治家、战略家、实干家、社会责任家的精神品质。不仅要有坚定的信仰，还应具备创新、奉献、担当的精神，有效强化企业的内生动力和竞争实力，将个人的成长融入并彰显于国家发展、社会运行。

国有企业家立足于国有企业的平台，生存于体制内的制度环境，有诸多民营企业不可比拟的优势，如银行信贷、市场公信力、商务关系处理、利益相关者之间的协调和关系维护等，但是国有企业也经常缺乏很多民营企业的优势，灵活高效，程序简捷、环节相对少，运行高效。当然，这是从大样本均值来看问题，不是所有国有企业或者所有民营企业都呈现出同一特质。

（一）不忘初心、兴业报国的担当精神

担当是企业家精神的底色，是责任、忠诚、奉献、牺牲、勇气和才干的组合。新时代的历史方位中，国有企业的使命担当是多层次、全方位的，因此，新时代的国有企业家需要培养高度的责任感、使命感和担当精神。

第一，国有企业家应担当起实现国有资产保值增值、杜绝国有资产流失的历史使命，是本职，更是底线。第二，当前我国正从高速发展阶段迈向高质量发展阶段，企业家所肩负的不仅是企业的生存发展责任，更是推

动社会进步、民族富强的使命。因此，国有企业家应响应国家发展战略，带领国有经济在国际市场竞争中勇立潮头、脱颖而出，发展出更多具有产业影响力的领军企业和世界级跨国公司。第三，国有企业家需要更加明确社会责任的担当和传承。企业家带领企业脚踏实地从自身生产运营做起，为社会创造稳定的就业岗位、向国家缴纳税收、为社会创造财富，是间接承担社会责任的重要方面。第四是带领企业积极投身公益慈善和脱贫攻坚，这是国有企业直接承担社会责任的体现。第五，国有企业家应在深化改革中承担起维护职工合法权益的责任，增强企业凝聚力、确保企业可持续发展。担当意味着坚守，宋志平（2017）指出，要想深入了解一个企业以及企业的业务、产品、技术等，需要漫长的时间积累。这就要求国有企业家不能把企业当作跳板，应该坚持把做企业、做企业家作为自己终身的职业，承担“打造新国企”的使命。①

需要强调的是，承担社会责任与企业经营并不矛盾。从社会方面来说，可以提高社会对企业家的信任感；从企业家方面来说，能进一步自我意识到有益于社会的使命感和自豪感，从而采取更积极的经营行为，彼此促进、良性循环。

（二）打破传统、锐意进取的改革精神

新常态下的改革精神，是始终以问题为导向的精神，是不断创新思路、提升效率的精神，是永不放弃探索和尝试的精神。国有企业家需要具备看到大势、顺应大势、利用大势的精神，在企业经营的重要关口作出最优决策。反之，若企业家思维僵化、安于一隅，则会导致企业在激烈的竞争中不进则退，被边缘化甚至淘汰。回首过去，我国国有企业的发展始终与改革相辅相成。放眼当下，在全面深化国有企业改革的大潮下，国有企业家也应传承和践行改革精神。

我国正处于深化国有企业改革的关键阶段，需要国有企业家探索完善混合所有制、国有资本重合整合的新思路和新途径，带头推动国企混改实

① 宋志平．关于企业家和企业家精神的再思考［J］．中国企业报，2017(3)．

现更大突破。与此同时，面临产能过剩、经济下行的新常态，国有企业家能否察觉新一轮市场机遇，关系到他们所在企业的生存和未来发展。因此，国有企业家应培养和发挥远见卓识的开阔思维和国际视野，并将其转化为超前行动。“开阔思维”的培养需要企业家以身作则带动整个企业，致力于打造学习型组织，使企业通过学习提升整体运作能力和企业发展的新境界。“国际视野”要求企业家剖析国际市场，不但要掌握所处领域的前沿动态信息，也要对潜在相关产业、世界经济发展态势有足够的认识，从而带领企业“走出去”，打造经得起市场考量的国际化产品，提升民族品牌影响力。

然而，国企改革并非易事，企业家往往面临很大压力。一旦改革方案设计不科学，或者执行得不够公开透明，甚至有时改革本身没有瑕疵，也会因为触动个别人的利益，引发质疑甚至群体性事件。但是，国有企业家依然要走出舒适区，敢于尝试、敢于冒险。从政策层面来说，要为国有企业家“松绑”和“撑腰”，对他们在合法经营中出现的失误和失败加以宽容和理解，在社会各层面为国有企业家营造勇于担当、大胆探索的良好氛围，以此更好地激发国有企业家的激情和魄力。

（三）专注品质、诚信为先的工匠精神

工匠精神是企业家精神的本色。对于企业家来说，无论从事加工制造还是提供服务，工匠精神是对创造极致产品、服务和价值的强烈信念，外在表现为敬业尽责的工作态度、追求极致的职业品质、诚实守信的职业道德等方面。将其升华到企业层面，则是对产品精雕细琢、千锤百炼的精神，以及重视用户体验的服务精神。

党的十九大报告中强调，中国特色社会主义进入新时代，我国社会主要矛盾已经转化为人民日益增长的美好生活向往和不平衡不充分的发展之间的矛盾。发展的不充分在国有企业中突出体现于质量和效益方面，中国制造亟须向中国创造、中国智造升级。在总体生产力水平较高的今天，我国的社会消费水平总体上有了显著提高，人们不再满足于消费的数量，而是在数量的基础上更加注重消费的品质。任何一个企业能持续发展并成为百年老店，都离不开产品品质这一关键因素，不只是产品自身品质，还涉及服务品质，都需要重视消费者体验、以消费者需求为导向。在工匠精神这方面日本企业家做得相当好，日本的汽车能够畅销世界，得益于产品的质量，特别是发动机的可靠性和节油功能。还有日本的电子产品，能够几十年引领世界前沿，与日本企业家的工匠精神即高度重视产品的品质分不开。

宋志平（2018）曾强调"新时代的企业家精神要重视高质量发展"①。进入20世纪以来，我国经济持续快速增长，互联网经济打开了快速消费品市场，社会整体环境呈现出快节奏、高压力、急于求成的浮躁氛围，诱导企业更加关注短期利益，市场中真正拥有品质和灵魂的产品屈指可数。长久以往，不利于经济的良性发展和可持续发展。在这样的背景下，国有企业家更需要沉心静气，以工匠精神推动高质量发展。只有发扬工匠精神，持续创新技术、雕琢产品，输出高品质产品，满足人民对美好生活的向往，才能在长期的竞争中获得成功。

（四）敢为人先、追求卓越的创新精神

管理大师彼得·德鲁克先生在《创新与企业家精神》一书中指出："创新是企业家的灵魂。"熊彼特指出，企业家所面临的挑战是寻求和采用新观念去撞击经济活动，使之摆脱重复不变的循环。创新精神的原点是思维创新，企业家个人的思维创新带动整个组织，从而打破企业生命周期的约束。创新精神需要在企业生产运营的每个环节体现，如产品创新、技术创新、制度创新、商业模式创新等。

首先，企业家的创新精神需要强大的内心和改变的意愿。现实中，多数创新都以失败告终，切实落地、产生绩效的创新屈指可数。但是，企业家需要拥有敢于尝试、大胆试错的胸怀。但需要注意的是，带有投机色彩的冒险不是国有企业家的选项。其次，企业家的创新精神需要与敏锐的洞

---

① 宋志平．新时代企业家精神和关心爱护国有企业家［EB/OL］. http://www.cneo.com.cn/article-65981-1.html

察力联系起来。动态市场中的机遇稍纵即逝，企业家需要快速、精准地定位突破口。这样的市场机遇往往存在于理想和现实之间，企业家需要找到平衡的落脚点。最后，企业家的创新精神不能是空中楼阁、纸上谈兵。如果创新仅停留在观念、思想和制度上，没有落地转化为行动和结果，就没有任何价值和意义。现实中，大多数企业可能因为各种客观因素无法做到引领式创新，那么当竞争对手开始应用创新的情况下，采取一种最优方式进入市场，也是创新精神的体现。企业家只有发挥创新的功效，才能称其具有企业家精神，才能更好地带领企业成功，才能更广泛地服务社会并推动社会的发展和进步。总体来看，作为国有企业家，在发挥创新精神的过程中，更应认真思考、评估和把控风险，识别并有效利用提升经济效率的各种机会，从而以创新的思想和技能推动企业发展。

在经济新常态下，培养和弘扬国有企业家精神显得尤为重要。当前，国有企业家队伍中普遍存在思维僵化、变革动力不足、过分关注政绩的问题。要克服这些问题，需要国有企业家将创新、改革、担当意识内化于精神修养，外化于过硬本领，正确处理党建与业务经营之间的关系，为我国深化改革提供软驱动，为企业发展铸就保持活力的源泉。

第三节　国有企业发展与企业家精神关系的案例

一、国有企业资深“放牛娃”：宁高宁

2018 年 7 月，国资委发布央企领导人职务变动信息。中化集团董事长宁高宁兼任中国化工党委书记、董事长。宁高宁同时担任两大央企董事长，更成为至今唯一执掌过四家世界 500 强、千亿级央企的 CEO。2018 年世界 500 强中，华润集团、中粮集团、中化集团和中国化工的排名分别为 86、122、98 和 167 位[①]。宁高宁对这些企业的发展正在或曾经产生过深远

① 任腾飞．宁高宁的兼修之道[J]．国资报告，2019(2)．

的影响。

（一）华润 18 载

宁高宁 1987 年结业于美国匹兹堡大学，获工商管理学硕士学位，同年进入华润集团，并从基层做起。3 年后，在企发部任职的宁高宁受命整改集团旗下的一家永达利，这成为他职业生涯中的第一次重大转折。华润收购永达利原本是为了开印染厂，由于污染问题而被迫转型。解决了永达利的租约问题后，宁高宁展现出过人的眼界与胆识，组织了 5 亿多元的贷款，在原厂址上盖楼，楼卖出后不仅还清了贷款，还为集团赚回 4 亿多元。1992 年，宁高宁担任由永达利更名而来的华润创业的总经理，这是华润集团的第一家上市公司。得益于在华润创业担任总经理期间的突出业绩，7 年后，宁高宁上任华润集团副董事长、董事会主席。

为了使华润这家老字号国企在动态的政策和市场环境中保持优势，宁高宁为其提出“应变、求变、前瞻、发展、有危机感和使命感”的新发展理念，折射出宁高宁的企业家精神在企业发展关键时刻真实地外化为可落地的方向的抉择和路径选取。2001 年，宁高宁提出“面向内地、再造一个新华润”的大胆主张后，华润集团大举投资房地产、零售业等主体行业，通过两个战略期的发展，已建立起雄厚的产业基础，产业地位和发展能力大幅提升。凭借资本的推动力，宁高宁为华润整合产业链创造了空间，因此被称为“中国摩根”。宁高宁主掌华润期间，华润平稳渡过金融风暴，还将主业由外贸转向实业，实现了跨越式大发展，成为中国内地和香港地区最具实力的多元化企业之一。

（二）中粮集团

2004 年年末，宁高宁被任命为中粮集团董事长。当时的中粮是一家传统的粮油贸易公司，所涉及的行业在价值链中比较分散，无法形成规模效应和上下协同。

空降到中粮后，宁高宁用两年时间深入调研，静心勾勒发展思路。他提出，组织必须首先以精神为主导，其次再考虑物质层面。中粮首先要在经营哲学上转型，提高团队凝聚力，营造良好的企业文化氛围；第二步是企业使命的明确。中粮的企业使命是企业化、市场化、人性化的。第三步是将企业目标落实到多层次的发展战略上。总部战略从多元化向"有限相关多元化"转变，业务单元战略必须保持清晰的专业化；搭建粮油食品行业的价值链。

2007年起，中粮集团根据上述战略思想进行业务和组织架构的调整，实施"新中粮"计划，形成九大业务板块。2009年，中粮集团正式提出"全产业链粮油食品企业"和"全服务链城市综合体"的战略构想。宁高宁指出，全产业链不是加法而是减法，不是横向战略而是纵向战略，目的是加强板块协同性。此后，中粮集团在实践中不断调整和完善发展战略，进行多笔投资和并购，业务竞争力持续增强。截至2011年年末，中粮集团资产总额比宁高宁到任前增长了3倍左右，利润首次突破百亿元。宁高宁履职期间的多笔海外并购，也为中粮随后探索国际化发展模式打下了基础。

（三）蒙牛乳业

2011年，中粮集团联合厚朴投资入股蒙牛，宁高宁随之接替创始人牛根生成为第二任蒙牛董事会主席。这是当时中国食品行业最大的一次收购，中粮的全产业链加入重要板块——乳业。宁高宁对蒙牛十分上心，虽然对日常经营业务较少过问，但他主导了许多蒙牛重要的并购项目。在此期间，蒙牛取得君乐宝51%股权、成为现代牧业第一大股东、收购雅士利等。借助中粮集团在食品行业的畜牧资源支持，蒙牛推进"三化"进程，解决了潜在的食品安全隐患，从源头提升产品品质，联合国外企业进行产品创新和研发。蒙牛在宁高宁的执掌下，一直保持着对竞争对手伊利的贴身跟进。根据荷兰合作银行发布的最新数据，2018年全球乳业排名中，伊利排名第9，蒙牛排名第10。①

（四）中化集团

2015年年底，宁高宁出任中化集团党组书记、董事长，当时的中化集

---

① 2018全球乳业20强企业排行榜[EB/OL]. http://www.sohu.com/a/244648996_800039.

团面临行业利润下滑等难题。2016 年起，宁高宁组织中化集团展开多方面战略调研，敏锐地洞察到“资源为王”的时代已经落幕，提出向“创新型的石油化工和精细化工企业，涵盖农业、地产、金融的有限多元化投资控股公司”转型。其中，“创新驱动”要求集团将创新融入员工思维和工作方法中去，使创新成为公司发展的源泉；“产业升级”要求集团重构商业模式、进行业务和资源的优化重组。2018 年，宁高宁为中化集团写下万字长文《科学至上》，提出中化要转型为一家科技驱动的创新型企业，重点关注新材料、新能源、生物产业和环保产业四大战略方向的突破。宁高宁创作了中化司歌《我们创造》，歌词中唱到“我们的使命是创造，创造才是生命之最”，以此激励全体职工矢志深化改革全面转型、将中化建设成为科技创新型企业。中化集团在科学发展理念的指导下，大力发展新能源、新材料产业，立足民族战略，推动中国由“化工大国”向“化工强国”迈进。2017 年，中化集团营业收入突破 5000 亿元，利润总额达到 135 亿元，创历史新高。

梳理宁高宁及其掌管的四家国有企业的成长和发展历程，可以发现宁高宁身上的企业家精神特质突出表现为以下三个方面：

（1）担当精神。宁高宁曾表示自己身上有一种使命：为国有企业改革蹚出一条路，试出一种成功模式。思想上，宁高宁始终把自己看作一名职业经理人，而不是国有企业干部，并且要求下属也要做专业的“放牛娃”，承担起国有资产保值增值的重任。将“中粮中层管理干部大会”更名为“中粮经理人年会”、将内刊改名为《企业忠良》，以组织制度和文化氛围培养员工的组织认同感和凝聚力。宁高宁被称为新产业整合探索的先锋领袖，在他的执掌下，中粮作为国内粮食流通主渠道，对国家政策调整积极快速响应，有效地调节了国内粮食供求的区域和结构平衡，承担起作为国有企业的重要功能。

（2）创新精神。宁高宁每执掌一家企业，首先会在深入调研和系统探讨后提出新的发展理念。他为华润提出“应变、求变、前瞻、发展、有危机感和使命感”的发展理念和以“6S 管理体系”为核心的“宁氏新政”；

为中化提出“科学至上”；为中粮提出从多元化投资向“有限相关多元化”转型的理念。事实证明，这些创新理念从全局高度出发，为这些企业的后续发展注入了持久动力。

（3）工匠精神。宁高宁（2018）提出，中化目前整合了国内化肥、农药、种子等各方面的资源，在天时地利人和的条件下，必须承担起为国人生产高品质农业产品的责任。此外，他为中粮构建的全产业链战略以消费者为导向，利用自身长期积累的贸易优势，利用全球资源满足市场需求、保障国内供应。

二、企业思想家：宋志平

宋志平被称为“中国的稻盛和夫”和“企业思想家”。1979 年大学毕业后被分配到国有企业工作，带领两家央企跨入世界 500 强，宋志平扎根国企，一步步成长为国企领袖。宋志平在坚守中见证了 40 年来国有企业的改革全程，他的成长之路也是国企改革进程的缩影。40 年来，他在国企脱困、资本运作、联合重组、国企混改、转型升级、“走出去”等一系列国企改革发展的重大事件中扮演了重要角色。

（一）北新建材厂

1979 年，宋志平从河北大学化学系毕业，并进入北新建材厂工作。在接任北京新型建筑材料总厂厂长之前，宋志平曾历任技术员、推广科科长、处长、总厂经营副厂长等职务。1993 年上任时，北新集团正处于停滞不前的困境，资金链近乎断裂。为了不让厂里的几千名职工失业，临危受命的宋志平积极探索企业发展思路，发现突破困境的关键是提高员工的积极性，“点燃员工心中的火”。为了不让资金链断裂，宋志平主动拿出家中积蓄，全厂职工在他的鼓舞和带动下最终筹集到 400 万元资金。同时，宋志平奉行品质为先的工匠精神，带领员工推行 ISO 9000 系列标准，在北新建立起严密的质量保证体系。严格的管理使北新三大主体产品的质量体系于 1995 年一举通过 ISO 9002 国际标准七国认证，成为同行业首家获此殊荣的企业。仅 3 年时间，宋志平便使陷入困境的北新又焕发了勃勃生机。

1997 年，在宋志平的推动下，北新建材在深交所上市。上市为北新建材引入了市场机制的活力和资本市场的动力，赋予了他更加强大和持久的生命力。脱困后的北新建材不断发展壮大，如今已成为全世界最大的石膏板企业和新型建材企业。

（二）中国建材

2002 年，北新建材的母公司中新集团经营遇到困境，宋志平再次接受挑战上任总经理。当时的中新集团面临三方面的难题：第一，由于债务逾期、企业信用等级低产生资金紧缺的恶性循环；第二，旗下除北新建材外没有其他具有较强盈利能力的子公司；第三，职工对面临多重困境的公司丧失了信心。凭借在北新建材十年来积累的良好信誉，宋志平通过债务重组和业务整合，在一年时间内就使公司彻底摆脱了负债累累的沉重包袱。

解决了债务问题后，接下来的战略应该如何制定？宋志平邀请建材系统的老同志进行座谈，参会的老同志一致认为在城市化建设如火如荼的大背景下，必须选择水泥作为主营业务，而且水泥足足占到了建材行业 GDP 的七成。深思熟虑后，宋志平作出了关键决策：退出原有的普通装饰材料行业，向水泥行业转型，并将企业名称由中国新型建材集团变更为中国建材集团。由于行业跨度大，宋志平和整个团队对水泥行业的了解也不多，决策因此受到了质疑，这并没有动摇宋志平进军水泥行业的决心。通过转变经营方式、规范员工持股制度，中建有了 1 亿元左右的利润。但这些盈余不足以支撑中建进一步做大做强。借壳上市、破股增发的方案都被否定后，宋志平决定带领中建到香港 H 股上市。在吸引投资的路演环节中，投资者的关注点都围绕着水泥。收到资本市场的信号，更加坚定了宋志平要将中建的水泥业务做出规模的信念。事实证明，这确实是一条正确的道路。此后很长一段时间内，水泥为整个企业贡献了超过 90% 的收入和利润，成为企业经营和发展的主心骨。到 2017 年年末，中建的水泥产量稳居全球第一，相关装备和技术水平遥遥领先，实现了营业收入与资产总额从百亿元到千亿元的飞跃。2017 年，宋志平全票当选世界水泥协会创始主席，成为中国大型基础性工业领域内首位当选世界级行业协会主席的企业家。他带领中国建材产业站在了世界舞台的中央。

借鉴北新建材厂的成功经验，宋志平认为中新集团也应该真正地迈入市场，在市场竞争中彰显活力。宋志平于2002年首创“央企市营”理念，引发了广泛关注，并在不断的成熟和完善中成长为一个系统化的模式。2006年，中国水泥行业的市场集中度非常低，恶性竞争造成效率损失。为了形成规模优势，国家相关部委发文鼓励水泥行业进行整合优化。宋志平认为，中国建材应该积极响应号召，这不仅有利于自身发展，更为重要的是，可以发挥央企的带动力。于是，通过“央企市营”模式，宋志平开始进行跨省、跨区域的“合纵连横”，先后对行业内近900家民营企业进行重组。进入中建集团的民企老板不仅持有股份，还被聘任为职业经理人。这一途径为中建集团引入了民企的活力和责任机制，更重要的是，以200亿元国有资本控制了600亿元净资产，又以600亿元净资产控制了一个3000亿元总资产的企业，实现了国有资本控制力的强力放大。

（三）国药集团

由于宋志平成功优化整合了建材行业，国资委希望宋志平能将成功经验带到医药行业，建设国药的大平台。2009年，时任中国建材集团董事长的宋志平再次接受挑战，以外部董事身份兼任国药集团董事长，成为现任中唯一同时担任外部董事、董事长的央企领袖。当时国药集团的上市工作已经筹备了近4年，但一直没有实质性进展。宋志平到国药后，将上市列为首要任务。然而当时全球经济危机的影响还未完全平息，资本市场基本处于观望状态。国药集团的上市受到广泛关注，甚至被质疑是否选择了错误的时机。经过多次论证、悉心筹划，宋志平采取成立“阁楼公司”的方式，通过巧妙的资本运作手段，在引入上海复兴的民营资本、股票市场的社会资本的同时，确保了国药集团的控股权。国药控股股份公司于2009年在香港H股挂牌上市，取得了非常好的效果。筹得的资金用于启动全国大规模的联合重组和医药健康产业平台的建设。

国药集团原来的主营业务是分销而不是制造，为了弥补短板，宋志平想到了对央企中的制药企业、研发企业进行相关多元化的重组。宋志平主导国药集团、中国生物技术集团公司、上海医药工业研究院、中国出国人员服务总公司四家央企实现了历史性的“四合一”重组。这次重组是国药集团发展道路上的里程碑事件，形成了包括前期研发、后期分销网络平台一体化的产业链，使新国药具备承担医药领域国家战略任务的规模和实力。为响应国务院建立国家医药配送网的政策，宋志平借鉴中国建材“央企市营”的经验，按照股权的“七三”模式，与全国各地的民营医药企业进行混改。此外，国药董事会的“三三制”以外部董事的加入平衡内部控制，为央企董事会试点工作提供了优质样本。在上述一系列富有成效的举措下，国药成为宋志平掌舵下又一家成功脱困的国企，营收从百亿元跨入千亿元，成为中国医药行业中目前唯一进入世界500强的企业。

在长年的改革实践中，宋志平通过对国有企业改革和发展进行全局化、系统化的思考，创造和提炼出许多具有普适性的观点，形成了完整的企业思想理论体系。他本人是企业家精神的倡导者和践行者，发表的有关企业家精神的理论成果就有十余篇。著名经济学家厉以宁评价说，宋志平是一位很有思想的企业家，是我国经济界少有的具备国际视野的企业领导者之一。宋志平身上的企业家精神特质突出表现为以下三个方面：

（1）担当精神。宋志平（2017）指出：“企业家精神是兼济天下的精神，企业家要有社会责任、家国情怀。”[①] 企业家不能只关心自身利益，应该更多地回馈社会。初次担任国有企业领导者，为了不让北新建材的几千名职工失业，宋志平敢于临危受命，在巨大压力下带头集资，最终使北新脱离困境；带领中建重新焕发活力，受益的不仅仅是国家，更是曾经面临下岗危机的大批员工以及上下游的中小企业；通过“央企市营”发展模式，保障了民营企业老板的权益，同时提升了国有资本的保值增值能力，放大了国有资本控制力，承担起社会责任。

---

① 宋志平谈企业家精神：勇于创新、笃定坚守、家国情怀［EB/OL］. https://www.sohu.com/a/135608397_231216.

（2）改革精神。作为国有企业改革的实践者和排头兵，宋志平在国有企业服务的40年职业生涯中，一直在努力探求国企改革的新途径、新思路。在宋志平的正确决策和精准把控下，中国建材和国药集团两家大型企业分别在推动国企混改、国企上市、行业供给侧改革、健全现代企业制度以及行业重组中起到了突出示范作用，为国有企业进一步深化改革提供了宝贵的经验。凭借这种变不可能为可能的魄力和能力，宋志平本人被《国企》杂志评为“最具探索精神人物”，并获得《财富》杂志 CEO 终生成就奖。

（3）创新精神。宋志平首创性地将中建的主营业务确定为水泥、推动国药集团上市，两次重要关口的创新决策都是在质疑声中取得了巨大的成功。这与决策带头人的远见卓识是分不开的。在实践中，宋志平摸索出一系列新举措：“央企市营”的新模式帮助企业获得资本市场的支持；“整合优化”模式提升行业集中度，获得规模优势；“格子化管控”使企业内部组织架构和运营管理更加清晰规范；“辅导员制”将标准规范的作业方法准确地复制到每一家工厂；等等。将国家政策和行业发展规律通过创新的方式高度统一起来是宋志平战略布局的一大特色。宋志平掌舵的两家央企集团不仅在创新中实现了自身的快速发展，更带动了所在行业的转型和整合。

三、印建安与“陕鼓故事”

与前两位执掌过多家企业的企业家不同，印建安在陕鼓度过了35年的全部职业生涯：1982年毕业后即进入陕鼓集团，直至2017年正式退休。杰克·韦尔奇的“无边界企业”理念自首次提出到如今一直受到质疑，倘若韦尔奇得知中国的一家工业企业——陕鼓集团在积极学习和践行通用电气发展模式时，也许他会很欣慰。像韦尔奇一样，印建安从基层开始，分别在设计部门、产品实验室、总工程师办公室工作过，而后成长为副总工程师、副厂长。2001年，印建安接任陕鼓集团董事长、总经理，此后通过15年的努力，带领陕鼓由传统的制造业发展模式转型为现代制造业发展模式，推动陕鼓一路高歌猛进，并稳居行业第一。

（一）摆脱传统模式的初步探索

陕西鼓风机集团有限公司（简称“陕鼓”）是由 1968 年成立、1975 年投产的陕西鼓风机厂在 1996 年改制而来的大型装备制造企业。建厂以来，陕鼓作为单一的产品制造商，在其所处行业中并没有明显的竞争优势。

1989 年，时任陕鼓总工程师办公室主任的印建安陷入了两难境地：客户希望陕鼓承接其竞争对手做不了的某控制系统。如果成功承接该控制系统，陕鼓能够得到一笔可观的收入，相关技术人员也能得到奖金。然而，公司内的许多领导都反对涉入该项目。印建安再三思考后，依然决定接受这个订单。在其他高层管理者的质疑声中，这个项目赢得了客户的认可。客户 1993 年上线新项目时，依然把订单交给陕鼓做。这件事给印建安留下了很深刻的印象，也奠定了他以客户需求为导向的新型决策思路。1995 年，印建安接任陕鼓副厂长，在负责销售工作的过程中，他对客户、市场有了进一步的认识。通过对市场敏锐的洞察力，1996 年，印建安带领团队进入轴流压缩机服务的新领域，在当时，该领域的 1 份订单就占到了陕鼓当时收入的 1/5 左右，这让印建安更加深刻体会到：客户关注的核心是产品功能。

（二）“两个转变”战略

21 世纪初，中国经济建设迈入快速发展阶段，国民经济生产总值不断攀升，进出口贸易额大幅增长，工业市场需求扩大给了许多行业快速发展的机会。在这样的关键节点，印建安带领陕鼓在用户行业大发展的过程中抓住了历史性发展机遇。通过对 GE 的研究和借鉴，印建安提出了“两个转变”战略。将企业发展方向瞄准“从出售单一产品向出售解决方案和出售服务转变，从产品经营向品牌经营转变”。① 自此，陕鼓开始正式进行服务转型。

---

① 侯耀晨．印建安：做正确的事比正确做事更重要[J]．中国商人，2009(9)．

转型初期，也就是服务化战略实施的初级阶段，陕鼓主要围绕其“核心产品”为客户提供与产品相关的服务。在为客户供应产品的基础上，附带提供产品关联服务，依托产品来逐步拓展服务内容与范围。陕鼓在此阶段提供给客户的服务类型有：①专业化的维修检修服务。相比客户企业配备的维修人员，陕鼓的维修团队对产品的熟悉度和专业度有明显优势，可在高效解决产品故障的同时，实现对客户旧设备的升级改造。②远程的设备状态管理服务。陕鼓为客户提供的设备状态管理服务通过事中控制与事前预防为客户提供了继事后维修检修服务之外的又一保障性服务，降低了客户的停机损失风险，增加了陕鼓获取服务管理收益和提升产品销量的途径。③零库存的备品备件服务。陕鼓为客户提供备品备件租赁服务，在客户企业设备出现故障时，保证客户在设备维修期的生产连续性，也实现了客户对陕鼓产品备件的零库存。

通过转型初期的服务业务发展，陕鼓对客户业务流程的了解逐渐深刻，并在这段发展过程中积累到较为丰厚的信用与资金，至此，陕鼓开始迈入服务化战略实施的高级阶段，开始围绕客户运营流程发展服务业务。通过开展一系列融资租赁服务、气体运营和污水处理服务以及工程成套服务，陕鼓对其产品设备的环境选择及基础设施要求都有了更专业的优势。于是，陕鼓不仅为客户企业提供陕鼓自产的动力设备主机，还承担起包括设备的系统设计、安装调试、厂址选择以及外围设施建设等成套的工程承包工作；陕鼓为客户提供的这种工程总包服务，将客户企业从繁杂且不擅长的项目管理中解放出来，为陕鼓赢取了大量的合同额和服务利润。

在进行服务转型以前，陕鼓服务业务的产值在总产值中仅占 12%，而服务化战略实施以后，服务领域的产值在总产值中的占比高达 70%。风机行业统计年鉴数据显示，2002 年开始，陕鼓主要经济指标均位居国内同行业首位。2005—2012 年，陕鼓实现了总产值从 25 亿元到 71.4 亿元的快速增长。2012 年，陕鼓利润占风机行业总利润的 33.8%，人均利润是行业人均利润的 4.2 倍。从这些数据中可明显看出，实施服务化战略后，陕鼓的经营效益得到快速增长。

作为中国机械工业500强企业之一，陕鼓从传统制造商向服务商的成功转型成为企业智慧转型的经典案例。在陕鼓飞跃式发展进程中，印建安用远见、创新和奋斗，推动企业一路向前。他的身上凝聚着真正的企业家精神，并突出表现为以下四个方面：

（1）创新精神。在商业模式创新方面，印建安曾提出一个生动的比喻：陕鼓早期更多地在扮演“民工”的角色，通过输出廉价劳动力谋生，如今的陕鼓要转换角色，重新在价值链、产业链上找准位置，变身“包工头”。印建安提出的“陕鼓不是只做鼓风机”的口号掷地有声，充分证明企业家个体的思路创新能够带动整个企业的商业模式创新和发展。在技术创新方面，陕鼓作为国家技术创新示范企业，首创的“能源互联岛”技术提供了绿色制造解决方案，不仅为自身的长期发展奠定了基础，更创造出巨大的社会效益。

（2）合作精神。印建安认为，企业仅凭自身力量是无法在全球化市场中立足的。“陕鼓成套技术暨设备协作网”很好地发扬了开放式创新的精神。为企业间合作开发共有技术提供了平台，有利于加强与供应商的联系，并与其成为利益共同体。此外，陕鼓与客户合作共建的透平机械备件库，在降低客户企业库存成本和资金积压的同时，以低成本保证了客户设备运营的可靠性，也让陕鼓赚取了备件租金和管理费；陕鼓提供给客户的融资租赁服务为客户争取到了发展所需的资金，也为陕鼓增加了新的利润源，真正意义上实现了“互利共赢”。

（3）担当精神。印建安说：“做企业，不仅要讲经济效益，对企业负责，对员工负责，还要让企业找到在社会的价值，让员工找到在企业的价值。”① 他还在陕鼓设置了“陕鼓感恩节”，培养员工感恩社会、感恩用户的理念。陕鼓强调，企业生存的理念就是围绕市场的原点不断调整方向、满足需求，并在其中实现团队和相关利益方的经济和社会价值。陕鼓在

① 邱明杰，李缦．时代召唤真正的企业家精神——访陕西鼓风机（集团）有限公司董事长印建安[J]．通用机械，2013(4)．

"源于制造、超越制造"的发展之路上不断为人类文明创造绿色动力，不断努力成为一个承担社会责任、受人尊敬的企业。

（4）改革精神。印建安提出要"有所不为"，其中一个重要方面是积极推进陕鼓的体制改革，引进如联想控股等优质的战略投资者，并在其建议下实行管理层持股。此外，印建安坚决执行"去行政化"，打破行政级别的限制。[①] 在陕鼓进行资源整合、流程再造的实践中，有近 700 名员工放弃了自己从事多年的岗位，理解支持企业的大局工作，重新学习新的技能转岗到新的岗位。这充分说明在印建安的领导下，整个团队对改革的认识提升到了一个全新的高度。如果没有这个体系的支持，没有改革文化的支撑，企业这个巨人的行动就得不到保障。而没有行动，再好的规划和想法都是空中楼阁。

企业家精神在促进企业创新和业绩增长中的驱动作用已经被广泛认知。中国改革开放 40 年的经验也充分印证了国有企业家和国有企业家精神所发挥的巨大推动作用。除了以上案例中提到的企业家，还涌现出一大批勇于担当、素质过硬的国有企业家。当然，还有一些国有企业家，虽然使得企业的业绩有所提升，但是在经营企业过程中出现了贪腐，这些就背离了企业家精神。中国经济进入新常态，需要倡导"大众创业、万众创新"，以创新驱动推进产业转型升级，建设高质量的经济发展模式、激发国有企业家的企业家精神倍显重要。

① 陕鼓董事长印建安：趋势是朋友[EB/OL]. http://www.sohu.com/a/121041205_355043.

参考文献

[1]Aral S. , Walker D. *Creating Social Contagion Through Viral Product Design: A Randomized Trial of Peer Influence in Networks*[M]. INFORMS, 2011

[2] Ana Maria Peredo, Robert B. Anderson, Benson Honig, Leo Paul Dana. Towards a Theory of Indigenous Entrepreneurship [J]. *Int. J. of Entrepreneurship and Small Business*, 2004, 1(1 /2):1 –20.

[3]BhideA . The Origins and Evolution of New Businesses[J]. *Review of Austrian Economics*, 2002, 15(1):97 –102.

[4]Christian Lüthje, Nikolaus Franke. The "Making" of an Entrepreneur: Testing a Model of Entrepreneurial Intent among Engineering Students at MIT [J]. *R&D Management*, 2003, 33(2):135 –146.

[5]Delgado M. , Porter M. E. , Stern S. Clusters and Entrepreneurship [J]. *Social Science Electronic Publishing*, 2010.

[6]Drucker P. F. How Should a Manager Spend His Time? [J]. *Electrical Engineering*, 1954, 73(2):166 –168.

[7]Gordon E. Shockley, Peter M. Frank, Roger R. Stough. Toward a Theory of Public Sector Entrepreneurship[R]. NCIIA7th Annual Meeting: Big Ideas in a Small World, Boston, Massachusetts, 2002, 3:20 –22.

[8]Jonathan C. Huefner, H. Keith Hunt, Peter B. Robinson. A Comparison of Four Scales Predicting Entrepreneurship [R]. 1992:1 –26.

[9]Khazaei M. , Arai M. , Sasaki T. , et al. Novel Electronic and Magnetic Properties of Two – Dimensional Transition Metal Carbides and Nitrides[J].

Advanced Functional Materials, 2013, 23(17):2185 – 2192.

[10] LUMPKINT, DESSG. Linking Two Dimensions of Entrepreneurial Orientation to Firm Performance: the Moderation Role of Environment and Industry Life Cycle[J]. *Journal of Business Venturing*,2001(5):426 – 464.

[11] Mike Stuart etc. Blueprint for Entrepreneurship as a Strategy for Economic Development and Community Renewal in West Virginia [R]. Vision Shared Committee on Entrepreneurship West Virginia, 2003:1 – 27.

[12] Phil Psilos etc. A Governor's Guide to Strengthening State Entrepreneurship Policy[R]. National Governors Association, 2004:1 – 31.

[13] Steven F Kreft, Russell S Sobel. Public Policy, Entrepreneurship, and Economic Growth [J]. *J. E. L. Classification*,2004, 7(1):2 – 25.

[14] Thurik W R. Linking Entrepreneurship and Economic Growth[J]. *Small Business Economics*, 1999, 13(1):27 – 55.

[15] Xie Y., Naguib M., Mochalin V. N., et al. Role of Surface Structure on Li – Ion Energy Storage Capacity of Two – Dimensional Transition – Metal Carbides[J]. *Journal of the American Chemical Society*, 2014, 136(17): 6385 – 6394.

[16] Zoltan J. Acs, Pia Arenius, Micheal Hay, Maria Minniti. Global Entrepreneurship Monitor 2004 Executive Report[R]. Babson College, London Business School, 2005:16 – 38.

[17] 宓泽锋,曾刚,尚勇敏,陈思雨,朱菲菲. 中国省域生态文明建设评价方法及空间格局演变[J]. 经济地理,2016,36(4):15 – 21.

[18] [法]白吉尔. 中国资产阶级的黄金时代(1911 – 1937)[M]. 张富强,许世芬,译. 上海:上海民出版社,1994.

[19] 陈威,张磊. 企业家精神对中国经济增长影响的动态研究[J]. 安徽工业大学学报(社会版),2011,28(2):20 – 23.

[20] 陈佳贵. 关于企业家精神的探讨[J]. 中国工业经济,1989(3):57 – 61.

[21]傅家骥,洪后其.企业家精神的培养与技术创新扩散[J].中外管理导报,1990(2):4-11.

[22]郭成纲.西方管理思想史[M].北京:经济管理出版社,2004.

[23]高宇,高山行.企业战略导向与管理者社会资本的交互作用机制研究[J].科学学与科学技术管理,2010,31(4):149-155.

[24][美]郝延平.十九世纪中国的买办——东西间桥梁[M].,李荣昌,等,译.上海:上海社会科学出版社,1998.

[25][美]赫伯特·A.西蒙.管理行为[M].杨砾,等,译.北京:北京经济学院出版社,1988.

[26]胡迟.国企改革:40年回顾与展望[J].现代国企研究,2018(17):28-38.

[27]侯耀晨.印建安.做正确的事比正确做事更重要[J].中国商人,2009(9).

[28]罗宾斯,库尔特,孙健敏.管理学:第9版[M].北京:中国人民大学出版社,2008.

[29]林崇德.心理学大辞典[M].上海:上海教育出版社,2003.

[30]楼升凯.现代管理学经验主义学派简介[J].中国集体经济,2009(1).

[31]刘剑非,刘晴辉.企业家人格新论[J].经济与管理,2003(4):17-28.

[32]吕爱权,林战平.论企业家精神的内涵及其培育[J].商业研究,2006(7):92-95.

[33]刘现伟.培育企业家精神激发创新活力[N].经济参考报,2018-09-12(006).

[34]李建桥.企业家精神与企业核心竞争力提升[J].商业时代,2006(9):90-91.

[35]李锐.我国民营企业转型升级研究[D].福州:福建师范大学,2013:79-80,86-87,87.

[36]刘迎秋.中国民营企业竞争力报告No.6(2012)转型升级与竞争力

指数[M]. 北京:社会科学文献出版社,2013:53.

[37]陈明,张权,汤小燕. 比亚迪的核心模式[J]. 销售与市场(管理版),2010(1)1:46-50.

[38]李西,胡冰洁. 低成本创新战略——以比亚迪股份公司电池产业为例[J]. 科技管理研究,2012(6):7-9.

[39]中共中央马克思恩格斯列宁斯大林著作编译局,编译. 马克思恩格斯选集·第1卷[M]. 北京:人民出版社,1974:82.

[40]马学忠,李世强. 大数据时代决策理论在企业管理中的应用[J]. 现代企业,2014(4):8-9.

[41]宁高宁. 新时代国有企业的改革发展[R]. 2019-04-02.

[42]邱明杰,李缦. 时代召唤真正的企业家精神——访陕西鼓风机(集团)有限公司董事长印建安[J]. 通用机械,2013(4).

[43]阮建芳. 比亚迪神话[M]. 北京:企业管理出版社,2009.

[44]任腾飞. 宁高宁的兼修之道[J]. 国资报告,2019(2).

[45]时鹏程,许磊. 论企业家精神的三个层次及其启示[J]. 外国经济与管理,2006(2):44-51.

[46]唐业富,刘艳菊. 浅议决策理论学派思想在企业管理实践中的作用[J]. 商情, 2013(38):223-223.

[47]吴晓波. 跌荡一百年:中国企业:1870-1977[M]. 北京:中信出版社. 2017.

[48]吴晓波. 山西票号百年祭[J]. 理论视野. 2014(8).

[49]吴照云. 市场营销[M]. 北京:经济管理出版社,2012.

[50][英]维克托·迈尔·舍恩伯格,肯尼思·库克. 大数据时代[M]. 杭州:浙江人民出版社,2013.

[51]王林生. 企业家精神与中国经济[J]. 管理世界,1989(4):153-157.

[52]王海兵,杨惠馨. 中国民营经济改革与发展40年:回顾与展望[J]. 经济与管理研究,2018(4):3-14

[53]徐全军,赵卫峰. 企业核心问题与企业理论的发展——从管理学视

角探讨[J]. 天津大学学报(社会科学版),2011(1):7 – 10.

[54]叶青,肖素均. 中国新首富王传福[M]. 北京:华文出版社,2009.

[55]项安波,王念. 国企改革四十年的经验与启示[J]. 中国发展观察,2018(18).

[56]杨海涛. 我国民营企业的制度分析[D]. 成都:西南财经大学,2001.

[57]杨懿. 转型期的中国民营企业文化研究[D]. 上海:复旦大学,2005.

[58]周三多. 管理学原理 – 第五版[M]. 上海:复旦大学出版社 ,2008:65 – 76.

[59]周三多. 管理学原理 – 第五版[M]. 上海:复旦大学出版社,2008:80 – 81

[60]朱志军. 怎样才能做出满意的经营决策[J]. 中外企业家,2006(11):46 – 49.

[61]张维迎,盛斌. 论企业家 – 经济增长的国王[M]. 北京:生活 · 读书 · 新知三联书店,2004:6.

[62]周霞,王仁强,王健. 企业家精神及其发展模式研究[J]. 山东农业大学学报(社会科学版), 2003(9): 52 – 56.

[63]朱乾,杨勇,陶天龙,达庆利. 企业家精神影响因素的国外研究综述[J]. 东南大学学报(哲学社会科学版),2012,14(4):52 – 57,72,127.

[64]张大红. 儒商伦理与现代中国企业家精神[D]. 长沙:湖南师范大学,2003.

[65]张正平. 企业家精神与企业成长[J]. 中小企业管理与科技(中旬刊),2011(8):40 – 41.

[66]赵曙明,白晓明,赵宜萱. 转型经济背景下我国企业家胜任素质分析[J]. 南京大学学报(哲学 · 人文科学 · 社会科学),2015,52(2):25 – 35.

[67]张来武. 论创新驱动发展[J]. 中国软科学,2013(1):1 – 5.

[68]张维迎. 企业家精神与中国企业家成长[J]. 经济界,2010(2):

23－24.

[69]赵曙明，白晓明，赵宜萱，转型经济背景下我国企业家胜任素质分析[J]. 南京大学学报（哲学·人文科学·社会科学），2015（3）.

[70]张维迎. 企业家精神与中国企业家成长[J]. 经济界，2010（2）：23－24.

索　引

B

不完全契约理论（CH3）

“本土企业家精神”（CH6）

C

“创造性的破坏”（CH5）

创新精神（CH5、CH6、CH9、CH10）

创业精神（CH7）

承包制（CH10）

D

“大众创业、万众创新”（CH7）

担当精神（CH10）

F

分工理论（CH2）

仿生—进化论（CH2）

G

古代工商业（CH1）

官商经济（CH1）

股份有限责任公司（CH1）

“官督商办”（CH1）

官办企业（CH1）

国家资本主义（CH1）

公有制企业（CH1）

公有制经济（CH1）

共享发展（CH1）

规模经济（CH1）

公有企业私营化（CH9）

公私合营（CH9）

国营企业（CH9）

“国退民进”（CH9）

国有企业（CH10）

公益类国有企业（CH10）

股权分置改革（CH10）

股份制改革（CH10）

改革精神（CH10）

工匠精神（CH10）

H

合资企业（CH1）
混合所有制改革（CH1、CH10）
核心能力（CH2）
合作精神（CH5、CH8）

J

技术创新（CH1、CH9）
交易成本理论（CH3）
决策理论学派（CH4）
经验主义学派（CH4）
敬业精神（CH5、CH8、CH9）
机会识别（CH6）

K

开放发展（CH1）

L

绿色发展（CH1）

M

买办阶层（CH1）
买办企业（CH1）
民办企业（CH1）
模式创新（CH1）
冒险精神（CH5、CH6、CH9）
民营企业（CH9）
模仿式创新（CH9）

N

农村股份合作制企业（CH1）

O

OEC 管理法（CH9）

Q

企业成长理论（CH2）
企业生命周期理论（CH2、CH3）
企业生命周期阶段论（CH2）
企业生命周期归因论（CH2）
企业生命周期对策论（CH2）
契约理论（CH3）
企业一体化选择（CH3）
"企业家判断"（CH5）
企业家精神（CH5）
企业家能力（CH5）
企业家素质（CH5）

R

人力资本企业化（CH9）
"人单合一"模式（CH9）

S

绅办企业（CH1）
社会主义改造（CH1）
双因素理论（CH4）
私人收入的资本化（CH9）

私营企业（CH9）
商业创新（CH9）
商业类国有企业（CH9）

W

完全契约理论（CH3）

X

协调发展（CH1）
行为科学学派（CH4）
需求层次理论（CH4）
行为科学理论（CH4）
“X 理论－Y 理论”（CH4）
“西部地区企业家精神”（CH7）
乡镇集体企业（CH9）

Z

重农抑商（CH1）
资源基础理论（CH2）
“组织剩余”（CH2）
制度创新（CH9）

后　记

从中国特色发展的政治经济学角度切入研究新时代中国经济社会发展是非常新颖的视域，而企业发展实践赖以立足的新背景、企业发展的新方位均需要从理论逻辑的层面加以描述。本书写作动议由任保平教授提出，从他的中国特色政治经济学的时代特征是中国特色发展的政治经济学这一根本思想为出发点，经过我们团队的多次讨论，由我提出写作大纲，并进行科学分工，具体分工如下：前言，马晓强；第一章，余超；第二章，杨世攀 孙语唯；第三章余超、马晓强；第四章、第六章和第七章，杨世攀、马晓强；第五章、第八章，孙语唯、马晓强；第九章，王菁容、马晓强；第十章杨一帆、马晓强。最后由我通稿修改。在整个成书过程中，任保平教授给予悉心指导，在思路和框架形成中提出了宝贵建议，师博教授给予了多方面细致关心，中国经济出版社编辑贺静老师也付出了极具指导性的辛劳，在此一并表示诚挚感谢。

马晓强

2019 年 9 月